PUBLICATIONS DE L'ÉCOLE DES
BULLETIN DE CORRESPONDANCE AFRICAINE

ÉTUDE

SUR

LA ZENATIA DU MZAB

DE OUARGLA ET DE L'OUED-RIR'

PAR

RENÉ BASSET

PROFESSEUR A L'ÉCOLE SUPÉRIEURE DES LETTRES D'ALGER,
MEMBRE DES SOCIÉTÉS ASIATIQUES DE PARIS, FLORENCE ET LEIPZIG,
DE LA SOCIÉTÉ DE LINGUISTIQUE DE PARIS, ETC.

PARIS
ERNEST LEROUX, ÉDITEUR
28, RUE BONAPARTE, 28

1893

ERNEST LEROUX, ÉDITEUR,
28, rue Bonaparte, 28.

PUBLICATIONS
DE L'ÉCOLE DES LETTRES D'ALGER
BULLETIN DE CORRESPONDANCE AFRICAINE

I. — E. CAT. *Notice sur la carte de l'Ogôoué.* In-8, avec carte, ... 3 fr. »

II. — E. AMÉLINEAU. *Vie du Patriarche Isaac.* Texte copte et traduction française. In-8 . . . . 5 fr. »

III. — E. CAT. *Essai sur la vie et les ouvrages du chroniqueur Gonzalès de Ayora*, suivi de fragments inédits de sa Chronique. In-8 . . . . 2 fr. 50

IV. — E. LEFÉBURE. *Rites égyptiens.* In-8 . . 3 fr. »

V. — RENÉ BASSET. *Le dialecte de Syouah.* In-8 4 fr. »

VI. — G. LE CHATELIER. *Les tribus du Sud-Ouest Marocain.* In-8 . . . . 3 fr. »

VII. — E. CAT. *De rebus in Africa a Carolo V gestis.* In-8 . . . . 2 fr. 50

VIII. — E. CAT. *Mission bibliographique en Espagne.* Rapport à M. le Ministre de l'Instruction publique. In-8 . . . . . . 2 fr. 50

IX. — G. FERRAND. *Les Musulmans à Madagascar et aux îles Comores.* 1re partie. Les Antaimorona. In-8 . . . . . . 3 fr. »

X. — J. PERRUCHON. *Vie de Lalibala, roi d'Éthiopie.* Texte éthiopien publié d'après un manuscrit du Musée Britannique et traduit en français. In-8 . . . . . . 10 fr. »

XI. — 1er Fascicule. — E. MASQUERAY. *Dictionnaire Français-Touareg (Dialecte des Taïtoq)*, suivi d'Observations grammaticales. 1re partie. In-8. . . . . . . 6 fr. »

XII. — RENÉ BASSET. *Étude sur la Zenatia du Mzab, de Ouargla et de l'Oued-Rir'.* In-8. 10 fr. »

ANGERS, IMP. BURDIN ET Cie, RUE GARNIER, 4.

Monsieur Maspero
membre de l'Institut
Professeur au Collège de France
hommage de l'auteur
René Basset

PUBLICATIONS DE L'ÉCOLE DES LETTRES D'ALGER

BULLETIN DE CORRESPONDANCE AFRICAINE

XII

ÉTUDE SUR LA ZENATIA

DU MZAB, DE OUARGLA ET DE L'OUED-RIR'

ANGERS, IMPRIMERIE A. BURDIN ET Cie, RUE GARNIER, 4

ÉTUDE

SUR

LA ZENATIA DU MZAB

DE OUARGLA ET DE L'OUED-RIR'

PAR

René BASSET

PROFESSEUR A L'ÉCOLE SUPÉRIEURE DES LETTRES D'ALGER,
MEMBRE DES SOCIÉTÉS ASIATIQUES DE PARIS, FLORENCE ET LEIPZIG
DE LA SOCIÉTÉ DE LINGUISTIQUE DE PARIS, ETC.

PARIS
ERNEST LEROUX, ÉDITEUR
28, RUE BONAPARTE, 28

1892

INTRODUCTION

L'étude sur la zenatia du Mzab, de Ouargla et de l'Oued-Rir' fait partie des résultats de la mission qui me fut confiée en 1885 par M. Tirman, alors gouverneur général de l'Algérie. Cette mission comprenait également des recherches sur les manuscrits arabes des zaouias et des oasis du Sud : elles ont fait l'objet d'un mémoire paru il y a six ans[1]; il ne me reste plus à publier que les données linguistiques que j'ai amassées à Ghardaïa et à Ouargla sur le haoussa, et que j'ai complétées en 1886 et en 1887 à Teniet-el-Had et à Tihâret. Déjà, d'ailleurs, pour ce qui concerne le berbère, j'ai fait paraître, en 1888[2], deux travaux dont les matériaux avaient été recueillis au cours même de cette mission. Je profite de cette occasion pour rappeler le concours que j'ai dû spécialement à M. de Calassanti-Motylinski, alors interprète militaire à Ghardaïa, et à M. Le Châtelier, alors chef du poste de Ouargla, tous

1. *Les manuscrits arabes des bibliothèques des zaouias de 'Aïn-Mâdhi et Temacin, de Ouargla et de 'Adjadja.* Alger, 1885, in-8.

2. *Notes de Lexicographie berbère*, IVe série. Paris, 1888, in-8. II. *Argot du Mzab* ; III. *Touaregs Aouelimmiden.*

deux connus par des travaux importants sur le Sahara et les pays berbères, et pour leur renouveler mes remercîments.

Le dialecte, improprement appelé mozabite ou mzabite et portant aussi le nom de *tagaoubant*, est parlé par les indigènes, appartenant à la secte abadhite, des sept villes qui formaient naguère la confédération du Mzab et qui sont réunies aujourd'hui, avec Ouargla, Ngousa, Methlili et El-Goléah, sous l'autorité du commandant du cercle de Ghardaïa. Ces indigènes sont établis depuis une époque relativement récente dans la *chebka*, avant eux stérile et improductive, où ils créèrent, à force de travail, les plus riches oasis de l'Algérie. Chassés par les Fatimites qui détruisirent, au commencement du xe siècle de notre ère, le royaume qu'ils avaient fondé à Tiharet sous les Rostemides, ils furent encore chassés, par l'Almoravide Ibn Ghania puis par les Almohades, de Ouargla et des villes voisines où ils avaient constitué un État théocratique. Tandis que leurs frères du Djebel-Nefousa vivaient en sécurité dans les montagnes qu'ils habitent encore en Tripolitaine, qu'une colonie des leurs se développait à Djerba, les Abadhites durent recommencer un nouvel exode et aller s'établir au milieu d'un désert où ils pouvaient se croire à l'abri des persécutions. Celles-ci furent remplacées par des guerres civiles. Je ne saurais mieux comparer cette émigration qu'à celle qui se produisit en Amérique lorsque les Mormons, chassés par l'intolérance religieuse et l'envie de leurs compatriotes, abandonnèrent la partie orientale des États-Unis où ils commençaient à prospérer, pour aller créer dans l'Utah, au fond du *Far-West*, une colonie bientôt riche et florissante. De même que les Mormons comptaient dans leurs rangs des adeptes de tous les peuples, de même le lien religieux servit à rassembler en corps de nation les éléments disparates fournis par les Berbères de toutes les tribus. De là une langue moins pure que celle qui se parle encore de nos jours à Ouargla et au Djebel-Nefousa. Arrivés dans la chebka qu'ils occupent aujourd'hui, les émigrants, dont l'exode eut lieu à plusieurs reprises, trouvèrent le pays parcouru plutôt qu'habité par les nomades des Beni Mzab [1], tribu ouacilienne [2] parlant un dialecte différent du leur, comme le montrent quelques noms propres qui ont survécu. Ils se fondirent parmi les nouveaux arrivants [3].

Les premiers renseignements sur le dialecte du Mzab sont dus à l'Américain Shaler, consul des États-Unis à Alger (1829); son vocabulaire, très médiocre d'ailleurs, fut suivi d'un travail vraiment remarquable de Samuda (1840) qui fut loin d'être dépassé, bien au contraire, par Hodgson (1844). Pendant trente-cinq ans, si j'en excepte les documents recueillis par Geslin [4] qui parais-

1. Le généalogiste berbère Sabiq, cité par Ibn Khaldoun, mentionne un Ghardaï (cf. le nom de Ghardaïa) comme issu de Matmata.

2. Ce nom s'est conservé dans celui de *Nahr-Ouacel* donné au haut Chélif.

3. On trouvera à la suite de cette introduction une bibliographie *raisonnée* des ouvrages relatifs aux Abadhites, au Maghreb, au Mzab, à Ouargla, à l'Oued-Rir' et au Djebel-Nefousa.

4. Geslin avait recueilli un vocabulaire français-mozabite; f. Rei-

sent définitivement perdus, et quelques lignes de M. de Slane à la suite de la traduction de l'*Histoire des Berbères*, d'Ibn Khaldoun, on ne trouve plus à mentionner que le court vocabulaire et la traduction de la parabole de l'*Enfant prodigue* (1858 et 1860) dus à M. Duveyrier qui inséra un certain nombre de noms de plantes, d'animaux et de minéraux dans ses *Touaregs du nord* (1864), et un conte donné comme spécimen par le général Hanoteau dans son *Essai de grammaire kabyle* (1859). En 1879, M. Masqueray, de retour d'une mission fructueuse au Mzab, publia une comparaison d'un glossaire de ce dialecte avec le chaouia et le zénaga. Dans mes *Notes de Lexicographie berbère* (1883-88) j'ai fait du dialecte du Mzab un des points de comparaison, de même que dans mon *Manuel de Langue kabyle* (1887) où j'ai donné un texte ; plusieurs contes ont été traduits dans la première série de mes *Contes berbères* (1887) ; un vocabulaire de l'argot du Mzab fait partie de ma quatrième série des *Notes de Lexicographie berbère* (1888), enfin, dans mon *Loqmân berbère* (1890) et les glossaires qui l'accompagnent, le mzabite tient une place importante.

Le dialecte de Ouargla (*tagouarjelent*) fut signalé pour la première fois par Hodgson en 1844 et resta négligé jusqu'en 1859, où le général Hanoteau en donna un court spécimen dans sa Grammaire. Mes *Notes de Lexi-*

naud, *Rapport sur le tableau des dialectes de l'Algérie*. Paris, 1856, in-8, p. 20.

cographie berbère renferment un certain nombre de mots appartenant à ce dialecte. Quant à celui de l'Oued-Rir', confondu par Hodgson avec celui de Ouargla, il n'a été jusqu'ici l'objet d'aucun travail. De nos jours il s'est éteint à Touggourt et n'est plus parlé qu'à Temacin, Blidet-Ameur, Mgarin et Ghammara.

C'est à M. de Calassanti-Motylinski qu'on doit la connaissance du dialecte du Djebel-Nefousa (*Relation du Djebel-Nefousa,* 1886) qui paraît être très rapproché de la langue dans laquelle les Abadhites rédigèrent au moyen âge des chroniques et des traités religieux. C'est au même orientaliste, l'un des plus compétents en ce qui concerne l'histoire politique et religieuse et la langue de ces populations, que je dois les textes publiés en dialecte du Djebel-Nefousa que contient mon *Loqmân bérbère* (1890), et l'on ne peut que souhaiter de voir bientôt paraître la transcription et la traduction de la *Relation du Djebel-Nefousa* ainsi que le résultat des recherches de M. de Calassanti-Motylinski sur le dialecte de Djerba et les fragments de citations berbères qu'on trouve dans les auteurs abadhites.

Mon but n'étant pas de donner une grammaire et un dictionnaire complets des dialectes que j'étudie, j'ai éliminé à dessein dans les glossaires les mots d'origine arabe. Pour la grammaire, afin de ne pas m'exposer à des redites, j'ai pris pour base mon *Manuel kabyle*, me bornant à signaler les points sur lesquels la zenatia diffère du zouaoua. Les textes, auxquels j'ai ajouté des notes comparatives, ne sont pas accompagnés de la traduction qui a paru dans le premier volume de mes *Contes berbères* ou paraîtra dans le second. Le glossaire berbère-français est rédigé par racines : on n'y trouvera pas les formes des pronoms, particules, etc., données par la grammaire. Enfin j'ai cru devoir reproduire, dans les appendices, ceux des travaux antérieurs (Shaler, Samuda, Hodgson et Duveyrier) qu'on peut difficilement se procurer : c'est ce qui explique pourquoi j'ai laissé de côté les notes de M. de Slane et le conte du général Hanoteau. Quant au vocabulaire de M. Masqueray, le plus complet qui ait été publié jusqu'ici, j'ai préféré le mettre en regard du glossaire français-berbère, et l'on verra qu'à part des nuances dans la transcription, les différences sont peu sensibles : le dialecte du Mzab que je donne est celui de Ghardaïa et Mélika. En reproduisant ces travaux, mon intention a été de rendre justice à ceux qui m'ont précédé et de reconnaître la part qui leur revient dans l'œuvre encore inachevée de la grammaire comparée des dialectes berbères.

Alger-Mustapha, 31 décembre 1891.

BIBLIOGRAPHIE RAISONNÉE

DES OUVRAGES RELATIFS AUX ABADHITES DU MAGHREB, AU MZAB, A OUARGLA, L'OUED-RIR' ET AU DJEBEL-NEFOUSA[1]

1632. Léon l'Africain, *De Africæ descriptione*. Leyde, 2 v. in-32.

1667. Marmol, *L'Afrique*, trad. par Perrot d'Ablancourt. Paris, 3 v. in-4.

1830. Shaler, *Esquisse de l'État d'Alger*, trad. Bianchi. Paris, in-8.

1836. D'Avezac, *Étude de géographie critique sur une partie de l'Afrique septentrionale*. Paris, in-8.

1840. Samuda, *Essai sur la langue des Beni-Mzabs* (*Moniteur algérien*).

1844. Carette, *Études des routes suivies par les Arabes*. Paris, in-4.

1844. Hodgson, *Notes on Northern Africa*. New-York, in-8.

1844. Loir-Montgazon, *Afrique septentrionale, Wad-reag, Tuggurt* (*Revue de l'Orient*, t. IV, p. 76-82).

1845. Daumas, *Le Sahara algérien*. Paris, in-8.

1846. El-Aïachi et Mouley-Ahmed, *Voyages dans le sud de l'Algérie*, tr. Berbrugger. Paris, in-4.

1847. Ibn Khaldoun, *Histoire des Berbères*, texte ar., éd. de Slane. Alger, 2 v. in-4.

1848. Prax, *Algérie méridionale, Tougourt* (*Revue de l'Orient et de l'Algérie*, t. IV, p. 129).

1851. Cherbonneau, *Précis historique de la dynastie des Benou Djellâb, princes de Tuggurt*. Paris, in-8.

1. Pour ne pas allonger inutilement cette liste j'ai laissé de côté, outre les articles insignifiants de revues et de journaux, les histoires générales de l'Algérie, toutes absolument incomplètes sur ce point.

1852-56. Ibn Khaldoun, *Histoires des Berbères*, trad. française par de Slane. Alger, 4 v. in-8.

1853. Bargès, *Tableau historique de la dynastie des Beni-Djellab, sultans de Touggourt* (*Revue de l'Orient, de l'Algérie et des colonies*, t. XIII, p. 216).

1853. Carette, *Recherches sur l'origine et les migrations des principales tribus de l'Afrique septentrionale*. Paris, in-4.

1857. El-Bekri, *Description de l'Afrique septentrionale*, texte arabe, éd. de Slane. Alger, in-8.

(1858). Hanoteau, *Essai de grammaire kabyle*. Alger, in-8.

1858. Duveyrier, *Notizen über vier berberischen Völkerschaften* (*Zeitschrift der deutschen morgenlændischen Gesellschaft*, t. XII, p. 176).

1859. El-Bekri, *Description de l'Afrique*, trad. française par de Slane. Paris, in-8.

1859. Duveyrier, *Coup d'œil sur le pays des Beni-Mzab* (*Bulletin de la Société de géographie*, t. II. p. 247).

1860. *Aus Briefen von Herrn Duveyrier* (*Zeitschrift der deutschen morgenlændischen Gesellschaft*, t. XIV, p. 550).

1860. Al-Yaqoubi, *Descriptio al Magribi sumta ex libro regionum al Yaqubii*, éd. et tr. de Goeje. Leyde, in-8.

1860. Tristram, *The Great Sahara*. Londres, in-8.

1861. Aucapitaine, *Ouaregla*, Genève, in-8.

1867. Duveyrier, *Voyage dans le pays des Beni-Mzab* (*Tour du monde*, n° 90).

1862. Colonieu, *Voyage dans le Sahara algérien, de Géryville à Ouargla* (*Tour du monde*, n°s 193-195).

1862. Duveyrier, *Statistique du Djebel-Nefousa* (*Nouvelles Annales des voyages*, août).

1863. Vivien de Saint-Martin, *Le nord de l'Afrique dans l'antiquité*. Paris, in-8.

1863. Trumelet, *Les Français dans le désert*[1]. Paris, in-18 jés.

1. Il en a paru depuis une autre édition qui, contrairement au titre, n'es que la reproduction de celle-ci. Cf. un article sévère mais mérité de M. Masqueray, *Bulletin de Correspondance africaine*.

1863. *Mission de Ghadamès*. Alger, in-8.

1864. Martins, *Tableau physique du Sahara oriental de la province de Constantine*. Paris, in-8.

1864. Duveyrier, *Exploration du Sahara, les Touaregs du nord*. Paris, in-8.

1865. J. Zaccone, *De Batna à Tuggurt*. Paris, in-18 jésus.

1866. El-Edrisi, *Description de l'Afrique et de l'Espagne*, texte arabe et trad. française par Dozy et de Goeje [1].

1866. Cahen, *Lettre à M. Féraud sur les Juifs d'Algérie et de Tuggurt* (*Recueil de Notices et Mémoires de la Société archéologique de Constantine*, t. X).

1867. Aucapitaine, *Les Beni-Mzab*. Paris, in-8.

1871. Pein, *Lettres familières sur l'Algérie*. Paris, in-12.

1871. Naphegyi, *Ghardaya or ninety days among the Beni-Mozab*. New-York, in-12.

1873. Ville, *Exploration géologique des Beni-Mzab*. Paris, in-4.

1875-81. Fournel, *Les Berbères*. Paris, 2 v. in-4.

1876. Say, *L'exploration de M. Largeau à Ghdamès et les plantations de coton de l'oasis de Tougourt* (*Explorateur*, n° 49).

1877. Soleillet, *L'Afrique occidentale, Algérie, Mzab, Tildikelt* (sic). Paris, in-12.

1878. Jus, *Sur les sondages artésiens de la province de Constantine et les oasis de l'Oued-Rir'*. Batna, in-8.

1878. H. Duveyrier, *Notice sur le schisme ibâdhite* (*Bulletin de la Société de géographie*, juillet).

1878. Masqueray, *Les Chroniques du Mzab* (*Bulletin de la Société de géographie*, juillet).

1879. Féraud, *Les Ben-Djellab, sultans de Touggourt* (*Revue africaine*).

1879. Largeau, *Le pays de Rirha*. Paris, in-18 jésus.

1. Je n'ai pas cru devoir citer la traduction publiée sous le nom de Jaubert. Il n'est pas un orientaliste sérieux qui ne sache qu'elle fourmille de fautes et de contresens : cf. la préface de l'édition de Dozy et de Goeje et la notice de Saavedra.

1879. Demaeght, *Ouargla* (*Bulletin de la Société de géographie d'Oran*, t. I, p. 82).

1879. Masqueray, *Comparaison d'un vocabulaire des Zenagas du Sénégal*. Paris, in-8.

1879. Masqueray, *Chronique d'Abou Zakarya*. Alger, in-8.

1879. Coyne, *Le Mzab*. Alger, in-8.

1880. Philippe, *Étapes sahariennes*, Alger. in-12.

1880. Masqueray, *Les Beni-Mezab* (*Bulletin de la Société normande de géographie*, mars).

1880. Bernard, *Quatre mois dans le Sahara*. Paris, in-12.

1881. V. Largeau, *Le Sahara algérien*. Paris, in-18 jésus.

1882. Gerloff, *A Journey in the Atlas and the Northern part of the Algerian Sahara* (*Proceedings of the Royal geog. Society*, n° 6).

1882. Rabourdin, *Algérie et Sahara*. Paris, in-8.

1882. Rohlfs, *Reise durch Marokko und Reise durch die grosse Wüste*. Bremen, in-8.

1882. Richet, *Une excursion dans l'Oued-Rir'* (*Revue des Deux-Mondes*, 15 mai).

1883. Brosselard, *Voyage de la mission Flatters*. Paris, in-18 jésus.

1884. Bernard, *Les deux missions du colonel Flatters*. Paris, in-18 jésus.

1884. Robin, *Le Mzab et son annexion à la France*.

1884. — *La Région de l'Oued-Rir'* (*Bulletin de la Société de géographie de l'Est*, p. 550).

(*s.d.*) Ech-Chemâkhi, *Le livre des biographies* (كتاب السير, biographies abadhites). Le Qaire, in-8.

1884. Ibrahim el-Berrâdi, *Le livre des pierreries* (كتاب الجواهر, chronique abadhite). Le Qaire, 1302 hég., in-8.

1884. Terry, *Les villes berbères de la vallée de l'Oued-Mya* (*Revue d'ethnographie*, t. III).

1884. Rinn, *Marabouts et Khouan*. Alger, in-8.

1884. A. de Calassanti-Motylinski, *Guerara depuis sa fondation*. Alger, in-8.

1884. Niox, *Algérie*. Paris, in-12.

1885. R. Basset, *Lettre à M. Barbier de Meynard sur sa mission au Mzab* (*Journal asiatique*).

1885. A. de Calassanti-Motylinski, *Les livres de la secte abadhite*. Alger, in-8.

1885. Piesse, *Itinéraire de l'Algérie*. Paris, in-12.

1885. A. de Calassanti-Motylinski, *Le Djebel-Nefousa, relation de Brahim ou Slimane Chemmakhi*. Alger, in-4.

1885. René Basset, *Les manuscrits arabes des bibliothèques des zaouias de 'Aïn-Mâdhi et Temacin, de Ouargla et de 'Adjadja* (Chroniques de Ouargla et de Ngousa). Alger, in-8.

1886. Masqueray, *Formation des cités chez les populations sédentaires de l'Algérie*. Paris, in-8.

1886. Zeys, *Législation mozabite ; son origine, ses sources, son présent, son avenir*. Paris, in-8.

1886. Weisgerber, *Notes sur le Oued-Rir'*. Paris, in-8.

1887. R. Basset, *Manuel de langue kabyle*. Paris, in-12.

1887. Jus, *Stations préhistoriques de l'Oued-Rir'* (*Revue d'Ethnographie*, VI).

1887. Rolland, *L'Oued-Rir' et la colonisation française au Sahara* (*Revue de l'Afrique française*, VI).

1887. René Basset, *Contes populaires berbères*. Paris, in-18.

1887. Bajolle, *Le Sahara de Ouargla*. Alger, in-8.

1887-1888. Zeys, *Le mariage et sa dissolution dans la législation mozabite* (*Revue algérienne de législation et de jurisprudence*).

1888. René Basset, *Notes de Lexicographie berbère*, IVe série. Paris, in-8.

1888. Amat, *Le Mzab et les Mzabites*. Paris, in-8.

1890. Almand, *D'Alger à Ouargla*. Paris, in-8.

1890. René Basset, *Loqmân berbère*. Paris, in-12.

1890. Rinn, *Histoire de l'insurrection de 1891*. Alger, in-8.

PREMIÈRE PARTIE

NOTES GRAMMATICALES

§ 7-8 [1]. — Le *t*, ت, du Mzab, de Ouargla, de l'Oued-Rir' et du Djebel-Nefousa remplace toujours le *th*, ث, du zouaoua, de Bougie et de la zenatia du centre et des Beni Menacer; il se substitue parfois au *d'*, ذ, et au *d*, د, du zouaoua, des B. Menacer, du harakta, du chaouia et de Syouah. — Ex. : *atef*, اتف, entrer (Mzab, Ouargla, O. Rir', Dj. Nefousa) = *ad'ef*, اذف (zouaoua), *adef*, ادف (harakta); *itbir*, يتبير, pigeon (Mzab), et *atbir*, اتبير (Ouargla) = *ithbir*, يثبير (zouaoua), *ad'bir*, اذبير (B. Menacer), *adbir*, ادبير (Syouah).

Le *dj*, ج, du Mzab correspond au *g*, گ, du zouaoua et du touareg ahaggar, qui s'est parfois conservé à Ouargla, à l'O. Rir' et au Dj. Nefousa. — Ex. : *ebzedj*, ابزج, être humide (Mzab) = *ebzeg*, ابزگ (zouaoua et Ouargla); *edj*, اج, faire (Mzab) = *eg*, اگ (Ouargla, O. Rir', Dj. Nefousa). Le *dj*, ج, et le *j*, ژ, permutent fréquemment au Mzab. — Ex. : *ardjaz*, ارجاز et *arjaz*, ارژاز, homme.

Le *tch*, چ, du Mzab correspond quelquefois au *k*, ك, de Ouargla et du Dj. Nefousa. — Ex. : *atcheb*, اچب, sauterelle (Mzab) = *ikeb*, يكب (Ouargla); *itchâb*, يچعب, renard (Mzab) = *ikâb*, يكعب (Dj. Nefousa).

1. Pour les numéros précédents, cf. *Manuel de Langue kabyle*, de même que pour toutes les lacunes qui suivront.

Le *d*, د, du Mzab, de Ouargla, de l'O. Rir' et du Dj. Nefousa remplace toujours le *d'*, ذ, du zouaoua, de Bougie et des B. Menacer. — Ex. : *derr'el*, درغل, être aveugle (Mzab) = *d'err'el*, ذرغل (zouaoua) ; *aderr'al*, ادرغال, aveugle (Ouargla) = *ad'err'al*, اذرغال (zouaoua).

Le *d*, د, se substitue au Mzab au *dh*, ض, du zouaoua qui se maintient souvent à Ouargla et au Dj. Nefousa. — Ex. : *semmed*, سمد, froid (Mzab) = *asemmedh* اسمض (zouaoua) et *asemmadh*, اسماض (Ouargla). A Ouargla, comme en touareg ahaggar, on trouve parfois un *dh*, ض, à la place d'un *d'*, ذ, zouaoua et d'un *d*, د, du Mzab. — Ex. : *tadhouft*, تضوفت, laine = *thad'ouft*, ثذوفت (zouaoua), *tadouft*, تدوفت (Mzab).

Le *j*, ز, du Mzab correspond au *g*, ڭ, du zouaoua, conservé à Ouargla et au Dj. Nefousa, tandis qu'il est remplacé par un *i*, ى à l'O. Rir'. — Ex. : *tarja*, تزژا (Mzab), canal = *tharga*, ثرڭا (zouaoua) et *targa*, ترڭا (Ouargla) ; *arjaz*, ارژاز (Mzab), homme = *argaz*, ارڭاز (zouaoua, Ouargla et Dj. Nefousa) ; *afi*, افى (O. Rir'), voler = *afeg*, افڭ (zouaoua).

Le *ch*, ش, et le *tch*, ج, du Mzab et de Ouargla remplacent le *k*, ك, du zouaoua et de Bougie, le χ, ك de la zenatia du Maghreb central et des B. Menacer. — Ex. : *abertchan*, ابرچان (Ouargla), noir, et *aberchan*, ابرشان (Mzab) = *aberkan*, ابركان (zouaoua), *aberχan*, ابركان (haraoua). Lorsque le *ch*, ش, du Mzab et de Ouargla, correspondant au *k*, ك, du zouaoua, est précédé d'une sifflante, celle-ci, sous l'influence de la chuintante, se transforme en *ch*, ش. — Ex. : *tichchert*, تششرت, ail (Mzab et Ouargla) = *thiskerth*, ثسكرث (zouaoua).

Le *ç*, ص, ne se rencontre guère que dans les mots

d'origine arabe, et encore il est fréquemment changé en *z*, ز. — Ex. : *tezallit*, تَزالّيت, prière (Mzab) = صلاة.

Le *dh*, ض, est rare au Mzab et correspond au *t'*, ط, du Dj. Nefousa, du Djerid et de Bougie. — Ex. : *nedh*, نض (Mzab), être auprès de = *net't'*, نطّ (Dj. Nefousa). Le *dh*, ض, redoublé devient un *t'*, ط.

Le *r'*, غ, redoublé devient un *k'*, ق. — Ex. : *lour'*, لوغ, être trouble, *selak'lak'*, سلاقلاق troubler (Mzab).

Le *k*, ك, est quelquefois devenu *ch*, ش, à Ouargla. — Ex. : *chera*, شرا, chose (Ouargla) = *kera*, كرا (zouaoua). Cependant il s'est quelquefois maintenu ainsi qu'à l'O. Rir', alors qu'au Mzab il est devenu *ch*, ش. — Ex. : *tikerkas*, تكركاس, mensonges (Ouargla et O. Rir') = *techerchas*, تشرشاس (Mzab).

On trouve parfois, à Ouargla et à l'O. Rir', le *m*, م, à la place de l'*n*, ن. — Ex. : *amzar*, امزار, pluie (Ouargla) = *anzar*, انزار (zouaoua) ; *imma*, يمّا, il dit (O. Rir') = *inna*, ينّا (zouaoua et autres dialectes). En sens inverse, un *m*, م, devient parfois un *n*, ن au Dj. Nefousa. — Ex. : *isan*, يسان, viande = *aïsoum* (Mzab), ايسوم.

Le *ou*, و, redoublé persiste d'ordinaire dans les quatre dialectes ; cependant on trouve au Mzab des exemples de contraction de deux *ou*, و, en *g*, ڭ, comme dans la vallée de l'O. Sahel. — Ex. : *aoudh*, اوض, arriver, n. d'act. *aouggadh*, اوڭاض (Mzab ; cf. zouaoua *aggouadh*, اڭواض par exception) ; *aoui*, اوى, porter, n. d'act. *aggai*, اڭاى, charge.

Le *i*, ى, du Mzab, de l'Ouargla et de l'O. Rir', correspond, mais moins fréquemment que dans la zenatia du centre, au *g*, ڭ, du zouaoua et de Bougie. — Ex. : *azizaou*, ازيزاو, bleu, vert (Mzab, Ouargla) = *azigzaou*, ازڭزاو

(zouaoua). Quelquefois il remplace un *k*, ك, du zouaoua. — Ex. : *aïsoum*, ايسوم (Mzab et Ouargla), viande = *aksoum*, اكسوم (zouaoua).

§ 9-10. — Pronoms isolés.

Mzab.

Sing.		
1re p. com.	moi	*nech* نش, *nechchi* نشى, *nechchin* نشين
2e — m.	toi	*chetch* شج, *chetchi* شجى, *chetchin* شجين
2e — f.	toi	*chem* شم, *chemmi* شمى, *chemmin* شمين
3e — m.	lui	*netta* نتا
3e — f.	elle	*nettaha* نتها

Plur.		
1re p. com.	nous	*nechni* نشنى, *nichnin* نشنين
2e — m.	vous	*chechouin* ششوين, *chetchaouin* شجوين
2e — f.	vous	*chetchmitin* شجميتين
3e — m.	eux	*netnin* نتنين
3e — f.	elles	*netnitin* نتنيتين

Ouargla.

Sing.		
1re p. com.	moi	*netch* نج, *nech* نش, *nechchin* نشين
2e — m.	toi	*chek* شك
2e — f.	toi	*chem* شم, *chemmin* شمين
3e — m.	lui	*netta* نتا
3e — f.	elle	*nettat* نتات

Plur.		
1re p. com.	nous	*nichnin* نشنين
2e — m.	vous	*cheknim* شكنيم
2e — f.	vous	*cheknimti* شكنمتى
3e — m.	eux	*nitnin* نتنين, *netnin*.
3e — f.	elles	*nitninti* نتنينتى

O. Rir'.

Sing.	1re p. com.	moi	*netch* نج
	2e — m.	toi	*chek* شك
	2e — f.	toi	*chem* شم
	3e — m.	lui	*netta* نتا
	3e — f.	elle	*nettat* نتات
Plur.	1re p. com.	nous	*nitchana* نجنا, *nichana* نشانا
	2e — m.	vous	*chinin* شنين
	2e — f.	vous	*chinintin* شنينتين
	3e — m.	eux	*netnin* نتنين
	3e — f.	elles	*nitnintin* نتنينتين

§ 11. — Pronoms affixes compléments d'un nom jouant le rôle d'adjectifs possessifs.

Mzab.

Sing.		
1re p. com.	*iouk* يوك, *iouok*	[*taddartiouk*] تدارتيوك (maison de moi), ma maison.
2e — m.	*itch* يج	*taddartitch* تدارتيج (maison de toi), ta maison.
2e — f.	*em* ام	*taddartem* تدارتم (maison de toi), ta maison.
3e — com.	*es* اس	*taddartes* تدارتس (maison de lui ou d'elle), sa maison.
Plur.		
1re p. com.	*ennar'* اناغ	(constr. avec la prép. *en* ان) *taddartennar'* تدارتناغ (maison de nous), notre maison.
2e — m.	*ennouen* انون	*taddartennouen* تدارتنون (maison de vous), votre maison.
2e — f.	*enchemt* انشمت	*taddartenchemt* تدارتنشمت (maison de vous), votre maison.
3e — m.	*ensen* انسن	*taddartensen* تدارتنسن (maison d'eux), leur maison.
3e — f.	*ensent* انسنت	*taddartensent* تدارتنسنت (maison d'elles), leur maison.

Ouargla.

Sing.

1re p. com.	*iou* يو, *ou* و	*fousiou* بوسيو (main de moi), ma main.
2e — m.	*ek* اك	*fousek* بوسك (main de toi), ta main.
2e — f.	*em* ام	*fousem* بوسم (main de toi), ta main.
3e p. com.	*es* اس	*fouses* بوسس (main de lui, d'elle), sa main.

Plur.

1re p. com.	*ennâ* انع, *enna* انا	*ifassen ennâ* يفاسن انع (mains de nous), nos mains.
2e — m.	*enkoum* انكوم	*ifassen enkoum* يفاسن انكوم (mains de vous), vos mains.
2e — f.	*enkemt* انكمت	*ifassen enkemt* يفاسن انكمت (mains de vous), vos mains.
3e — m.	*ensen* انسن	*ifassen ensen* يفاسن انسن (mains d'eux), leurs mains.
3e — f.	*ensent* انسنت	*ifassen ensent* يفاسن انسنت (mains d'elles), leurs mains.

O. Rir'.

Sing.

1re p. com.	*iou* يو	*tit'iou* تيطيو (œil de moi), mon œil.
2e — m.	*ik* يك	*tit'ik* تيطيك (œil de toi), ton œil.
2e — f.	*im* يم	*tit'im* تيطيم (œil de toi), ton œil.
3e — com.	*is, es* اس يس	*tit'es* تيطس (œil de lui, d'elle), son œil.

Plur.

1re p. com.	*enna* انا	*tit'aouin enna* تيطاوين انا (yeux de nous), nos yeux.
2e — m.	*enkoum* انكوم	*tit'aouin enkoum* تيطاوين انكوم (yeux de vous), vos yeux.
2e — f.	*enkemt* انكمت	*tit'aouin enkemt* تيطاوين انكمت (yeux de vous), vos yeux.
3e — m.	*nsen* نسن	*tit'aouin ensen* تيطاوين انسن (yeux d'eux), leurs yeux.
3e — f.	*nsent* نسنت	*tit'aouin ensent* تيطاوين انسنت (yeux d'elles), leurs yeux.

§ 12. — Pronoms personnels affixes employés avec une préposition.

	Mzab.	Ouargla.	O. Rir'.
à moi	*ii* يى	*ii* يى	*ii* يى
à toi (m.)	*iach* ياش	*iak* ياك (*ak* اك)	*iak* ياك (*ak* اك)
— (f.)	*iam* يام	*iam* يام (*am* ام)	*iam* يام (*am* ام)
à lui, à elle	*ias* ياس (*as* اس)	*ias* ياس (*as* اس)	*ias* ياس (*as* اس)
à nous	*ianar'* ياناغ	*anar'* اناغ	*ana* انا
à vous (m.)	*iaouen* ياون	*akoum* اكوم	*akoum* اكوم
— (f.)	*iatchemt* ياچت	*akemt* اكت	*akemt* اكت
à eux	*iasen* ياسن	*iasen* ياسن	*iasen* ياسن
à elles	*iassent* ياسنت	*iasent* ياسنت	*iasent* ياسنت

§ 13. — Le pronom personnel suffixe combiné avec une préposition sert à rendre le verbe *avoir*, comme en arabe عندى et لى.

	Mzab.	Ouargla.	O. Rir'.
j'ai (chez moi)	*r'eri* غرى	*nr'eri* نغرى	*r'eri* غرى
tu as (chez toi)	*r'eretch* غرچ	*nr'erek* نغرك	*r'erek* غرك
— (— f.)	*r'erem* غرم	*nr'erem* نغرم	*r'erem* غرم
il a (chez lui) / elle a (— elle)	*r'eres* غرس	*nr'eres* نغرس	*r'eres* غرس
nous avons (chez nous)	*r'ernar'* غرناغ	*nr'erna* نغرنا	*r'erna* غرنا
vous avez (chez vous, m.)	*r'erouen* غرون	*nr'erkoum* نغركوم	*r'erkoum* غركوم
— (— f.)	*r'ertchemt* غرچت	*n'rerkemt* نغركت	*r'erkemt* غركت
ils ont (chez eux)	*r'ersen* غرسن	*nr'ersen* نغرسن	*r'ersen* غرسن
elles ont (chez elles)	*r'ersent* غرسنت	*nr'ersent* نغرست	*r'ersent* غرسنت

Ex. : As-tu une preuve, *a illa r'eretch elbaina* ايلا غرج البينة (Mzab). J'ai des témoins, *r'eri chchouhoud*, غرى الشهود (Mzab). J'ai une grande maison, *r'eri taddart et-tamek'rant*, غرى تدارت أمغرانت (Mzab).

On trouve aussi au Mzab la préposition *r'or* : *r'ori*, غرى, etc.

§ 16. — Pronoms personnels affixes compléments d'un verbe.

	Mzab.	**Ouargla.**	**O. Rir'.**	
Sing.				
1re p. com.	*i* ى	*i* ى	*i* ى	me, moi
2e — m.	*ch* ش, *tch* ج	*k* ك	*k* ك	te, toi
2e — f.	*m* م	*m* م	*m* م	te, toi
3e — com.	*t* ت	*t* ت	*t* ت	le, la
Plur.				
1re p. com.	*nar'* ناغ	*na* نا	*na* نا	nous
2e — m.	*ouen* ون	*koum* كوم	*koum* كوم	vous
2e — f.	*tchemt* جمت	*kemt* كمت	*kemt* كمت	vous
3e — m.	*ten* تن	*ten* تن	*ten* تن	les
3e — f.	*tent* تنت	*tent* تنت	*tent* تنت	les

Ex. : Il t'a frappé, *iouetach*, يوتاش (Mzab). Il nous a vus, *izrina*, يزرينا (Ouargla).

§ 17. — Place des pronoms affixes. Ils suivent absolument les mêmes règles qu'en zouaoua.

§ 19. — Pronoms et adjectifs démonstratifs. **Mzab** : *a*, ا, ou, و, qui se placent après le substantif et désignent un être ou un objet rapprochés : *ouni*, ونى, celui-ci, ceci, f. *touni*, تونى, pl. *ininnou*, يننو, f. *tininni*, تننى ; *ain*, اين (indécl.), cela ; *ouannouh*, واتوه, *aouen*, اون (indécl.), *ouamouh*, واموه, cela ; *ouasi*, واسى, celui-ci ; *touh*, توه, ce ; *enni*, انى, celui-là ; *aidoud*, ايدود, ce. — Ex. : Cet homme, *ain ourjaz*, اين ورزاز ; Cette femme, *ain tamet't'out*, اين تمطوت ; Cet âne, *aouen ouar'ioul*, اون وافيول ; Cette fille, *aouen taizziout*, اون تيزيوت.

Ouargla : *ou*, و, invariablement se place après le nom et désigne un être ou un objet rapprochés : *argaz ou*, اركازو, cet homme ; *agi*, اڤى, *agou*, اڤو, *ouagi*, واڤى. pl. *ouigi*, ويڤى, *oua*, وا ; *en*, ان, désignant un être ou un objet éloignés : *argaz en*, اركازن, Cet homme-là.

O. Rir' : *ou*, و, *agi*, اڤى.

Dj. Nefousa : *ouh*, وه, ce ; *touh*, توه, ce ; *ouih*, ويه, celui-ci, pl. *ouid'i*, ويذى ; *oui*, وى ; *ouait'ouih*, ويط ويه.

§ 20. — Pronoms interrogatifs. **Mzab** : Qui, *manain*, مانان. Il s'emploie avec le participe : Qui est venu ? *Manain id iousin*, مانان يديوسين ; *ouar'ani*, واغانى. Qui est-ce ? *Manain ounni*, مانان ونى. Quoi, *batta*, بتا ; *matta*, متا ; *mata*, متا ; *ma*, ما. — Ex. : Qu'a-t-il ? *Ma t iour'en*, ما تيوغن, m. à. m. : Quoi le prenant ? Que mangeras-tu ? *Batta r'a tetched*, بتا غاتجد. Que fait-il ? *Batta eççanâtes*, بتا الصناعتس, m. à. m. : Quel est son métier ? Qu'y a-t-il entre vous ? *Batta jarach dides*, بتا زارش ديدس. Que veux-tu ? *Batta tekhsed*, بتا تخسد. Quel, *mi*, مى. Quel est son nom ? *mismes*, مسمس. Avec quoi ? (instrum.) *s batta*, سبتا : Avec quoi l'a-t-il-frappé ? *sbatta it iouet*, سبتا يتيوت. Qui, *ou*, و : Qui est là ? *ou illan dini*, ويلان دينى. Qui est dehors ? *ou illan azr'ar*, ويلان ازغار.

Ouargla : Qui, quel, *mammou*, مو ; quoi, *mata*, متا ; qui, *agisma*, اڤيسما ; quoi, *mamek*, مامك.

O. Rir' : Qui, *mammou*, مو ; quel, quoi, *mata*, متا : Quel est ton métier ? *mata çanâtek*, متا صناعتك.

§ 21. — Pronoms relatifs. **Mzab** : *ai*, اى, avec lequel on emploie le participe : L'homme qui est venu, *ardjaz ai d iousin*, ارجازاى ديوسين ; L'homme que j'ai vu, *ardjaz ai* *t ergebar'*, ارجاز اى تركباغ ; L'enfant avec qui je suis venu, *at'efli ai d ousir' maâs*, اطفلى اى د وسيغ معاس ; La fille qui est venue avec moi, *taizziout ai d iousin mâia*, تيزوت ايد يوسين معيا ; La maison de laquelle je suis sorti, *taddart ai effer'er' sis*, تدارت اى ابفغ سيس. Souvent même ou supprime *ai*, اى : Cette marmite que tu m'as donnée, *taiddourt a ii touchid*, تيدورت ابى توشد ; Cet homme qui se tient là, *arjaz ou itour'in dinni*, ارزاز و يتوغين دنى ; La maison dans laquelle je suis entré, *taddart outefer' dis*, تدارت وتفغ ديس. On trouve aussi la forme arabe vulgaire, *elli*, الى. Celui qui, *ouenni*, ونى ; celle qui, *tenni*, تنى ; ceux qui, *ininni*, يننى ; celles qui, *tininni*, تيننى ; *oua*, وا (invar.) ; ce que, *aini*, اينى : Demande ce que tu veux, *et'lob aini tekhsed*, اطلب اينى تخسد.

Ouargla : Qui, *enni*, انى ; *ai*, اى ; que, *mata*, متا ; celui qui, *mamou*, ممو ; que, *sag*, ساڭ : Ils m'ont dit qu'ils avaient vu, *ennan ii sag zerin*, اناني ساڭ زرين.

O. Rir' : Qui, *enni*, انى ; celui qui, *enni*, انى, *ou enni*, ونى.

Dj. Nefousa : Qui, *ai*, اى ; celui qui, *oui*, وى ; *mammou*, ممو ; *ouait' ouih*, ويط ويه ; ce que, *ma*, ما.

§ 22. — Pronoms et adjectifs indéfinis. **Mzab** : Autre, *ouididhen*, ويديضن, f. *tididhit*, تديضت ; *ioudhen*, يوضن : Une autre fois, *titchelt ioudhen*, تجلت يوضن ; tout, *gad*, ڭاع : Elle lui raconta tout ce qui s'était passé, *tenna ias gad a içaren*, تناياس ڭاع ايصارن ; chaque, tout, *ach*, اش : Je mets bas chaque année beaucoup de petits, *nech tarouer' ach asouggas mennaout n bourekhs*, نش تروغ اش اسوڭاس مناوت نبورخس ; chacun, *koull iggen*, كل يڭن, f. *koull igget*, كل يڭت ; quelqu'un, *iggen*, يڭن ; quelque chose, *batta*, بتا, *matta*, متا, *chera*, شرا ; personne, *oula iggen*, ولا يڭن : Quand il vit qu'il n'y avait personne, *si irgeb dis oula iggen*, سى يرڭب ديس ولا يڭن; rien, *oula d chera*, ولا د شرا : Il n'y a rien chez toi, *la chi r'eretch chera*, لا شى غرج شرا. « Y a-t-il » se traduit par *la chi* interrogatif : Y a-t-il de l'eau fraîche? *La chi aman d isemmaden*, لا شى امان ديسمادن; Il y en a, *ellan*, الان ; beaucoup, *mennaout*, مناوت. Seul, *ouah'd*, وحد, se construit avec les pronoms suffixes ; voici, *chtoud*, شتود.

Ouargla : Autre, *oudidhen*, وديضن, f. *tididhet*, تديضت, *ididhenin*, يديضنين, f. *tididhentin*, تديضنتين ; aucun, personne, *oula diggen*, ولا ديڭن ; f. *oula digget*, ولا ديڭت ; *oula d h'ad*, ولا د حاد ; rien, *oula d chera*, ولا د شرا ; *oula*, ولا ; *lach*, لاش : Il n'a rien, *lach r'eres*, لاش غرس ; voici, *chtai*, شتاى ; même, le même, c'est la même chose, *d iggen*, ديڭن.

O. Rir' : Autre, *idhen*, يضن ; pl., *idhinin*, يضينين.

Dj. Nefousa : Autre, *ouidi*, ويدى ; *ouait'*, وايط ; quelque, *achchar*, اشار.

DU VERBE

§ 26-27. — A la 2e pers. et à la 3e pers. fém. du sing. et à la 2e pers. du pl. le *th* initial, ث, du zouaoua est remplacé en mzabite, à Ouargla, à l'O. Rir' et au Dj. Nefousa par un *t*, ت. Le *dh*, ض, final du zouaoua, à la 2e pers. du sing., est d'ordinaire remplacé par un *d*, د, au Mzab, à Ouargla et dans l'O. Rir' ; quelquefois par un *t*, ت, au Mzab ; au Dj. Nefousa par un *t'*, ط, comme dans les dialectes de Bougie et du Djerid. Lorsque le verbe est employé avec une particule, le *r'*, غ, final de la 1re pers.

du sing. s'affaiblit en *ď*, ع, et en *a*, ا, à Ouargla et à Touggourt.

§ 28. — Au Mzab, la particule *r'a*, غا, donne à l'aoriste le sens du futur ; la particule *ad*, اد, le présent et le futur ; la particule *ai*, اى, le passé.

§ 29. — Conjugaison d'un verbe.

IMPÉRATIF

	Mzab.		Ouargla.		O. Rir'.	
Sing.						
2e p. com.	*ergeb* اركب	vois	*zer* زر	vois	*egser* اكسر	descends
Plur.						
2e — m.	*ergebet* اركبت	voyez	*zert* زرت	voyez	*egsert* اكسرت	descendez
2e — f.	*ergebemet* اركبمت		*zeremt* زرمت		*egseremt* اكسرمت	

AORISTE

(Avec le sens du prétérit).

	Mzab.		Ouargla.		O. Rir'.	
Sing.						
1re p. com.	*ergeber'* اركبغ	j'ai vu	*zrir'* زريغ	j'ai vu	*egserer'* اكسرغ	je suis descendu
2e — com.	*tergebed* تركبد		*tezrid* تزريد		*tegsered* تكسرد	
3e — m.	*iergeb* يركب		*izrou* يزرو, *izri* يزرى		*igser* يكسر	
3e — f.	*tergeb* تركب		*tezrou* تزرو		*tegser* تكسر	
Plur.						
1re — com.	*nergeb* نركب		*nezrou* نزرو		*negser* نكسر	
2e — m.	*tergebem* تركبم		*tezrim* تزريم		*tegserem* تكسرم	
2e — f.	*tergebemt* تركبمت		*tezrimet* تزريمت		*tegseremt* تكسرمت	
3e — m.	*ergeben* اركبن		*zrin* زرين		*egseren* اكسرن	
3e — f.	*ergebent* اركبنت		*zrint* زرينت		*egserent* اكسرنت	

AORISTE

(Avec le sens du futur ou du présent).

	Mzab.	**Ouargla.**	**O. Rir'.**
Sing.	je verrai, je vois	je verrai, je vois	je descendrai, je descends
1re p. com.	*ad ergebar'* اد ارڭباغ	*ad ezrâ* اد ازرع	*ad egsera* اد اڭسرا
2e — com.	*atergebed* اترڭبد	*atezred* اتزرد	*ategsered* اتڭسرد
3e — m.	*ad irgeb* اد يرڭب	*adizer* اد يزر	*ad igser* اد يڭسر
3e — f.	*atergeb* اترڭب	*atezer* اتزر	*ategser* اتڭسر
Plur.			
1re — com.	*anergeb* انرڭب	*anzer* انزر	*anegser* انڭسر
2e — m.	*atergebem* اترڭبم	*atezrem* اتزرم	*ategserem* اتڭسرم
2e — f.	*atergebemt* اترڭبمت	*atezremt* اتزرمت	*ategseremt* اتڭسرمت
3e — m.	*ad ergeben* ادرڭبن	*ad zeren* اد زرن	*ad egseren* اد ڭسرن
3e — f.	*ad ergebent* اد رڭبنت	*ad zerent* ادزرنت	*ad egserent* ادڭسرنت

§ 30. — On emploie aussi pour attirer l'attention sur le verbe la particule *d*, د, vocalisée tantôt *ed*, tantôt *id*. Elle suit les mêmes règles de position qu'en zouaoua.

§ 31. — La particule *n*, ن, sert à former un participe indéclinable lorsqu'elle est jointe à la 3e pers. de l'aoriste. — Ex. : *illa*, يلا, il a été; *illan*, يلان, étant.

§ 32. — Les verbes commençant par un *alif* non prosthétique changent au prétérit cet *alif* en *ou*, و. — Ex. : Mzab, *atef*, اتف, entrer, aor. *ioutef*, يوتف; Ouargla, *azen*, ازن, envoyer, aor. *iouzen*, يوزن; O. Rir', *adher*, اضر, tomber, aor. *ioudher*, يوضر; Dj. Nefousa, *afaf*, اڢاڢ, être fin, aor. *ioufaf*, يوڢاڢ.

Les verbes qui ont un *ou* pour seconde syllabe ne le contractent pas, comme en zouaoua, en *b* ou en *g*, avec l'*ou* provenant du changement de la première syllabe. — Ex. : *aoui*, اوي, apporter, aor. *iououi*, يووي. Les verbes *ili*,

يلي, être (Mzab, Ouargla, O. Rir', Dj. Nefousa), *ini*, يني (O. Rir'), changent à l'aoriste conjugué sans particule l'*i* initial en *e* et redoublent leur consonne.

Mzab.

Sing.						
1re p. com.	*ellir'* الّيغ	j'ai été	*ad ilir'* اد يليغ	je serai	*lakir'* لاكغ	j'ai été
2e — com.	*tellid* تلّيد		*atellid* اتلّيد		. . . .	
3e — m.	*illa* يلّا		*ad ili* اد يلي		. . . .	
3e — f.	*tella* تلّا		*atili* اتيلي		. . . .	
Plur.						
1re — com.	*nella* نلّا		*anili* انيلي		*laknar'* لاكناغ	
2e — m.	*tellim* تلّيم		*atilim* اتيليم		. . . .	
2e — f.	*tellimet* تلّيمت		*atilimet* اتيليمت		. . . .	
3e — m.	*ellan* الّان		*ad ilin* اد يلين		. . . .	
3e — f.	*ellant* الّانت		*ad ilint* اد يلينت		. . . .	

Au Mzab et au Dj. Nefousa, la 3e personne de l'aoriste est souvent terminée en *ou*. — Ex. : *etch*, اج, manger, aor. *itchou*, يچو (Mzab); *k'im*, قيم, se tenir, 3e pers. pl. *k'imoun*, قيمون; f. *k'imount*, قيمونت (Dj. Nefousa).

La plupart des verbes terminés en *ou* à l'impératif, perdent cet *ou* à l'aoriste et le remplacent par un *i* à la 1re pers. et à la 2e pers. du sing. et un *a* aux autres personnes. — Ex. : *ettou*, اتو (Ouargla), oublier, aor. *itta*, يتّا.

§ 34. — La négation se rend en mzabite par *oula chera*, ولا شرا. — Ex. : Je ne sais pas, *oula essiner' chera*, ولا اسينغ شرا ; *oul batta*, ول بتّا : Il ne trouva rien à dire, *oul ioufi batta isioul*, ول يوفي بتّا يسيول; *oul*, ول : Il ne vint pas à la ville, *oul d iousi r'el tamdint*, ول ديوسي غل تمدينت; Pourquoi n'es-tu pas venu? *mimi oul tousid*, ميمي توسيد ; Ils ne le laissèrent pas pénétrer parmi eux, *oul t ejjin ad iatef jarasen*, ول ت اژين اد ياتف ژارسن. La négation *ou*, و, est quelquefois accompagnée de la particule *ar'en*, اغن. — Ex. :

Tu ne sais pas où tu es, *ou ar'en tessined did manain*, واغن تسيند ديد ماناين.

Ouargla : *ou*, و, ne pas; pas encore, *seddir ou* سدير و : Il n'est pas encore venu, *seddir ou d iousi*, سدير و ديوسي; rien, *oula*, ولا; *lach*, لاش : Il n'a rien, *lach r'eres*, لاش غرس.

O. Rir' : *ou*, و; *oul*, ول : Elle ne le regarda pas, *oul tenkid r'eres*, ول تنكد غرس.

Dj. Nefousa : *oul*, ول : Il ne trouva pas, *oul ioufou*, ول يوفو; Tu n'as pas bien agi, *oul tegid sabih'*, ول تڭيد سبيح.

§ 36. — Ces dialectes possèdent, comme le zouaoua, des verbes qualificatifs ou verbes d'état à conjugaison incomplète et désignant les couleurs ou certaines qualités physiques ou morales. — Ex. : *mok'ri*, مقرى, être grand (Dj. Nefousa), pl. *mok'rit*, مقريت.

§ 38. — On peut rattacher à la classe des verbes d'état les formes du verbe incomplet, *tour'*, توغ, aor. *itour'*, يتوغ, il était; *tour'i*, توغى, je suis (Mzab). — Ex. : Je suis des gens des tombeaux, *tour'i s midden n inilen*, توغى سمدن نينيلن.

MODIFICATIONS DE L'IDÉE VERBALE

§ 39. — Ire forme indiquant l'idée factitive. — Ex. : *erouel*, اروال, s'enfuir; aor. *serouel*, سروال, faire fuir (Mzab). Les verbes commençant par un *alif* non prosthétique le changent en *i* à la forme factitive quand le verbe n'est pas sous l'influence d'une particule. — Ex. : *atef*, اتف, entrer : Ire f. *sitef*, سيتف, faire entrer, introduire (Mzab); *ader*, ادر, s'enfoncer, aor. *sider*, سيدر, enfoncer (Ouargla). Cf. cependant, *sououel*, سول, parler (Ouargla); au Mzab *siouel*, سيول. Lorsque le thème verbal renferme un *z*, ز, l'*s* factitif devient un *z*, ز, par euphonie. — Ex. : *enz*, ازن, être vendu : Ire f. *zenz*, ززن, vendre (O. Rir'); *azdhaf*, ازضف, être noir (Dj. Nefousa) : Ire f. *zezdhof*, ززضف, noircir. Dans le verbe *ech*, l'*s* factitif est devenue une chuintante par l'influence du *ch*. — Ex. : *chech*, شش, nourrir (Ouargla).

§ 40. — La IIe forme, qui indique le passif ou le réfléchi, s'obtient en préfixant un *m*, م, vocalisé d'ordinaire en *i* et changeant en *ou* l'*a* initial non prosthétique, Ex. : *zoun*, زون, partager (Dj. Nefousa) : IIe f. *mzoun*, مزون; *atef*, اتف, entrer (Ouargla) : IIe f. *mioutef*, ميوتف, entrer l'un chez l'autre. Cette forme peut se combiner avec la Ire. — Ex. : *ers*, رس descendre (Dj. Nefousa) : Ire f. *sers*, سرس, placer; IIe-Ire f. *msers*, مسرس, être placé.

§ 41. — La IIIe forme, qui exprime l'idée passive, s'obtient en préfixant *tou*, تو, ou *toua*, توا, en zouaoua *tsou*, تو. — Ex. : *ech*, اش (Mzab), manger : IIIe f. *touach*, تواش (Ouargla), être mangé ; *ari*, ارى, écrire : IIIe f. *touari*, توارى, être écrit (O. Rir'); *ernou*, ارنو, vaincre : IIIe f. *touarnou*, توارنو, être vaincu (Mzab).

§ 42. — On obtient la IVe forme qui indique l'habitude, la durée, la simultanéité et l'intensité, en préfixant un *ts*, ت. — Ex. : *ebbi*, ابى, couper (Dj. Nefousa) : IVe f., *tsebb*, تب. Elle se combine avec la IIe forme pour marquer la durée de la réciprocité : *menr'*, منغ, combattre (Mzab) : combattre longtemps, *tsemenr'*, تمنغ.

§ 43. — On obtient la Ve forme en préfixant un *t*, ت,

correspondant au *th*, ث, du zouaoua. — Ex. : *ebbi*, ابي, couper : *tebbi*, تبي, couper souvent (Mzab); *arou*, ارو, enfanter (Dj. Nefousa) : *tarou*, تارو, avoir l'habitude d'enfanter; *azzel*, ازل, courir (O. Rir') : *tazzel*, تازل, courir souvent; *zedh*, زض (Ouargla), peser : *tzedh*, تزض, peser souvent. Elle peut se combiner avec la Ire forme pour marquer l'habitude de faire faire. — Ex. : *tsetch*, تسج (Dj. Nefousa), nourrir habituellement.

§ 44. — La VIe forme, marquant l'habitude, consiste à redoubler la 2e radicale dans les verbes trilitères ou bilitères commençant par une consonne, et la 1re radicale dans quelques verbes bilitères commençant par une voyelle. — Ex. : *erzem*, ارزم, (Mzab), ouvrir : VIe f. *rezzem*; رزم; *erz*, ارز, briser (Ouargla) : VIe f. *errez*, ارز, broyer; *zer*, زر, voir (Dj. Nefousa) : VIe f. *zerr*, زر, visiter; par euphonie, le *r'*, غ, redoublé devient un *k*, ق. — Ex. : *err'*, ارغ, brûler : VIe f. *rek'k'*, رق (Mzab). Pour le verbe *etch*, اج, ou *ech*, اش, manger, on a les formes irrégulières *tet*, تت (Mzab); *tett*, تت (Dj. Nefousa). Le verbe *sou*, سو, boire, fait *sess*, سس (Mzab).

§ 45. — La VIIe forme marque l'habitude et s'obtient en ajoutant le son *a*, ا, avant la dernière radicale : elle s'emploie d'ordinaire avec la Ire forme. — Ex. : (Mzab), Ire f. *sertches*, سرجس, tromper : VIIe f. *sertchas*, سرجاس.

§ 47. — A la VIIIe forme, on intercale le son *i* ou *ou* entre les deux dernières radicales. Elle se combine d'ordinaire avec d'autres formes. — Ex. : *mellel*, ملل, être blanc (Dj. Nefousa) : Ire-VIIIe f. *semlil*, سمليل,

blanchir ; *enr'*, انغ, tuer : VIIIe f. *nour'*, نوغ (Ouargla) ; *zenz*, زنز, vendre : Ire-VIIIe f. *zenouz*, زنوز (Mzab) ; *soufer'*, سوفغ, faire sortir, Ire-VIIIe f. *soufour'*, سوفوغ (Ouarg'a) ; *tkechkech*, تكشكش, secouer fort : Ve-VIIIe f. *tkechkouch*, تكشكوش (Ouargla).

§ 48. — La Xe forme s'obtient en ajoutant les sons *i* ou *ou* à la fin du verbe. — Ex. : *smell*, سمل, blanchir (Mzab) : Ire-X^e f. *smelli*, سملي.

DES NOMS D'ACTION

§ 50-51. — Les noms d'action qu'on peut diviser, d'après la formation, en classes principales et classes secondaires, s'obtiennent de la manière suivante :

1°. — En employant le radical du verbe. — Ex. : *ar'mel*, اغمل, moisir, *ar'mel*, اغمل, moisissure (Mzab) ; *irar*, يرار, jouer, *irar*, يرار, jeu (Ouargla) ; *zoun*, زون, partager, *zoun*, زون, partage (O. Rir') ; *laz*, لاز, avoir faim, *laz*, لاز, faim (Dj. Nefousa).

La forme secondaire s'obtient en préfixant et suffixant un *t*, ت, au lieu du *th*, ث, du zouaoua. — Ex. : *aiour*, ايور, marcher, *taiourt*, تيورت, marche (O. Rir').

§ 52. — 2° En préfixant un *a*, ا. — Ex. : *sebzedj*, سبزج, mouiller, n. d'act. *asebzedj*, اسبزج, humidité (Mzab) ; *zoun*, زون, partager, *azoun*, ازون, partage (Ouargla).

A. Un certain nombre de verbes, pour le nom d'action de la forme simple, introduit, outre l'*a* initial, un *a* avant la dernière radicale. — Ex. : *ebzedj*, ابزج, être mouillé, *abzadj*, ابزاج, humidité (Mzab) ; *atef*, اتف, entrer, *ataf*, اتاب, entrée (O. Rir'); *eroui*, اروى, pétrir, *arouai*, اروای, couscous (Dj. Nefousa). D'autres ajoutent à la fin le son *a*, ا ou *ai*, ای. — Ex. : *ejj*, از, abandonner, *ajja*, ازا, abandon (Mzab). On en dérive une forme secondaire en préfixant et en suffixant un *t*, ت. — Ex. : *edjen*, اجن, ourler, *tadjenait*, تجنايت, ourlet.

B. En préfixant un *a* et en suffixant un *i*. — Ex. : *zedj*, زج, pousser, *azedji*, ازجى, action de pousser (Mzab); *serr'*, سرغ, allumer, *aserr'i*, اسرغى, incendie (Ouargla). Quelquefois l'*a* initial tombe : *azdhof*, ازضف, être noir, *zodhfi*, زضفى, noirceur (Dj. Nefousa).

§ 53. — En préfixant un *ou*, و, et en l'ajoutant soit à la fin du mot, soit avant la dernière lettre radicale. — Ex. : *betch*, بج, s'envoler, *ouboutch*, وبوج, vol (Mzab); *ech*, اش, manger, *ouchou*, وشو, nourriture (Ouargla); *essen*, اسن, savoir, *oussoun*, وسون, science (Dj. Nefousa).

§ 54. — En préfixant un *i*, ى : la dernière radicale est vocalisée en *a* ou en *ou*. — Ex. : *ech*, اش, manger, *ichchou*, يشو, nourriture (O. Rir'), *iichcha*, يشا (Ouargla); *eddi*, ادى, piler, *idda*, يدا, action de piler (Mzab).

§ 55. — En redoublant la 2ᵉ consonne. Dans les verbes commençant par un *alif* non prosthétique, on redouble la 1ʳᵉ consonne. — Ex. : *aber*, ابر, bouillonner, *abbar*, اببار, bouillonnement (Mzab).

§ 56. — En préfixant un *m*. Dans certains cas, cet *m* est vocalisé en *ou* et on ajoute *en* à la fin du mot. — Ex. : *atef*, اتف, entrer, *moutfen*, موتفن, entrée (Ouargla); *effer'*, افغ, sortir, *moufer'en*, موفغن, sortie (Ouargla).

On en dérive une forme secondaire en préfixant et en suffixant un *t*, ت : l'avant-dernière radicale est vocalisée en *ou*, و. — Ex. : *edder*, ادر, vivre, *tameddourt*, تمدورت, vie (Dj. Nefousa).

§ 57. — En préfixant un *t*, ث, à la racine. — Ex. : *et't'ef*, اطف, saisir, *tet't'af*, تطف, saisie (O. Rir'). Quelques verbes ajoutent à la fin un *a*, un *i* ou un *ai*. — Ex. : *aggou*, اڤو, pétrir, *tiggoui*, تڤوى, pétrissage (Mzab) ; *jall*, زال, jurer, *tijilla*, تزيلا, serment (Ouargla) ; *agour*, اڤور, marcher, *tagouria*, تڤوريا, marche, conduite (Dj. Nefousa).

A. Dans la plupart des verbes terminés par la voyelle *ou* ou *i*, celle-ci devient un *a*. — Ex. : *ari*, ارى, écrire, *tira*, تيرا, écriture (Ouargla).

§ 58. — En préfixant un *t* vocalisé en *a* ou en *ou* et en suffixant la syllabe *in*, ين. — Ex. : *asem*, اسم, être jaloux, *tisemin*, تسمين, jalousie (Mzab).

DU SUBSTANTIF

§ 60. — Au singulier, les noms communs masculins commencent par une des voyelles *a*, *ou*, *i*. — Ex. : *amezdar'*, امزداغ, bourg (Mzab) ; *azour*, ازور, racine (Ouargla) ; *azmer*, ازمر, agneau (O. Rir') ; *aser'*, اسغ, puits (Dj. Nefousa) ; *izeri*, يزرى, *artemisia alba*, chih' (Mzab) ; *ijedi*, يزدى, sable (Ouargla) ; *ir'f*, يغف, tête (Dj. Nefousa), *oudem*, ودم, visage (Mzab) ; *ouma*, وما, fumier (Ouargla) ; *ouchchen*, وشن, chacal (O. Rir'). Cette règle souffre cependant de nombreuses exceptions : *zoudjmi*, زوجمى, tarentule (Mzab); *zarif*, زريب, alun (Ouargla); *dhar*, ضار, pied (O. Rir'), *zerzer*, زرزر, gazelle (Dj. Nefousa).

§ 61. — Le féminin s'obtient en préfixant et en suffixant un *t* au masculin.

Certains noms désignant des êtres qui ne sont ni mâles ni femelles ont la forme féminine, moins le *t*, ت, final. — Ex. : *tarja*, ترجا, canal (Mzab); *tabeglouj*, تبكلوز, boutons de fleurs (O. Rir'); *tebrouri*, تبروری, neige (Dj. Nefousa).

Quelques substantifs tirent leur féminin de racines inusitées, conservées dans d'autres dialectes.

Ex. : *arjaz*, ارزاز, *ardjaz*, ارجاز, homme (Mzab); f. *tamet't'out*, تمطوت, femme.

argaz, ارگاز, homme (Ouargla); f. *tamet't'out*, تمطوت, femme.

iis, ييس, cheval (Mzab); *tajmart*, تزمارت; *tr'allit*, تغاليت, jument.

oufritch, وفريج, mouton (Mzab); *tikhsi*, تخسی, brebis.

allouch, علوش — (O. Rir'), *tadment*, تدمنت —

ouar, وار, lion (Mzab); *tahert*, تهرت, lionne (la forme *touaret*, توارت, existe aussi au Mzab).

§ 62. — Le diminutif se forme en préfixant et en suffixant un *t*, ت : il suit du reste les règles du féminin. — Ex. : *akham*, اخام, tente, pl. *ikhamin*, يخامين ; dim. *takhamt*, تخامت, chambre, pl. *tikhamin*, تخامين (Mzab); *azioua*, ازيوا, grappe, pl. *iziouain*, يزيوان ; dim. *taziouait*, تزيوايت, pl. *tiziouain*, تزيوان (Ouargla).

Quelquefois le *t*, ت, final tombe. — Ex. : *ar'endja*, اغنجا, cuiller, dim. *tar'endja*, تغنجا (Mzab).

§ 63. — Les noms d'agents, de métiers sont d'ordinaire dérivés de la VIe forme verbale (habitude) : ils se forment :

1° En préfixant un *a* et en intercalant la même lettre avant la dernière radicale. — Ex. : (zouaoua), *beren*, برن, tourner : VIe f. *berren*, برّن (Ouargla), *aberran*, ابران, cordier; *emjer*, امزر, moissonner, *amjar*, امزار, moissonneur (O. Rir').

2° En préfixant la syllabe *am*, ام, et en intercalant un *a* avant la dernière radicale de la forme simple. — Ex. : *eni*, انى, monter à cheval, *amnai*, امناى, cavalier (Mzab et Dj. Nefousa).

§ 65. — La règle de la transformation de l'*a* initial du substantif en *ou*, و, est généralement observée, surtout au Mzab. — Ex. : Un homme s'assit avec sa femme, *iggen ourjaz ik'k'im mâ tamet't'outis*, يڭن ورزاز يقيم مع تمطوتيس (Mzab).

§ 66. — Le rapport d'annexion (génitif) est généralement exprimé par la préposition *n*, ن, qui devient *m*, م, à l'O. Rir' et quelquefois à Ouargla.

§ 67. — Les rapports de direction, de cause, d'effet, de moyen, etc. s'expriment par diverses prépositions qu'on trouvera énumérées avec les particules.

Le complément pléonastique existe comme en zouaoua : — Ex. : Le mari dit à sa femme, *inna ias ourjaz itamet't'outis*, ينا ياس ورزاز يتمطوتيس (Mzab) ; L'âne vint dire à la tortue, *ioused ar'ioul* (pour *our'ioul*) *inna ias ilfekroun*, يوسد اغيول ينا ياس يلفكرون (Ouargla).

Quelquefois, en mzabite, la préposition est supprimée

quand le verbe indique une idée de mouvement. — Ex. : Il prit le bâton dans sa main, *it't'ef tar'erit fouses*, يطب تغريت بوسس ; Une injustice est tombée sur la ville, *iouk'â lbet'el tamdint*, يوقع البطل تمدينت.

§ 70. — A la catégorie des noms collectifs, on peut joindre certains substantifs qui ne s'emploient qu'au pluriel. — Ex. : *idamen*, يدامن, sang (Mzab et Ouargla) ; *aman*, امان, eau (Mzab, Ouargla, Dj. Nefousa, O. Rir') ; *idmaren*, يدمارن, poitrine (Mzab) ; *irden*, يردن, blé (Mzab) ; *izzan*, يزان, excréments (Ouargla), *ibaouen*, يباون, fèves (Mzab) ; *ibezit'en*, يبزيطن, urine (Dj. Nefousa), etc.

§ 71-72. — Tout nom commençant au singulier par un *a* ou un *e* le change en *i* au pluriel. Cet *i* existe même alors que la voyelle serait tombée au singulier. — Ex. : *zalim*, زاليم, oignon, pl. *izalimen*, يزالمن (Ouargla) ; *bouchil*, بوشيل, enfant, pl. *ibouchilen*, يبوشيلن (Dj. Nefousa).

§ 73. — Le pluriel externe s'obtient en changeant en *i* l'*a* ou l'*e* initial et en ajoutant la syllabe *n*, *en*, *an*, *in*. — Ex. : *abrid*, ابريد, chemin, pl. *ibriden*, يبريدن (Mzab) ; *afrour'*, ابروغ, casserole, pl. *ifrour'an*, يبروغان (Ouargla) ; *aberran*, ابران, cordier, pl. *iberranen*, يبرانن (Ouargla), *abk'a*, ابقا, mâchoire, pl. *ibk'ain*, يبقاين (Ouargla) ; *ergaz*, ارڭاز, homme, pl. *irgazen*, يرڭازن (Dj. Nefousa) ; *achchar*, اشار, ongle, pl. *ichcharen*, يشارن (O. Rir'). La forme de pluriel en *ioun*, يون, *ouin*, وين, *ouen*, ون, est assez fréquente. — Ex. : *aoujera*, اوجرا, vase (Ouargla), pl. *ioujerioun*, يوجريون.

Par exception, dans tous les dialectes, *ass*, اس, fait au pluriel *oussan*, وسان.

A. Dans certains noms, la terminaison *ouin*, وين, du pluriel représente une ancienne finale en *ou* tombée au singulier. — Ex. : *abliou*, ابليو, paupière (Mzab), *abal*, ابال, p. *ibliouen*, يبليون (Ouargla).

B. Quelques noms commençant au singulier par un *a* le gardent au pluriel. — Ex. : *achchaou*, اشاو, corne, pl. *achchaoun*, اشاون (Mzab) ; *akniou*, اكنيو, jumeau, pl. *aknioun*, اكنيون (Ouargla); *aiour*, ايور, mois, pl. *aiouren*, ايورن (O. Rir') ; *achchar*, اشار, ongle, pl. *achcharen*, اشارن (Dj. Nefousa). Dans ce cas, il est précédé du son *ou* quand il est employé au cas oblique. — Ex. : *afriou*, افريو, pl. *afrioun*, افريون, aile (Mzab) : Il battit l'air de ses ailes, *ichchat toujinist s ouafriounes*, يشات توزنيست سوافريونس; Elle le vit par les fenêtres, *tergeb t s ouallouun*, ترڤبت سوالون.

C. La plupart des noms commençant par un *i* et tous ceux commençant par un *ou*, le gardent au pluriel, au lieu de le changer en *a* dans le premier cas. — Ex. : *itri*, يتري, étoile, pl. *itran*, يتران (Mzab) ; *oudem*, ودم, visage, pl. *oudmaouen*, ودماون (Mzab) ; *ouzzel*, وزل, anneau de fer, pl. *ouzlan*, وزلان (Ouargla) ; *if*, يف, sein, pl. *iffan*, يفان (Ouargla); *ouchchen*, وشن, chacal, pl. *ouchchanen*, وشانن (Dj. Nefousa).

§ 74. Outre la transformation régulière de l'*a* initial en *i*, beaucoup de substantifs changent en *a* la voyelle qui précède la dernière radicale. — Ex. : *agerziz*, اڤرزيز, lièvre, pl. *igerzaz*, يڤرزاز (Ouargla); *ar'enboub*, اغنبوب, bec, pl. *ir'enbab*, يغنباب (Ouargla).

Quand la dernière syllabe est précédée du son *ou*, il devient *a* au pluriel. — Ex. : *ameddakoul*, امدكول, ami, pl. *immedoukal*, يمدوكال (Dj. Nefousa).

§ 75. — Les pluriels internes et externes réunissent les modifications indiquées dans les règles précédentes. — Ex. : *djedj*, جج, piquet, pl. *idjadjen*, يجاجن (Mzab); *r'an*, غان, pl. *ir'ounen*, يغونن, corde (Ouargla); *dhad*, ضاد, pl. *idhoudan*, يضودان, doigt (Ouargla); *afous*, افوس, pl. *ifassen*, يفاسن, main (O. Rir').

A. On peut y rattacher une série de noms terminés au singulier par *ou* qui devient *a* au pluriel et subissant la modification initiale et interne. — Ex. : *aseggarou*, اسڭارو, barrage, pl. *iseggoura*, يسڭورا (Mzab).

B. Dans quelques noms de cette catégorie, la modification interne a disparu. — Ex. : *ajerou*, ازرو, grenouille, pl. *ijera*, يزرا (Mzab).

§ 76. — Les pluriels féminins se forment de trois manières :

1° Ceux qui correspondent à un pluriel masculin ou qui, par analogie, suivent cette formation, s'obtiennent en préfixant à ce dernier un *t*, ت, vocalisé en *i* et dans les pluriels externes en changeant en *in*, ين, la terminaison *en* ou *an*. — Ex. : *tabekhnouket*, تبخنوكت, voile, pl. *tibekhnoukin*, تبخنوكين (Ouargla); *atbir*, اتبير, pigeon, pl. *itbiren*, يتبيرن; fém. *tatbirt*, تتبيرت, colombe, pl. *titbirin*, تتبيرن (Ouargla); *tazemmourt*, تزمورت, olivier, pl. *tizemmourin*, تزمورن (Dj. Nefousa); *takhbboucht*, تخبوشت, petite marmite, pl. *tikhabbouchin*, تخبوشين (O. Rir'); *afounas*, افوناس, bœuf, pl. *ifounasen*, يفوناسن; *tafounast*, تفوناست, vache, pl. *tifounasin*, تفوناسين (Mzab); *agerziz*, اڭرزيز, lièvre, pl. *igerzaz*, يڭرزاز, fém. *tagerzizt*, تڭرزيزت, hase, pl. *tigerzaz*, تڭرزاز; *tisirt*, تسيرت, moulin, pl. *tesar*, تسار (Dj. Nefousa); *ter'ardemt*, تغردمت, scorpion, pl. *tir'ourdam*, تغوردام (O.

Rir'); *tasent*, تسنت, escalier, pl. *tisounan*, تسونان (Mzab).

Dans quelques noms terminés au singulier masculin par *i*, ى, et au pluriel masculin par *an*, ان, la terminaison du féminin pluriel est *atin*, اتين. — Ex. : *asli*, اسلى, marié, pl. *islan*, يسلان, fém. *taselt*, تسلت, pl. *tislatin*, تسلاتين, (Dj. Nefousa).

Dans certains de ces pluriels, la terminaison *in* ين, est tombée. — Ex. : *tabounat*, تبونات, four, pl. *tibounat*, تبونات (O. Rir').

2° D'autres noms féminins n'ayant pas de correspondants au masculin et ne suivant pas la règle de l'analogie font leur pluriel en vocalisant en *i* le *t*, ت, préfixe et en ajoutant la terminaison *ouin*, وين, ou *iouin*, à la place de l'*a* qui les termine au singulier. — Ex. : *tabejna*, تبزنا, tête, pl. *tibejniouin*, تبزنيوين (Mzab); *tirja*, ترزا, rêve, pl. *tirjaouin*, ترزاوين (Mzab); *tesa*, تسا, foie, pl. *tisaouin*, تساوين (Ouargla); *ter'aousa*, تغاوسا, chose, pl. *tir'aousiouin*, تغاوسيوين (O. Rir'); *tzioua*, تزيوا, plat, pl. *tziouaouin*, تزيواوين (Dj. Nefousa).

Quelquefois l'*a* ou l'*ou*, voyelle du *t*, ت, initial, persiste. — Ex. : *toura*, تورا, poumon, pl. *touraouin*, توراوين (Ouargla); *tala*, تلا, fontaine, pl. *taliouin*, تليوين (O. Rir'); *tar'ma*, تغما, cuisse, pl. *tar'miouin*, تغميوين (Mzab).

3° Quelques noms féminins terminés au singulier par *t*, ت, ou *i*, ى, changent au pluriel cette lettre en *a*, ا, ou *ai*, اى, et donnent le son *i* au *t*, ت, préfixe. — Ex. : *tisirt*, تسيرت, moulin, pl. *tisira*, تسيرا (Mzab); *tisegnit*, تسكنيت, aiguille, pl. *tisegna*, تسكنا (Ouargla); *tefrit*, feuille, pl. *tifrai*, تفراى (O. Rir').

§ 77. — Plusieurs substantifs ont un pluriel tiré d'une autre racine que le singulier. Ce sont :

memmi مي, fils (Mzab); pl. *at* ات
emmi امي, — (Ouargla); — *at* ات
ioua يوا, frère (Mzab); — *aithma* ايثما
outma وتما, sœur (Mzab) — *iselma* يستما
tamet't'out تمطوت, femme (Mzab, Ouargla); — *tisednan* تيسدنان
tajmart تژمارت, jument (Mzab); — *tir'allin* تغالين (le singulier *tr'allit*, تغاليت, existe d'ailleurs au Mzab).

§ 78-80. — Les règles concernant l'adjectif qualificatif sont les mêmes qu'en zouaoua : le *d*, د, et le *t*, ت, remplacent le *d'*, et le *th*, ث.

NOMS DE NOMBRE

§ 81-82. Au Mzab, la numération berbère s'est conservée.

	Mzab.		Ouargla.
1	*iggen* يڭن	f. *igget* يڭت	*iggen* يڭن, f. *igget* يڭت
2	*sen* سن	— *senet*	*sin* سين, f. *sent* سنت
3	*chared* شارد	— *charet* شارت	*charedh* شارض, f. *charet'* شارط
4	*okkoz* اكز	— *okkozet* اكزت	
5	*semmes* سمس	— *semmeset* سمست	
6	*sez* سز	— *sesset* سست	
7	*saa* سا	— *saat* سات	
8	*tam* تام	— *tamet* تامت	
9	*tes* تس	— *tesset* تست	
10	*meraou* مراو	— *meraout* مراوت	

On emploie aussi au Mzab, au Dj. Nefousa et à l'O. Rir' le mot *afous*, ابوس, main, pour cinq; *afous d iggen*, ابوس د يڭن, six, etc., ce qui indique que la numération était quinaire à l'origine. Au Dj. Nefousa le mot *aier*, اير, lune, mois, désigne aussi le nombre trente.

A partir de quatre, on n'emploie généralement à Ouargla que les noms de nombre arabes. — De même dans l'O. Rir', à partir de trois.

Un, *idjen*, يجن, f. *icht*, يشت (O. Rir').

Deux, *isen*, يسن, f. *sent*, سنت.

Pour exprimer les dizaines, on se sert au Mzab du mot *temraout*, تمراوت, pl. *temraouin*, تمراوين. — Ex. : Vingt, *senet temraouin*, سنت تمراوين, m. à m. : deux dizaines.

Cent, *touinest*, تويتست, pl. *touinas*, تويناس, m. à m. : centaine.

Mille, *meraou touinas*, مراو تويناس, m. à m. : dix centaines.

§ 83. — Nombres ordinaux.

Premier	**Mzab**	(sing.)	m. *amzouar* امزوار	f. *tamzouart* تمزوارت
		—	et *amzouarou* امزوارو	
		(plur.)	m. *imzouar* يمزوار	f. *timzouar* تمزوار
	Ouargla	(sing.)	m. *amizzar* امزار	f. *tamizzart* تمزارت
		(plur.)	m. *imizzar* يمزار	f. *timizzar* تمزار
	O. Rir'	(sing.)	m. *amzouar* امزوار	f. *tamzouart* تمزوارت
		(plur.)	m. *imezouaren* يمزوران	f. *timzouarin* تمزوارين
	Dj. Nefousa	(sing.)	m. *amzouar* امزوار	f. *tamzouart* تمزوارت
		(plur.)	m. *imzouaren* يمزوارن	f. *timzouarin* تمزوارين
Second	**Mzab**	(sing.)	m. *ouissen* ويسن	f. *tissenet* تسنت
		(plur.)	m. *ininsen* يِنينسن	f. *tininsent* تينينسنت
	Ouargla	(sing.)	m. *ounsen* ونسن	f. *tensent* تنسنت
		(plur.)	m. *ininsen* يِنينسن	f. *tininsent* تينينست
Troisième	**Ouargla**	(sing.)	m. *oun charedh* ون شارض	f. *tencharet'* تنشارط
		(plur.)	m. *inin charedh* يِنينشارض	f. *tenincharet* تينينشارط
Dernier	**Mzab**	(sing).	m. *amedjarou* امجارو	f. *tamedjarout* تمجاروت
		(plur.)	m. *imedjoura* يمجورا	f. *timedjoura* تمجورا
	Ouargla	(sing.)	m. *aneggarou* انڭارو	f. *taneggarout* تنڭاروت
		(plur.)	m. *ineggoura* ينڭورا	f. *tineggoura* تنڭورا
	O. Rir'	(sing.)	m. *aneggarou* انڭارو	f. *taneggarout* تنڭاروت
		(plur.)	m. *ineggoura* ينڭورا	f. *itneggoura* تنڭورا

Un à un, *iggen s iggen*, يڤن سيڤن (Ouargla).

Moitié, *azdjen*, ازجن (Mzab); *asgen*, اسڤن; *azgen*, ازڤن (Ouargla); *zegni*, زڤنى (Dj. Nefousa).

§ 84-85. — Prépositions et locutions prépositionnelles.

A, *i*, ى (Mzab, O. Rir', Ouargla, Dj. Nefousa); *g*, ڤ (O. Rir'); *s*, س (Mzab): Un mendiant se tenait à la porte, *Ibed iggen agellil s stouourt*, يبد يڤن اڤليل ستورت.

Après, *deffer*, دفر (Mzab, Ouargla, Dj. Nefousa); *bâd*, بعد (Mzab).

Auprès de, *si eddes*, سى ادس (Mzab).

Avec, *did*, ديد (Mzab); *mâ*, مع (Mzab, Ouargla); *sid*, سيد (O. Rir').

— (instrumental), *s*, س (Mzab, Ouargla, O. Rir', Dj. Nefousa): Avec quoi l'a-t-il frappé? *s batta it iouet*, سبتايت, يوت (Mzab).

Chez, *r'er*, غر (Mzab, O. Rir', Dj. Nefousa); *r'or*, غر, (Mzab); *nr'er*, نغر (Ouargla); de chez, *seg d*, سڤد.

Contre, *f*, ف (Mzab).

Dans, *f*, ف (Mzab); *di*, دى (Mzab, O. Rir', Dj. Nefousa); *dedj*, دج (Mzab); (avec mouvement), *g*, ڤ (Mzab, O. Rir'); *oug*, وڤ (Mzab); (sans mouvement), *si*, سى (Ouargla); (avec mouvement), *em*, ام, *m*, م (Ouargla); *in*, ن (Dj. Nefousa).

De (génitif), *en*, ان; *n*, ن; (Mzab, Ouargla, Dj. Nefousa); *m*, م (Ouargla, O. Rir').

— (instrumental), *s* (Mzab): Une marmite pleine de richesses, *taiddourt techour s ouaitli*, تيدورت تشور سويتلى (Mzab); *si*, سى (Ouargla),

— (ablatif), *s*, س (Mzab, Ouargla); *seg*, سڤ (Ouargla); *si*, سى (O. Rir', Dj. Nefousa); *essi*, اسى (O. Rir', Dj. Nefousa).

Depuis, *si*, سى (Ouargla, Mzab).

Derrière, *deffer*, دبر (Mzab) ; *s deffer*, سدبر (Ouargla, O. Rir').

Dessous (Au-), *s ouaddai*, سوادای (Mzab) ; *s addou*, سدو (Dj Nefousa) ; au — de, *oggoud*, اڤود, *s oggoud*, سڤود (Mzab).

Dessus (Au-), *ajenna*, ازنا (Mzab) ; au — de, *ennij*, انيز (Mzab), *sfell*, سعل (Ouargla); *negg*, نڭ (Dj. Nefousa).

Devant, *d izzaten*, دیزاتن (Mzab); *dessat*, دسات (Mzab); *sat*, سات (Ouargla) ; *s eddesat*, سدسات (Ouargla); *dassat*, دسات (Dj. Nefousa).

Entre, *jar*, زار; *djar*, جار (Mzab) ; *agar*, اڤار (Dj. Nefousa) : D'entre, *seg*, سڭ (Mzab) ; *si*, سى (Mzab, Dj. Nefousa); *sgiden*, سڭيدن (Ouargla).

Jusque, *men*, من (Mzab) : Jusqu'au dernier, *men ouala*, من ولا (Mzab); *al*, ال (Ouargla) ; *in*, ين (Dj. Nefousa).

Par, *si*, سى (Mzab) ; *s*, س (Mzab, Dj. Nefousa).

Pour, *f*, ب (Mzab).

Sous, *eddai*, ادای ; *oueddai*, ودای (Ouargla); *asouddai*, اسودای (O. Rir').

Sur, *r'ef*, غب (Mzab); *f*, ب (Mzab); *af*, اب (Dj. Nefousa); *fell*, بل (Ouargla).

Vers, *r'al*, غل (Mzab) ; *l*, ل (Ouargla) ; *di*, دى (Dj. Nefousa); *in*, ين (Dj. Nefousa); *f*, ب (Dj. Nefousa).

Vis-à-vis, *almendad*, المنداد (Mzab).

§ 86. — ADVERBES DE LIEU.

Dedans, *ajaj*, ازاز (Mzab) : Qui est dedans, *ou illan ajaj*, ويلان ازاز.

Ici, *daia*, دايا (Ouargla); *dani*, دانی (Mzab); *da*, دا (Ouargla); *anda*, اندا (Ouargla).

Dehors, *azr'ar*, ازغار (Mzab, Ouargla).

Là, *dous*, دوس (Dj. Nefousa); *dis*, ديس (Dj. Nefousa); de là, *sious*, سيوس (Dj. Nefousa); *dini*, دنى (Mzab).

Où, *ma*, ما (Mzab) : Où est mon couteau? *ma illa mousiouk*, ما يلا موسيوك ; *mail*, مايل (O. Rir') ; *mani*, مانى (Dj. Nefousa, O. Rir') ; *anda*, اندا (Dj. Nefousa).

— (avec mouvement, *r'elmani*, غلمانى (Mzab) : Où va-t-il? *r'elmani izoua*, غلمانى يزوا.

D'où, *s mani*, سمانى : D'où vient-il? *s mani id iousou*, سمانى يد يوسو (Mzab).

§ 87. — Adverbes de temps.

Pas encore, *seddir*, سدير (Ouargla).

Jamais, *iggouas*, يكواس avec la négation (Mzab).

Hier, *asennadh*, اسناض (Mzab) ; *r'da ennadh*, غدا اناض (O. Rir').

De nuit, *dedjidh*, دجيض (Mzab).

Aujourd'hui, *assou*, اسو (Mzab).

Demain, *alechcha*, الشا (Ouargla); *achcha*, اشا (Mzab) ; *r'abechcha*, غبشا (Ouargla, Mzab).

Encore, *anni*, انى (Ouargla) ; *annit*, انيت (Ouargla) ; *dah'*, داح (Ouargla).

Depuis longtemps, *sintourou*, سنتورو (Mzab).

Après-demain, *aouorri*, اورى (Mzab).

Dernièrement, *aziten*, ازيتن (Ouargla).

A présent, *imarou*, يمارو (Mzab, Ouargla); *tirou*, ترو (Dj. Nefousa).

Alors, *ouokht enni*, وخت انى (Mzab).

D'abord, *amizzar*, امزار, *tizzar*, تزار (Ouargla) ; *ezzar*, ازار (Mzab) ; *tamezouart*, تمزوارت (O. Rir').

Quand, *belmi*, بلمى (Mzab) : Quand viendra-t-il? *belmi id iouodh*, بلمى يد يوض.

Lendemain (le), *r'al ouachcha*, غلوشا (Mzab); *jetcha*, زچا (Dj. Nefousa).

Autrefois, *fi zeman amzouar*, فى زمان امزور (Mzab).

§ 88. — Adverbes de quantité.

Beaucoup, *iaser*, ياسر (Ouargla); *mennaout*, مناوت (Mzab), *ir'leb*, يغلب (Mzab); *imoul*, يمول (Dj. Nefousa).

Çà et là, *amou d ouamou*, امود وامو (Mzab).

Combien, *mennaout*, مناوت (Mzab), *manecht*, منشت (Ouargla).

Un peu, *kdidh*, كديض (Mzab); *bessi*, بسى (Mzab); *kah'*, كاح (Ouargla).

Plus que, *oujar*, وزار (Mzab) : Je suis resté seul comme l'étranger ou plus que lui, *k'imar' ouah'di am el'r'arib ner' d oujares*, قيماغ واحدى ام الغريب نغ دوزارس.

De plus en plus, *tchit'*, چيط (Ouargla).

Peu, *adrous*, ادروس (Ouargla); *idrous*, يدروس (Dj. Nefousa).

Seulement, *r'ii*, غى (Ouargla).

Combien, *s manacht*, سمانشت : Combien as-tu acheté ce nègre? *smanacht id tesar'id aou ismej*, سمانشت يد تسغيد او يسمز.

§ 89. — Adverbes de manière.

Ainsi, *amou*, امو (Ouargla, Mzab).

Comment, *s batta*, سبتا (Mzab) : Comment est-il mort? *s batta immout*, سبتا يموت.

Doucement, *addai addai*, اداى اداى (Ouargla).

Autrement, *elloun ouididhen*, الون وديضن (Ouargla).

§ 90. — Adverbes d'affirmation et de négation.

Ne... pas, *oul*, ول (Mzab, Dj. Nefousa); *ouach*, وش (Mzab); *oula*, ولا (Mzab); *ou*, و (Ouargla, O. Rir').

Ne... que, *r'i*, غي (Ouargla).

§ 91. — Conjonctions.

Depuis que, *si*, سي (Mzab).

Ou bien, *ammer'*, امغ (Mzab); *ner'*, نغ (Mzab); *in*, ين (Ouargla); *ini*, يني (Ouargla).

Que (conj.), *ad*, اد (Mzab) : Je veux dormir, *ad ekhsar' ad et'ser'*, اد اخسغ اد اطسغ (Je veux que je dorme); *a*, ا (Mzab).

Et, *d*, د (Mzab, Ouargla); *id*, يد (Mzab, Ouargla); *ded*, دد (Dj. Nefousa).

Lorsque, *si*, سي (av. le prétérit) : Lorsque tu es venu, *si tousid*, سي توسيد (Mzab); *seddi*, سدي (Mzab); *alemmi*, الي (Dj. Nefousa).

Jusqu'à ce que, *al*, ال (Mzab, Ouargla); *almata*, الما (Ouargla); *sara*, سارا (Mzab); *achegga*, اشكا; *asougga*, اسوكا (Ouargla).

Lorsque, *melmi*; ملمي (Mzab), *emmi*, امي (Mzab); *mi*, مي (Ouargla).

Si, *emmi*, امي (Mzab); *mata* (cond.), مت (Mzab, Ouargla); *batta*, بت; *ami*, امي (Ouargla).

Quand, *mi*, مي (Mzab); *melmi*, ملمي (Ouargla).

De même que, *r'imendja*, غيمنجا (Mzab).

Comme, *am*, ام (Ouargla, O. Rir'); *fmak*, بماك (Ouargla).

Non, *ouhou*, وهو (Ouargla).

§ 92. — Interjections.

aia, ايا, allons; *akh*, اخ, hélas; *bassi*, بسي, holà (Ouargla); *eioua*, ايوا (Ouargla).

DEUXIÈME PARTIE

LEXIQUE FRANÇAIS-BERBÈRE

A

A (préposition), *i*, ى (Mzab, Ouargla, Dj. Nefousa); (indiquant la direction), *in*, ين (Dj. Nefousa); *l*, ل (Ouargla, O. Rir'). A présent, *imarou*, يمارو (Ouargla). Je vais à la ville, *ellir' zouir' loumezdar'*, اليغ زويغ لومزداغ (Ouargla); *r'er*, غر : Il vint à lui, *ioused ar'res*, يوسد غرس (Ouargla); *f*, ب : Il est venu à pied, *ioused f dharenes*, يوسد بضارنس (Ouargla). A la nuit, *deg idh*, دڭيض (Ouargla); (marquant l'instrument), *s*, س : Ceci est fait à la main, *ou itouadel s fous*, ويتوادل سفوس (Ouargla). J'ai quelque chose à te dire, *r'ri mata ak inar'*, غرى متا اك يناغ (Ouargla). Il frappa à la porte, *iout taouourt*, يوت تاورت. Il le jeta à terre, *ili t itamourt*, يليت يتمورت (O. Rir').

ABANDON, *ajja*, ازا (Mzab).

ABANDONNER, *ejj*, از, aor. *ejjir'*, ازيغ, *ijjou*, يزو (Mzab et Ouargla); V^e^ f. *tij*, تيز et *tidj*, تيج (Ouargla).

ABCÈS, *tajelt*, تزلت, pl. *tijal*, تزال (Ouargla).

ABORD (D'), *ezzar*, ازار (Mzab); *amezzar*, امزار (Ourgla); *tizzart*, تزارت (Ouargla); *tamezouart*, تمزوارت (O. Rir').

ABOYER. Le chien aboie, *aidi itoubhou*, ايدى يتوبهو (Mzab); (Masq. « ishaduihou »)[1].

1. Les mots entre parenthèses, précédés de l'abréviation Masq. sont ceux donnés par M. Masqueray dans sa *Comparaison*.

ACACIA, *tammait*, تمايت (Mzab).

ACCORD. D'un commun accord, *s errai iggen*, سالراى يكن (Ouargla).

ACCOUCHEMENT, *tiraou*, تراو (Mzab).

ACCOUCHER, *arou*, ارو (Mzab); (Masq. « tiro »).

ACCROITRE, *ernou*, ارنو, aor. *irna*, يرنا (Mzab); *erni*, ارنى, aor. *irni*, يرنى (Ouargla, Dj. Nefousa); IIIe f. pass. *touarnou*, توارنو (Mzab).

ACCROUPIR (S'), *ek'k'im f tachcharin*, افيم بتشارين (Mzab); (Masq. « iekkim f achcharen »).

ACHE, *abiou*, ابيو (Mzab); cf. le latin *apium*.

ACHETER, *esar'*, اساغ, aor. *iser'ou*, يسغو (Ouargla); *ar'*, اغ, aor. *ir'i*, يغى (O. Rir'); *sar'*, ساغ, aor. *isr'ou*, يسغو (Mzab); (Masq. « iser »).

ACHETEUR, *ir'in*, يغين (O. Rir').

ACTION, *adja*, اجا (Mzab).

ADRESSER (S'), *zegg*, زڭ, aor. *izegga*, يزڭا (Mzab).

ADULTÈRE. J'ai commis un adultère, *tekrar' s oggoud ourjaziouk*, تكراغ سوڭود ورژازيوك (Mzab).

AFFAIRE, *adja*, اجا (Mzab). C'est mon affaire, *ou d cher'l'iou*, ود شغليو (Ouargla). Je suis hors d'affaire, *k'dhir'*, قضيغ (Ouargla). Tu connais ton affaire, *chekkin ag issenen çelah'ek*, شكين اڭ يسنن صلاحك (Ouargla).

AFFAMÉ, *iallouz*, يلوز (Ouargla). Je suis affamé, *ellouzer'*, الوزغ (Mzab).

AFFAMER, *sillaz*, سلاز, aor. *ad sillazâ*, اد سلازع (Ouargla).

AFFLUER, *erkh*, ارخ (Dj. Nefousa).

AGENOUILLER (S'), *amred*, امرد, aor. *ad merdâ*, اد مردع (Ouargla); faire — Ire f. *smerd*, سمرد (Ouargla); IIe f. pass. *miemred*, ميمرد (Ouargla).

AGNEAU, *âllouch*, علوش, pl. *iallâch*, يعلاش (Ouargla); *azmer*, ازمر (O. Rir').

AIGRE, *d asemmam*, د اسمام (Ouargla).

AIGUILLE, *tisejneft*, تسزنفت (Mzab); *tisegnit*, تسڭنيت, pl. *tisegna*, تسڭنا (Ouargla); (Masq. « tisejeneft »); grande — *tisoubna*, تسوبنا (Mzab); *tsoubla*, تسوبلا, pl. *tisoublaouin*, تسوبلاوين (Ouargla).

AIGUISER, Ire f. *semsed*, سمسد (Mzab); action d' — *asemsed*, اسمسد (Mzab); être aiguisé, *msed*, مسد (Mzab).

AIL, *tichchert*, تشرت (Mzab et Ouargla); (Masq. « tichchert »).

AILE, *afriou*, افريو, pl. *afrioun*, افريون (Mzab); *afriou*, افريو, pl. *ifriouen*, يفريون (Ouargla); (Masq. « afriou », pl. « afrioun »).

AIMER, *souden*, سودن (Ouargla); *ekhs*, اخس (Mzab, O. Rir'); (Masq. « ikhes »).

AINSI, *alouden*, الودن (O. Rir'); *aiouh*, ايوه (Dj. Nefousa); *amou*, امو (O. Rir', Ouargla).

AIR, *toujinist*, توزنست (Mzab).

AISSELLE, *taddekht*, تدخت, pl. *tiddakhin*, تداخين (Ouargla); (Masq. « teddert »).

AJOUTER, *ernou*, ارنو (Mzab et Ouargla); *erni*, ارني (Dj. Nefousa); (Masq. « ireni »).

ALLAITEMENT, *asoudhadh*, اسوضاض (Mzab).

ALLAITER, *sout'edh*, سوطض (Ouargla).

ALLER, *edjour*, اجور, aor. *idjour*, يجور (Mzab, O. Rir' et Ouargla); *aiour*, ايور (O. Rir'); *agour*, اڭور, aor. *iggour* (Ouargla); *ager*, اڭر; aor. *iougour*, يڭور (Dj. Nefousa); *eddou*, ادو, aor. *iouadda*, يوادا (O. Rir'). J'allais sortir, *ellir' ekhsar' ad effer'ar'*, اليغ

اخساغ اد افغاغ (Ouargla). Il va venir, *imar ou ad ias*, عمار و اد ياس (Ouargla). Allons, *aia*, ايا (Ouargla).

ALLONGER, *zel*, زل, aor. *izzal*, يزال (Mzab, Dj. Nefousa).

ALLUMER, *sir'*, سيغ (Mzab); *soudh*, سوض (Ouargla); (Masq. « isirr »); action d' —, *asir'i*, اسيغي (Mzab); *aserr'i*, اسرغي (Ouargla).

ALTÉRÉ, *effoud*, افود (Ouargla); je suis —, *effouder'*, افودغ (Mzab).

ALUN, *zarif*, زريف (Ouargla).

AME, *tedjroumt*, تجرومت, pl. *tidjroumin*, تجرومين (Mzab); *iman*, يمان (Ouargla, Mzab, O. Rir', Dj. Nefousa).

AMENER, *aoui*, اوى, aor. *ioui*, يوى (Mzab, Dj. Nefousa, Ouargla); *siouedh*, سيوض (Mzab).

AMI, *amdoutchel*, امدوچل, pl. *imdoutchal*, يدوچال (Mzab); *amdoukel*, امدوكل (Ouargla, O. Rir'); *ameddakoul*, امدكول, pl. *imeddoukal*, يدوكال (Dj. Nefousa); (Masq. « amedoutchel »).

ANCIEN, *amezouar*, امزوار, fém. *tamzouart*, تمزوارت (Mzab); (Masq. « daoussir », « damokran », « terchi »).

ANE, *ar'ioul*, اغيول, pl. *ir'ouial*, يغويال (Mzab); *ar'ioul*, اغيول, pl. *ir'ial*, يغيال (Ouargla); (Masq. « arioul »).

ANESSE, *tar'ioult*, تغيولت (Ouargla).

ANNEAU (de pieds), *ouzzel*, وزل, pl. *ouzlan*, وزلان (Mzab); *ouzzal*, وزال, pl. *ouzlan* (Ouargla).

ANNÉE, *asouggas*, اسوڭاس, pl. *isouggasen*, يسوڭاسن (Mzab); *souggas*, سوڭاس (Dj. Nefousa); *aseggas*, اسڭاس (Ouargla). D'année en année, *s ouseggas l ouseggas*, سوسڭاس لوسڭاس (Ouargla); (Masq. « isouggnas).

APPELER, *zegg*, زڭ, aor. *izegga*, يزڭا (Mzab, Ouargla). On l'appelle, *emmalounas*, امالوناس (Dj. Nefousa).

APPÉTIT, *ir's*, يغس (Ouargla).

APPORTER, *aoui*, اوى, aor. *ioui*, يوى (Mzab, Ouargla, Dj. Nefousa); IIIe f. pass. être apporté, *touaoui*, تواوى (Ouargla); V^e f. *taoui*, تاوى (Mzab); (Masq. « ioui »).

APPROCHER (S'), *gah'ez*, ڭاحز, aor. *igah'za*, يڭاحزا (O. Rir').

APRÈS, *deffer*, دبر (Ouargla) : L'un après l'autre, *ou deffer ou*, و دبر و (Ouargla). Après-midi, *touk'zin*, توقزين (Dj. Nefousa). Après que, *si*, سى (Ouargla) : Après qu'il eut dit ces mots, *si inna aoual ou*, سى ينا اوالو (Ouargla). D'après, *f*, ب (Ouargla) : D'après ta parole, *f ououalek*, بوالك (Ouargla).

ARABES, *ibiaten*, يبياتن (Dj. Nefousa).

ARC-EN-CIEL, *zidegdah'*, زدكداح (Mzab); *abechchi*, ابشى (O. Rir').

ARGENT, *azerfa*, ازربا (Mzab).

ARRÊTER (S'), *bed*, بد, aor. *ibbed*, يبد (Mzab); *oud*, ود, aor. *iououd*, يود (Dj. Nefousa).

ARRIÈRE (En), *eddefer*, ادبر (Ouargla) : Tourne en arrière, *douel eddefer*, دول ادبر (Ouargla).

ARRIVÉE, *aouggadh*, اوڭاض (Mzab).

ARRIVER, *aoudh*, اوض, aor. *iouodh*, يوض (Mzab, Ouargla, O. Rir'). Que lui est-il arrivé? *mata as(i)balan?* متا اس بلان (Ouargla); *out'*, وط, aor. *iouot'*, يوط (Dj. Nefousa).

ASSEOIR (S'), *ek'k'im*, اقم; *k'im*, قم (Ouargla); (Masq. « iek'k'im »).

ASSURÉMENT, *r'adi*, غادى (Dj. Nefousa).

ATRE, *inni*, ينى, pl. *innain*, ينايْن (Ouargla).

ATTACHEMENT, *ouk'k'oun*, وقون (Mzab).

ATTACHER, *ak'k'en*, اقن (Mzab et Ouargla); *ak'k'an*, اقان

(Ouargla); V^e f. *tak'an*, تقان (Ouargla); (Masq. « iekken »).

ATTENDRE, *soudjem*, سوجم (Mzab); *soug*, سوڭ et *sougem*, سوڭم (Ouargla); f. hab. *souggam*, سوڭام (Ouargla); (Masq. « isoudjem »).

ATTENTE, *asoudjem*, اسوجم (Mzab).

AUCUN, *la d idjem*, لا ديجم (O. Rir').

AUGMENTER, *erni*, ارنى (Ouargla, Dj. Nefousa); *ernou*, ارنو (Mzab, Dj. Nefousa).

AUSSI, *nit*, نيت (Dj. Nefousa).

AUTRE, *ioudhen*, يوضن (Mzab); *ouidi*, ويدى (Dj. Nefousa); *oudidhen*, وديضن, f. *tididhets*, تديضت, pl. *ididhenin*, يديضنين, f. *tididhentin*, تديضنتين (Ouargla); pl. m. *idhinin*, يضنينين (O. Rir'); *ouait'*, وايط (Dj. Nefousa).

AUTREFOIS, *dounit tamezouart*, دنيت تمزوارت (Mzab); (Masq. « bekri »).

AUTREMENT, *elloun ouididhen*, الون ويديضن (Ouargla).

AVALER, *alemez*, المز (Ouargla); *elmez*, المز, aor. *ielmez*, يلمز (Mzab); (Masq. « ilemez »).

AVEC (instrum.), *s*, س (Mzab, Ouargla, Dj. Nefousa); *l*, ل (Mzab); *sid*, سيد (O. Rir') : Il a travaillé avec zèle, *ikhdem s eljahd*, يخدم سالزهد (Ouargla). — Aller avec, *ach d*, اش د, aor. *iouched*, يوشد (Ouargla).

AVEUGLE (Être), *derr'el*, درغل (Mzab). — (subst.) m. *aderr'al*, ادرغال, pl. *iderr'alen*, يدرغالن (Ouargla); (Masq. « aklif »).

AVOINE (folle), *imendi n Bou Âoud*, يمندى نبو عود (Mzab).

B

BAGUE, *zakar*, زكر (Mzab).

BAGUETTE, *aget't'oum*, اڭطوم (Dj. Nefousa).

BALAI, *tinfert*, تنفرت, pl. *tinfratin*, تنفراتين (Ouargla).

BARATTEMENT, *asendi*, اسندى (Mzab).

BARBE, *tmart*, تمارت (Mzab, O. Rir', Ouargla); (Masq. « temar't »). — de l'épi, *tizzin*, تزين (Mzab).

BARRAGE, *aseggarou*, اسڭارو, pl. *iseggoura*, يسڭورا (Mzab).

BASE (du djérid), *tisekkest*, تسكست, pl. *tisekkasin*, تسكاسين (Ouargla).

BASSIN (d'une noria), *asafi*, اسافى (Mzab); *djelmam*, جلمام (Mzab). — au pied d'un palmier, *ajedlaou*, ازدلاو, pl. *ijedlaouin*, يزدلاوين (Ouargla).

BATER, *med*, مد (Mzab).

BATON, *tar'rit*, تغريت, pl. *tir'rin*, تغرين (Mzab); *tart'a*, زرطا (Ouargla); (Masq. « tarrerit »). — servant à pendre quelque chose, *jij*, زيز, pl. *ijajen*, يزازن (Ouargla).

BATTRE, *ououet*, وت (Mzab et Ouargla); VIe f. *echchat*, اشات (Mzab et Ouargla), aor. *ichchat*, يشات; (Mas. « iouet »). — des ailes, *aggat*, اڭات, aor. *iouggat*, يوڭات (Dj. Nefousa). — le beurre, *send*, سند (Mzab). — la moisson, *eddi*, ادى (Ouargla). Se battre : V-IIe f. *temenr'*, تمنغ (Mzab); V-VIIe f. *tenour'*, تنوغ, aor. *itenour'a*, يتنوغا (Ouargla).

BEAUCOUP, *mennaout*, مناوت (Mzab).

BEC, *ir'enba*, يغنبا (Mzab); *ar'enboub*, اغنبوب, pl. *ir'enbab*, يغنباب (Ouargla).

BÈGUE, *itgengin*, يتڭنڭين, pl. *itgengan*, يتڭنڭان (Ouargla).

BÊLEMENT, *ajoua*, ازوا (Mzab).

BÊLER, *joua*, زوا, aor. *ijoua*, يزوا (Mzab).

BERBÈRE, *amazir'*, امازيغ (Dj. Nefousa).

BÊTE, *abeddiou*, ابديو (Mzab); (Masq. « ameddiou »).

BEURRE, *telousi*, تلوسي (Mzab); (Masq. « teloussi », « oudi »).

BIEN, *aitli*, ايتلي (Mzab).

BIJOUX, *tzibaouin*, زباوين (Mzab); (Masq. « asmoura n tamettôt »).

BLANC, *d amellal*, د املال (Mzab, Dj. Nefousa, Ouargla). Être — *mellel*, ملل (Dj. Nefousa).

BLANCHIR, *smelli*, سملي (Mzab); *semlil*, سمليل (Dj. Nefousa).

BLANCHISSAGE, *asmelli*, اسملي (Mzab); *tesemlelli*, تسملي (Dj. Nefousa).

BLÉ, *irden*, يردن (Mzab); *imendi*, يمندي (Ouargla). — concassé, *aouizan*, اويزان (Mzab).

BLEU, *azizaou*, ازيزاو (Ouargla, Mzab), pl. *izizaouen*, يزيزاون (Mzab).

BLOC (de bois), *tmalelt*, تملالت (Mzab).

BŒUF, *afounas*, ابوناس, pl. *ifounasen*, يبوناسن (Mzab et Dj. Nefousa); (Masq. « founas »).

BOIRE, *sou*, سو (Mzab, Ouargla et Dj. Nefousa), aor. *souir*, سويغ; VIe f. *sess*, سس (Mzab); (Masq. «iasô »).

BOIS, *asr'ar*, اسغار, pl. *isr'aren*, يسغارن (Mzab, Dj. Nefousa); (Masq. « israren »).

BOITER, *doukâb*, دوكعب (Mzab); (Masq. « iteboukroh »).

BORD (Au), *f ouider*, بويدر (Mzab).

BORGNE, *ouartil*, ورتيل Mzab; (Masq. « ouortil »).

BOUCHE, *imi*, يمي, pl. *imaouen*, يماون (Mzab, Ouargla, O. Rir'); *im*, يم (Dj. Nefousa).

BOUCHER (Action de), *amsel*, امسل (Mzab).

BOUCHÉE, *tageldhimt*, تڭلضيمت, pl. *tigeldhimin*, تڭلضيمين (Ouargla).

BOUCLES (de cheveux), *toufrit*, توبريت (Mzab). — (d'oreilles), *touinest*, توينست, pl. *touinas*, توىناس (Mzab).

BOUC, *loud*, لود (Mzab) ; *ir'id*, يغيد, pl. *ir'aiden*, يغايدن (Ouargla); (Masq. « lôd »).

BOUILLIR, *aber*, ابر, aor. *iouber*, يوبر (Mzab).

BOUILLONNEMENT, *abbar*, اببار (Mzab).

BOULES (de terre, placées en haut des terrasses ou sur le devant des maisons), *imzargen*, يمزارڨن (Ouargla).

BOURG, *amezdar'*, امزداغ (Mzab).

BOURRE (de palmier), *esan*, اسان (Mzab) ; *san*, سان (Ouargla).

BOURSE, *akmous*, اكموس (Ouargla).

BOUT, *ikhf*, يخف (Ouargla). Bout à bout, *ikhf l ikhf*, يخف ليخف (Ouargla). Au bout de l'année, *mi ikmel asouggas*, مى يكمل اسوڨاس (Ouargla). A bout de patience, *oua id ik'k'im eç çaber*, وايد يقيم الصبر (Ouargla). Il l'a poussé à bout, *isoufer' ias lâk'elis* يسوفغ ياس العقليس (Ouargla). Le bout du doigt, *ikhf n dhad*, يخف نضاد (Ouargla).

BOUTON (de fleur), *tioui*, تيوى (Mzab); *tafit*, تفيت (Ouargla); *beglouj*, بڨلوز; *tabeglouj*, تبڨلوز (O. Rir').

BOYAUX, *adan*, ادان (Mzab).

BRACELETS, *tisar'drin*, تسغدرين (Mzab).

BRAIMENT, *arr'a*, ارغا (Mzab).

BRAISE, *tirr'it*, ترغيت (Mzab); *terjin*, ترزين (O. Rir').

BRANCARD, *tajja*, تزا, pl. *tajjaouen*, تزاون (Ouargla).

BRANCHE (de palmier), *toufa*, توفا, pl. *toufaouin*, توفاوين (Mzab).

BRAS, *ar'il*, اغيل, pl. *ir'allen*, يغالن (Mzab); *ar'il*, اغيل, pl. *ir'iler* يغيلر (Ouargla).

BREBIS, *tikhsi*, تخسى, pl. *tikhsiouin*, تخسيوين (Mzab); *tadment*, تدمنت (O. Rir'), pl. *tatten*, تاتن (Dj. Nefousa).

BRILLER, *sissi*, سسى (Mzab).

BRIMAH, *tinli*, تنلى (Mzab); *tinelli*, تنلى, pl. *tinillioun*, تنليون (Ouargla).

BRISER, *erz*, ارز (O. Rir').

BROUSSAILLES, *teskin*, تسكين (Mzab).

BROYER, *errez*, ارز, aor. *ierrez*, يرز (Ouargla); *ezd*, ازد, aor. *izdou*, يزدو; II. f. (pass.). *miezdou*, ميزدو (Ouargla); *ezdhou*, ازضو (Dj. Nefousa).

BRULER (v. n.), *err'*, ارغ (Mzab, Ouargla); (v. act.), *serr'*, سرغ, aor. *iser'ra*, يسرغا (Ouargla); *sirr'*, سرغ (Mzab); (Masq. « tarek »); (Masq. « rek'k' », être brûlant).

C

CACHÉ (Être), *ekroun*, اكرون (Mzab).

CACHER, *sekren*, سكرن (Mzab); (Mas. « isekrem »); *sekrem*, سكرم; f. hab. *tesekram*, تسكرام (Dj. Nefousa).

CAMPAGNE, *azr'ar*, ازغار (Mzab).

CANAL (d'arrosage), *tarja*, ترجا (Mzab); *targa*, ترڤا (Ouargla), pl. *targioun*, ترڤيون.

CANNE (de palmier), *tar'eda*, تغدا (Mzab).

CANON, *amroud*, امرود, pl. *imrad*, يمراد (Mzab); (Masq. *id.*)

CAP, *ikhf*, يخف, pl. *ikhfaouen*, يخفاون (Ouargla).

CAPRE, *tar'asimt en tiloulelt*, تغاسمت نتلولت (Mzab).

CAPRIER, *tiloulelt*, تلولت (Mzab).

CAPTURE, *outouf*, وطوف (Dj. Nefousa et Mzab); *ittaf*, يطاف (Dj. Nefousa); *tittaf*, تطاف (O. Rir').

CARAVANE, *tircheft*, ترشفت (Mzab).

CAROTTE, *tifesnakht*, تفسناخت (Mzab); *tafsenakht*, تفسناخت, pl. *tifesnakh*, تفسناخ (Ouargla). — Sorte de carotte sauvage, *tadada*, تدادا (Mzab).

CARRÉ (de boue), *aberchi*, ابرشى, pl. *ibercha*, يبرشا (Mzab).

CASSE, *arza*, ارزا (Mzab).

CASSER, *erz*, ارز (Mzab et Ouargla); VIe f. hab. *errez*, ارز (Mzab); IIe f. pass. (Ouargla), *mierz*, ميرز, aor. *mierzir'*, ميرزغ, *imierzou*, يميرزو (Masq. « erz »).

CASSEROLE, *afrour'*, افروغ, pl. *ifrour'an*, يفروغان (Ouargla).

CAUSE (A — de), *s*, س (Mzab et Dj. Nefousa); *seg*, سڭ (Mzab).

CAVALIER, *amnai*, امناى, pl. *imnaien*, يمناين (Dj. Nefousa); (Masq. « amenai »).

CAVERNE, *akhdjout*, اخجوت, pl. *ikhoudja*, يخوجا (Mzab); *geng*, ڭنڭ (O. Rir').

CE, *aidoud*, ايدود (Mzab); *enni*, انى (Mzab); *ou*, و (Mzab, O. Rir', Ouargla); *ouh*, وه (Dj. Nefousa); *touh*, توه (Mzab, Dj. Nefousa); *ouamouh*, واموه (Mzab); *agi*, اڭى (O. Rir').

Ce que, *mai*, ماى (Dj. Nefousa); *matta*, متا (Mzab).

Ce qui, *aini*, اينى (Mzab).

CÉCITÉ, *aderr'el*, ادرغل (Mzab).

CEINTURE, *abechchi*, ابشى (O. Rir').

CÉLERI, *abiou*, ابيو (Ouargla). Cf. ACHE.

CELLES, *tini*, تينى (Ouargla).

CELUI-CI, *ouasi*, واسى (Mzab); *ouih*, ويه (Dj. Nefousa); *ouidi*, ويدى (Dj. Nefousa); *ouagi*, واڭى (Ouargla); *agi*, اڭى (Ouargla); *agou*, اڭو (Ouargla).

Celui-là, *en*, ان (Ouargla); *enni*, انى (Mzab).

Celui qui, *mammou*, مو (Ouargla, Dj. Nefousa); *oui*, وى (Dj. Nefousa); *ouait'ouih* ويط ويه (Dj. Nefousa); *enni*, انى (O. Rir'); *ouenni*, ونى (Mzab, O. Rir').

CENDRE, *ir'ed*, يغد (Mzab); (Masq. « ired »).

CÉRÉALES, *imendi*, يمندى (Mzab); *aifes*, ايفس (Ouargla).

CERVELLE, *adouf*, ادوف (Ouargla).

CESSER, *chemmer fous*, شمر بوس (Mzab), m. à m. : retirer sa main ; *ek'kes*, اكس (O. Rir').

CHACAL, *ouchchen*, وشن pl. *ouchchanen*, وشانن (Mzab, Ouargla, O. Rir', Dj. Nefousa).

CHAINE, *touahlil*, تواهليل dans le sens de « parure » (Mzab).

CHAIR, *aisoum*, ايسوم (Ouargla).

CHALEUR, *timsi*, تمسى (Ouargla).

CHAMBRANLE, *touourt*, تورت (Mzab).

CHAMBRE, *takhamt*, تخامت, pl. *tikhamin*, تخامين (Mzab) ; *gaji* كاژى (Dj. Nefousa).

CHAMEAU, *aloum*, الوم pl. *ilman*, يلمان (Mzab) ; *alem*, الم, pl. *ilaman*, يلامان (Ouargla) ; *alr'em*, الغم, pl. *iler'man*, يلغمان (Dj. Nefousa) ; (Masq. « alem »).

CHAMELLE, *talemt*, تلمت pl. *tilemin*, تلمين (Mzab et Ouargla) ; (Masq. « talemt »).

CHAMP, (« amort » Masq.)

CHANGER, *adaren*, ادرن (Mzab) ; *err*, ار (O. Rir') ; (Masq. « iedren », « isidjour »).

CHANT, *izli*, يزل (Dj. Nefousa).

CHAQUE, *ach*, اش (Mzab).

CHARGE, *aggai*, اكاى (Mzab).

CHARGER, *chemer*, شمر (Mzab) ; V^{e} f. pass. *tchmer*, تشمر (Mzab) ; (Masq. « iekeli », — une bête de somme ; « chammer », — un fusil).

CHASSER (renvoyer), *segdd*, سكطع (Mzab), de l'arabe قطع ; (Masq. « isoufer »).

CHAT, *mouch*, موش (Mzab, Ouargla, O. Rir'), pl. *imouchen*, يموشن (Mzab) ; *imouchien*, يموشين (Ouargla).

CHATOUILLEMENT, *asgedhgedh*, اسكضكض (Mzab).

CHATOUILLER, *sgedhgedh*, سكضكض (Mzab) ; *dekk*, دك (Mzab).

CHATTE, *tmoucht,* تموشت (Mzab et Ouargla), pl. *tmouchin,* تموشين (Mzab); *timouchin* تموشين (Ouargla).
CHAUFFER, *isah'ma,* يسحما (Mzab); 3e pers. de l'aor.
CHAUSSURES, *tarchast,* ترشاست, pl. *tirchasin,* ترشاسين (Mzab); *trih'it,* تريحيت (Ouargla).
CHAUVE-SOURIS, *jdidh r'erda,* زديض غردا, m. à m. : oiseau-rat (Ouargla).
CHAUX, *lous,* لوس (Ouargla).
CHECHIA, *tchouchait,* تشوشايت (Mzab); *takhfart,* تخفارت pl. *tikhfarin,* تخفارين (Ouargla).
CHEF, *amok'ran,* امقران (O. Rir', Mzab); *amr'ar,* امغار (O. Rir'); (Masq. « amokran », « aziouar »).
CHEMIN, *abrid,* ابريد, pl. *ibriden,* ببريدن (Mzab, O. Rir'); *brid,* بريد (Dj. Nefousa); (Masq. « abrid »).
CHÈNEVIS, *tafsout,* تفسوت (Mzab).
CHENOPODIUM MURALE (sorte de salsolacée), *tibbi,* تبي (Mzab).
CHERCHER, *ebres,* ابرس (Ouargla); *zer,* زر (Dj. Nefousa).
CHEVAL, *iis,* يس (Mzab et Ouargla); (Masq. « iis »).
CHEVEU, *azaou,* ازاو (Mzab); *zaou,* زاو (Ouargla); (Masq. « azaou »)
CHEVILLES, *tichdbin,* تشعبين (Mzab).
CHÈVRE, *tr'at,* تغات, pl. *tir'attin,* تغاتن (Mzab); *tikhsi,* تخسي, pl. *tikhsiouin,* تخسيوين et *oulli,* ولي (Ouargla); (Masq. « trat »).
CHEZ, *r'er,* غر (Mzab, O. Rir' et Dj. Nefousa); de —, *seg d,* سك د (Mzab).
CHIEN, *aidhi,* ايضي, pl. *iidhan,* يضان (Mzab); *aidi,* ايدي, pl. *iidan,* يدان (Ouargla); pl. *it'an,* يطان (Dj. Nefousa); (Masq. « aidhi »).

CHIENNE, *taidhit*, تيضيت, pl. *tiidhain*, تيضاين (Mzab); *taidit*, تيديت (Ouargla).

CHIH' (*Artemisia alba*), *izeri*, يزري (Mzab).

CHOISIR, *efren*, افرن (Mzab).

CHOSE, *chera*, شرا (Mzab et Ouargla); *achchar*, اشار (Dj. Nefousa); *ter'aousa*, تغاوسا, pl. *tir'aousiouin*, تغاوسيوين (Mzab, O. Rir', Dj. Nefousa); (Masq. « traousa »); quelque —, *matta*, متا (Mzab).

CHOU, *tazizout*, تزيزوت (Ouargla); — palmiste, *adjrouz*, اجروز (Mzab); *asersour*, اسرسور, pl. *isersar*, يسرسار (Ouargla); *agrouz*, اڭروز, pl. *igrouzan*, يڭروزان (Ouargla). — Enveloppe de chou palmiste, *tamah'rezt*, تمحرزت, pl. *timah'razin*, تمحرازين (Ouargla).

CHUTE, *aoudha*, اوضا (Mzab); *out't'ou*, وطو (Mzab).

CIEL, *ajenna*, اژنا, pl. *ijennouan*, يژنوان (Mzab et Ouargla); (Masq. « ajenna »).

CIL, *abal*, ابل, pl. *ablioucn*, ابليون (Ouargla).

CISEAUX, *timediaz*, تمدياز (Ouargla); *timedias*, تمدياس (Mzab).

CITERNE, *ajedlaou*, اژدلاو, pl. *ijidlaouen*, يژدلاون (Ouargla); *imoul*, يمول (Dj. Nefousa).

CITROUILLE, *ifrakh*, يفراخ (Mzab).

CLEF, *annas*, اناس (Mzab); petite —, *tenast*, تناست, pl. *tinisa*, تنيسا (Ouargla).

CŒUR, *oul*, ول (Mzab, Ouargla, O. Rir'), pl. *oulaouin*, ولاوين (Mzab), *oulaouen*, ولاون (Ouargla); (Masq. « oul »).

COFFRAGE (d'un puits), *tr'ouni*, تغوني (Mzab).

COIN. Du coin de l'œil, *s ouzgen tit'*, سوزڭن تيط (Ouargla),

COLLIER, *tagerjoumt*, تڭرژومت (Mzab); *tazelmad*, تزلماد, pl. *tizelmadin*, تزلمادين (Ouargla); (Masq. « tisibaouin »).

COLLINE, *agourgoub*, اڭورڭوب, pl. *igergab*, يڭرڭاب (Ouargla); *aourir*, اورر, pl. *iouriren*, يوررن (Mzab); (Masq. « aourir »).

COLOMBE, *tmalla*, تملا, pl. *timallioun*, تمليون (Ouargla).

COLOQUINTE, *tajellet*, تزلت (Ouargla).

COMBAT, *amenr'i*, امنغي (Mzab).

COMBIEN, *mannicht*, مننشت (Ouargla).

COMME, *am*, ام (Ouargla, O. Rir'). Il est comme un frère, *netta am ouma*, نتا ام وما (Ouargla); *f'mak*, بماك (Ouargla).

COMMENCER, *adel*, ادل, f. hab. *tadelt*, تادلت (Dj. Nefousa).

COMMENT, *s manich*, سمانش (Mzab); *mammek*, ممك (Ouargla, Dj. Nefousa); *manetch r'a*, مانج غا (Mzab); *mata*, متا (Ouargla); *mamich*, مامش (O. Rir').

CONDUIT, *tisenbot*, تسنبت (Mzab).

CONDUITE, *titchli*, تجلي (Mzab); *tagouria*, تكوريا (Dj. Nefousa).

CONTENT, *idess*, يدس (Mzab); (Masq. « idess »).

CONTRE, *fell*, بل (O. Rir').

CONTRÉE, *amezdar'*, امزداغ (Ouargla); (Masq. « tamort »).

CONVENIR, *jerou*, زرو (Mzab).

COQ, *aiazidh*, ايازيض, pl. *iazidhan*, يازيضن et *iazit'en*, يازيطن (Mzab); *iazidh*, يازيض, pl. *iazidhen*, يازيضن (Ouargla); *gazidh*, كازيض (O. Rir'): *aggazit'*, اكازيط, pl. *iggazit'en*, يكازيطن (Dj. Nefousa); (Masq. « iazet »).

CORBEAU, *tidjarfi*, تجرفي (Dj. Nefousa).

CORDE, *r'an*, غان, pl. *ir'ounan*, يغونان (Ouargla); petite —, *tiser'mer't*, تسغمغت, pl. *tiser'mer'in*, تسغمغين (Mzab); grosse —, *ichchert*, يشرت, pl. *ichcharen*, يشارن (Mzab).

CORDIER, *aberran*, ابران, pl. *iberranen*, يبرانن (Ouargla).

CORDONNIER, *amelakh*, املاخ (Ouargla); (Masq. « amelar' »).

CORNE, *ichch*, يش et *achchaou*, اشاو, pl. *ichchaouen*, يشاون (Mzab); *achchaou*, اشاو (Ouargla), pl. *achchaoun*, اشاون (Masq. « ichch »).

COTÉ, *idis*, يديس, pl. *idisan*, يديسان (Ouargla, O. Rir'); d'un autre —, *n tama tidhidet*, تا تضيدت (Ouargla); à côté de, *s idis* سيديس (O. Rir').

COU, *iri*, يرى (Ouargla); *tacheroumt*, تشرومت (Mzab); (Masq. « tacheroumt »).

COUCHER (Se), *et't'es*, اطس (Mzab); *et's*, اطس (Ouargla); (Masq. « issod »).

COUDE, *tekarfouit*, تكرفويت, pl. *tikerfiouin*, تكرفيون (Ouargla).

COUDÉE, *ir'il*, يغيل (Mzab); (Masq. « iril »).

COULER (en parlant de l'eau), *tezzel*, تزل (O. Rir').

COUP, *titi*, تيتى, pl. *tita*, تيتا (Ouargla); *ticht*, تيشت, pl. *tichtiouin*, تيشتيون (O. Rir').

COUPER, *ebbi*, ابى (Mzab); IVe-VIIe f. *tebba*, تبا (Mzab); V[e] f. *tebbi*, تبي (Mzab); *ebbi*, ابى, aor. *ibbi*, يبي (Ouargla); *kerd*, كرد (Mzab); *enkedh*, انكض (Mzab); *eks*, اكس (Ouargla); (Masq. « ienkod »).

COUPURE, *tizzet*, تزت (Ouargla); *ibbai*, يباى (Ouargla).

COUR, *amiseddar*, امسدار (Ouargla); (Masq. « ammas n tiddert »).

COURGE, *tamisa*, تميسا (Mzab, Ouargla); *takhsait*, تخسايت (Mzab).

COURIR, *azzel*, ازل (Mzab, Dj. Nefousa); I[re] f. faire —, *sizzel*, سزل (Mzab, Ouargla); V[e] f. *tazzel*, تازل (Mzab, Ouargla, O. Rir'); (Masq. « ierouel »).

COUSCOUS, *ouchchou*, وشو; — blanc, *tihourzin*, تهورزين

(Mzab) ; *arouri*, اروري (Dj. Nefousa) ; *asouik*, اسويك (Dj. Nefousa) ; (Masq. « ouchchou »).

COUSSIN, *samou*, سمو (Mzab); *tik'imt*, تغيمت, pl. *tik'imin*, تغيمين (Ouargla) ; (Masq. « samou »).

COUVERT, *ster'nes*, ستغنس (Mzab).

COUVERTURE, *adan*, ادان (Ouargla).

CRACHAT, *titchouffist*, تجوفيست (Mzab) ; *tikoufas*, تكوفاس (Ouargla).

CRACHER, *sousef*, سوسف (Mzab); *sefs*, سفس (Ouargla).

CRAINDRE, *egged*, اڭد (Ouargla); *ougged*, وڭد, aor. *iougged*, يوڭد et *ioggoud*, يڭود (Mzab); Ire f. *sougged*, سوڭد (Mzab); V^e^ f. *tagged*, تڭد (Dj. Nefousa); *taggoud*, تڭود (Ouargla); (Masq. « iougguod »).

CRANE, *tak'raouait n ir'f*, تغراوايت نيغف (Ouargla).

CRÈME, *tlousti*, تلوستي (Ouargla).

CREUSER, *er'z*, اغز (Dj. Nefousa).

CREVER, *defel*, دفل (Mzab).

CRI (de joie à la naissance d'un fils), *ililou*, يليلو (Ouargla).

CRIBLER, *sifou*, سيفو (Dj. Nefousa).

CRIER, *zegg*, زڭ, aor. *izegga*, يزڭا (Ouargla, Mzab); V^e^ f. *tzegga*, تزڭا (Ouargla).

CROIRE, *r'il*, غيل (Mzab) ; (Masq. « ril »).

CROTTIN, *tisket*, تسكت, pl. *tiskin*, تسكين (Ouargla, O. Rir'), pl. *tichtin*, تشتين (Mzab).

CUEILLIR, *ekkes*, اكس, aor. *ikkes*, يكس (O. Rir').

CUILLER, *ar'endjai*, اغنجاي, pl. *ir'endjain*, يغنجاين (Mzab); petite —, *tar'endja*, تغنجا (Mzab).

CUIR, *ajlim*, ازليم (Mzab) ; *adjlim*, اجليم, pl. *idjlimen*, يجليمن (Mzab) ; (Masq. « ajelim »).

CUIRE, *iouou*, يو (Mzab); *imou*, يمو (Ouargla); faire —,

isou, يسو (Mzab); *souou*, سو (Dj. Nefousa); *simou*, سيو (Ouargla).

CUISSE, *tar'ma*, تغما, pl. *tar'miouin*, تغميوين (Mzab et Ouargla); (Masq. « tarma »).

CULTURE, *tirza*, ترزا (Dj. Nefousa).

CYNODON DACTYLUM, *ajezmir*, اززمير (Mzab).

D

DANS, *si*, سى (Ouargla); *dedj*, دج (Mzab); *f*, ب (Mzab, O. Rir'); *oug*, وڭ (Mzab); *in*, ن (Dj. Nefousa); *di*, دى (Mzab, Dj. Nefousa, O. Rir'); *g*, ڭ (O. Rir'); *em*, ام, *m*, م (Ouargla).

DATTES, *tini*, تنى (Ouargla, O. Rir'). Au Mzab, le mot *tini* désigne la datte en général : ce fruit porte divers noms, suivant son degré de maturité :

Petite datte, *elbarir*, البرير.

Quand le noyau est formé : *tar'iout*, تغيوت.

Commençant à mûrir : *tourchimt*, تورشمت.

A moitié mûre : *outchit'*, وچيط.

Mûre : *ajerdou*, ازردو, pl. *oujerdoun*, وزردون.

Très mûre, *tinini* تنينى; (Masq. « tieni »).

J'ai relevé les noms des différentes espèces de dattes :

tazouggait, تزوڭايت	*timjohalt*, تمزهلت.
taddalet, تدالت	*tadmamet*, تدمامت.
tazerzait, تزرزايت	*ir'es ouatchaden*, يغس وچادن.
aouchet, ارشت	*tazizaou*, تزيزاو.

Dans les oasis du Djérid, on compte autant d'espèces de dattes qu'il y a de lettres dans l'alphabet arabe : en voici la liste, qui m'a été communiquée en juillet 1887 à Touzer :

ابطيمى (ا)	باجو (ب)

(ت) توززابت (cf. le *tazerzait* du Mzâb).
(ث) ثرمله
(ج) جلولى
(ح) حمرا
(خ) خروبى
(د) دقلة (*deglat en-nour*)
(ذ) ذهبي
(ر) رمشه
(ز) زرهينى
(س) سنين مفتاح
(ش) شداخ
(ص) صروطى
(ض) ضلوع تبرى
(ط) طنطبشت
(ظ) ظهرفط
(ع) عمارى
(غ) غرس
(ڢ) ڢزادى
(ق) قندى او قصى
(ك) كنته
(ل) لافوا
(م) مناخر
(ن) نعلاى
(ه) هيساى
(و) وزنين ou وذنين
(ى) يامله et يتيم

DE (prép. du gén.), *n*, ن (Mzab. Dj. Nefousa, Ouargla); *m*, م (Ouargla, O. Rir'); (prép. de l'abl.), *s*, س (Ouargla, Mzab, Dj. Nefousa); *essi*, اسى (O. Rir', Dj. Nefousa); *seg*, سڭ (Mzab, Ouargla); *si*, سى (Dj. Nefousa, O. Rir'); *sia*, سيا, de moi (O. Rir'); *si ous*, سيوس, de là (Dj. Nefousa).

DEBOUT (Être), *bed*, بد, aor. *ibed*, يبد (O. Rir').

DÉFILÉ, *tizemmet*, تزمت, pl. *tizemmatin*, تزماتين (Ouargla).

DEHORS, *azr'ar*, ازغار (Ouargla).

DÉLICAT (Être), *afaf*, اڢاڢ, aor. *ioufaf*, يوڢاڢ.

DEMAIN, *alechcha*, الشا (Ouargla); *r'abechcha*, غابشا (Ouargla, Mzab); *achcha*, اشا (Mas. « achcha »).

DEMANDE, *ametri*, امترى (Mzab).

DEMANDER, *etter*, اتر, aor. *ittar*, يتر (Ouargla, O. Rir'); *metar*, متار (Mzab); *terr*, تر (O. Rir'); (Masq. « itemetra »).

DEMEURER, *k'im*, قيم, aor. *ik'im*, يقيم, *k'am*, قام (Dj. Nefousa).

DEMI, *zegni*, زكنى (Dj. Nefousa).

DENT (incisive), *tir'mest*, تغمست, pl. *tir'mas*, تغماس (Ouargla, Mzab); — (canine), *tougelt*, توڤلت, pl. *tougelin*, توڤلين (Ouargla); *isinan*, يسنان (Mzab); *isinen*, يسنن (Dj. Nefousa).

DÉPIQUER, *eddi*, ادى (Ouargla), aor. *dir'*, ديغ, *idda*, يدا.

DÉPOT, *tazek'k'a*, تزقا (Ouargla).

DEPUIS, *si*, سى (Mzab, Ouargla).

DEPUIS QUE, *si*, سى (Ouargla). Depuis qu'il est venu, *si d iousa*, سى ديوسا (Ouargla); *seggeg*, سڤڤڤ (O. Rir').

DERNIER, *amedjarou*, امجارو, f. *tamedjarout*, تمجاروت, pl. *timedjoura*, تمجورا (Mzab); *aneggarou*, انڤارو, f. *taneggarout*, تنڤاروت, pl. *ineggoura*, ينڤورا, f. *tineggoura*, تنڤورا (O. Rir', Ouargla); (Masq. « anedjarou »).

DERNIÈREMENT, *aziten*, ازيتن (Ouargla).

DERRIÈRE (prép.), *s deffer*, سدفر (Ouargla, O. Rir'); avec mouvement), *al deffer*, الدفر (O. Rir'); (Masq. « sdeffer »).

— (subst.), *aboud*, ابود (Mzab); *goudh*, ڤوض (Ouargla); *tekchourt*, تكشورت (O. Rir').

DESCENDRE, *ers*, ارس (Mzab); *at'a*, اطا, aor. *iout'a*, يوطا (Mzab); *ezoua*, ازوا, aor. *izoua*, يزوا (Mzab); *ahoua*, اهوا (Dj. Nefousa), aor. *iahoui*, يهوى, pl. *houan*, هوان, *egser*, اڤسر (O. Rir'); *ers*, ارس, aor. *ersir'*, ارسيغ (Ouargla); faire —, *sers*, سرس (Ouargla); *segser*, سڤسر (O. Rir'); (Masq. « ouotta, souotta »).

DÉSIR, *tr'aousa*, تغاوسا, pl. *tir'aousiouin*, تغاوسيوين (Mzab, Ouargla).

DESSOUS (Au —), ***saddou***, سدو (Dj. Nefousa); ***souaddai***, سوداى (Mzab).

DESSUS (Au —), *ajenna*, اژنا, ***ennij***, انيژ (Mzab); ***sfell***, سفل (Ouargla); ***negg***, نڭ (Dj. Nefousa); ***sdenneg***, سدنڭ (Dj. Nefousa). —
(Être au — de), *af*, aor. *iif*, ييف (Mzab); ***souq***, سوڭ, aor. *isougga*, يسوڭا (Dj. Nefousa); se mettre au — de, *fel*, فل, aor. *iflou*, يفلو (Dj. Nefousa).

DEUX, *sen*, سن (Mzab, Dj. Nefousa); ***sen***, سن, *sin*, سين, f. *sent*, سنت (O. Rir'); (Masq. « sen »).

DEVANT, ***d izzaten***, دِزاتن, ***dessat***, داسات (Mzab, Dj. Nefousa); *sat*, سات (Ouargla); *s eddesat*, سدسات (Ouargla); (Masq. « ezdesat »).

DIRE, *ini*, نى, aor. *inna*, ينا (Mzab et Ouargla); *imi*, يمى, aor. *iemma*, يما (O. Rir'); *mel*, مل, aor. ***imal***, يمال (Dj. Nefousa); *emmal*, امال (Dj. Nefousa); (Masq. « ini »).

DIRIGER (Se), *r'es*, غس (Dj. Nefousa).

DIVORCE, *ak'li*, اقلى (Mzab).

DIVORCER, *ek'li*, اقلى (Mzab); (Masq. « ikeli »).

DIX, *meraou*, مراو, f. *meraout*, مراوت (Mzab); (Masq. « meraou »).

DIZAINE, *temraout*, تمراوت, pl. *temraouin*, تمراوين (Mzab).

DOIGT, *dhad*, ضاض, pl. *idhoudan*, يضودان (Mzab et Ouargla); (Masq. « d'ad' »); — de pied, *tafoudent*, تفودنت (Ouargla).

DONNER, *ouch*, وش (Mzab, Ouargla, O. Rir'); V° f. pass. *touch*, توش (Mzab et Ouargla); f. hab. *tichet*, تشت (Mzab). Donnez-lui, *oucht as*, وشتاس (O. Rir'); (Masq. « ouch »).

DORMIR, *et't'es*, اطس (Mzab, Ouargla, O. Rir'); f. fact.

soudhes, سوضس, aor. *soudhsâ*, سوضسع (Ouargla); f. hab., *tet's*, تطس (Mzab); *nouddem*, نودم (Ouargla); (Masq. « ietlos »).

DOS, *tikermin*, تكرمين (Ouargla); *oukrim*, وكريم (Dj. Nefousa).

DOUCEMENT, *bessi bessi*, بسى بسى (Mzab); *addai addai*, اداى اداى (Ouargla).

DRESSER (Se), *bed*, بد, aor. *ibbed*, يبد (Mzab); *k'im*, قيم, aor. *ik'im*, يقيم (Dj. Nefousa).

DROITE (A), *afousai*, افوساى (Ouargla).

E

EAU, *aman*, امان (Mzab, Ouargla); *amen*, امن (Dj. Nefousa); (Masq. *id.*)

ÉCAILLE (de tronc de palmier), *takerkoucht*, تكركوشت, *tikerkouchin*, تكركوشين (Ouargla).

ÉCLATER, *defel*, دفل (Mzab.

ÉCORCE, *tilmai*, تلماى (Mzab).

ÉCRIRE, *ari*, ارى, aor. *iouri*, يورى (Mzab et Ouargla); pass. IIe f. *miouri*, ميورى; Ire f. *miourir'*, ميوريغ (Ouargla); IIIe f. *touari*, توارى (Ouargla, O. Rir').

ÉCRIT (Être), *ari*, ارى, aor. *iouri*, يورى (O. Rir').

ÉCRITURE, *tira*, تيرا (Ouargla).

ÉCUELLE, *ajeddo*, ژدو, pl. *ijeddouin*, يژدوين (Mzab); (Masq. « ajeddou »).

EFFRAYER, *sougoud*, سوڤود (Ouargla).

ÉGORGER, *r'ers*, غرس (O. Rir', Ouargla); *er'res*, اغرس (Mzab); IIe f. pass. *mir'ers*, ميغرس, aor. *mir'ersâ*, ميغرسع (Ouargla).

ÉLÉPHANTIASIS, *ajellid*, اژليد (Ouargla).

ÉLEVER, *sili*, سيلى (Mzab).

ELLE, *nettaha*, نتها (Mzab); *niitet*, نيتت (Dj. Nefousa); *nettat*, نتات (Ouargla, O. Rir'); pl. *netnitin*, نتنيتين (Mzab); *nitninti*, نتنينتي (Ouargla); *nitnintin*, نتنينتين (O. Rir') : A elle, *as*, اس, pl. *asent*, اسنت (Mzab, Ouargla, O. Rir', Dj. Nefousa).

EMBONPOINT, *tacheddi*, تشدي (Mzab).

EMMENER, *asas*, اساس (Mzab); *aoui*, اوي, aor. *iououi*, يوي (Mzab, Ouargla, Dj. Nefousa).

EMPORTER, *ebbi*, ابي (Mzab); *aoui*, اوي (O. Rir').

ENCEINTE, *tazek'k'a*, تزقا (Mzab).

ENCORE, *anni*, اني (Ouargla); *annit*, انيت (Ouargla); *dah'*, داح (Ouargla); *seddir'*, سديغ (Ouargla). Il n'est pas encore venu; *seddir' ou d iousi*, سديغ ود يوسي (Ouargla).

ENDROIT, *al*, ال (Mzab).

ENFANT, *ak'chich*, اقشيش (Ouargla, O. Rir'); *bourakhs*, بورخس (Mzab); *abouchil*, ابوشيل, pl. *ibouchilen*, يبوشيلن (Dj. Nefousa); pl. *taroua*, تروا (Ouargla, O. Rir').

ENFANTEMENT, *taroua*, تروا (Ouargla).

ENFANTER, *arou*, ارو; Ve f. *tarou*, تارو (Mzab, Dj. Nefousa).

ENFER, *timsi*, تمسي (Mzab); (Masq. « timsi »).

ENFONCÉ (Être), *eder*, ادر (Ouargla).

ENFONCER, *sider*, سيدر (Ouargla).

ENFUIR (S'), *erouel*, اروِل (Mzab, Ouargla); Ire f. *serouel*; (Masq. « erouel »).

ENLEVER, *ekkes*, اكس, aor. *ikkes*, يكس (Dj. Nefousa).

ENTENDRE, *sel*, سل (Mzab, Ouargla, O. Rir'); f. hab. *tsel*, تسل (Ouargla, O. Rir'). Je n'ai pas entendu, *ou tsilir'*, وتسليغ (Ouargla); (Masq. « isell »).

ENTOURÉ (Être), *net't'*, نط, aor. *inet't'*, ينط (Dj. Nefousa).

ENTRAILLES, *adan*, ادان (Ouargla, Mzab); (Masq. « adan »).

ENTRE, *jar*, زار; *djar*, جار (Mzab); *agar*, اڤار (Dj. Nefousa); d'—, *seg*, سڤ (Mzab); *si*, سي (Dj. Nefousa, Mzab); *sgiden*, سڤدن (Ouargla).

ENTRÉE, *ataf*, اتاف (Mzab, O. Rir'); *outouf*, وتوف (Mzab); *moutfen*, موتفن (Ouargla); *imi*, يمي (Mzab).

ENTRER, *atef*, اتف, aor. *ioutef*, يوتف (Mzab, Ouargla, O. Rir', Dj. Nefousa); f. réc. IIe f. *mioutf*, ميوتف (Ouargla); *ekm*, اكم (Dj. Nefousa); (Masq. « atef »).

ENVOLER (S'), *betch*, بچ (Mzab); *oufer*, وفر (Ouargla). Faire —, *sifer*, سيفر (Ouargla).

ENVOYER, *azen*, ازن, aor. *iouzen*, يوزن (Mzab, Ouargla); IIIe f. pass. *touazen*, توازن (Ouargla); *zel*, زل, aor. *izzel*, يزل; (Masq. « ouzen »).

ÉPAIS, *aziouar*, ازيوار (Mzab); (Masq. « aziouar »).

ÉPARGNER, *sertches*, سرچس (Mzab).

ÉPAULE, *tar'eroud*, تغرود, pl. *tir'ardin*, تغردين (Mzab, O. Rir'); *tar'erout*, تغروت, pl. *tir'eroutin*, تغروتين (Ouargla).

ÉPI, *taiddert*, تيدرت (Mzab).

ÉPINE, *asennan*, اسنان (Mzab); — de djérid, *tadra*, تدرا (Mzab); *tadri*, تدري, pl. *tadriouin*, تدريوين (Ouargla); — dorsale, *asersour*, اسرسور, pl. *isersar*, يسرسار (Ouargla).

ÉPOUSE, *temeletch*, تملچ (Mzab); (Masq. « temeletch »).

ESCALIER, *tasent*, تسنت, pl. *tisounan*, تسونان (Mzab); *tsounet*, تسونت, pl. *tisounan*, تسونان (Ouargla).

ESCLAVE (fém.), *taia*, تايا (Mzab); (Masq. « taia »); (masc.), *ichemj*, يشمج (Mzab); *ismej*, يسمج, pl. *isemjan*, يسمجان (O. Rir'); (Masq. « ichemj »).

ESPÉRER, *r'iss*, غيس (Dj. Nefousa).

ET, *d*, د (Mzab); *did*, ديد; *ded*, دد (Dj. Nefousa); *l*, ل (Ouargla); *id*, يد (Ouargla).

ÉTABLIR, *esker*, اسكر (Dj. Nefousa).

ÉTANG, *aler'*, الغ, pl. *ilir'an*, يليغان (Ouargla).

ÉTÉ, *noudou*, نودو (Dj. Nefousa).

ÉTENDRE, *zel*, زل (Mzab et Ouargla).

ÉTERNUER, *enzou*, انزو (Mzab).

ÉTOILE, *itri*, يترى, pl. *itran*, يتران (Mzab et Ouargla); (Masq. « itri », pl. « itrèn »).

ÉTOURNEAU, *tzekki*, تزكى, pl. *tizekkouin*, تزكوين.

ÊTRE, *ili*, يلى, aor. *illa*, يلا (Mzab, Ouargla, O. Rir'); (se trouver), *lal*, لال, aor. *iloul*, يلول (Mzab); *essi*, اسى, aor. *issi*, يسى (Dj. Nefousa); *tour'*, توغ (Mzab); (Masq. « illa »); *mous*, موس, *ames*, امس (Ouargla); *eg*, اڭ (Ouargla); *ig*, يڭ, aor. *iig*, ييڭ, pl. *igoun*, يڭون (Dj. Nefousa). Ce n'est pas moi, *ou igi nech*, و يڭى نش (Ouargla). Il y a là quatre cents palmiers, *iig okkoz n tmit'iouin d tezdai*, ديس ييڭ اكز نمطوين د تزداى

EUX, *niten*, نيتن (Dj. Nefousa); *netnin*, نتنين (O. Rir', Mzab, Ouargla); à —, *asen*, اسن (Mzab, Ouargla, O. Rir', Dj. Nefousa).

ÉVEILLER, *setcher*, سچر (Mzab); (Masq. « setcher »).

ÉVENTAIL, *tazezmet*, تززمت (Mzab).

EXAMINER, *emi*, امى (Ouargla).

EXCRÉMENTS, *izzan*, يزان (Ouargla).

EXPLIQUER, *setchen*, سچن (Mzab).

EXPULSER, *soufer'*, سوفغ (Mzab); (Masq. « isoufer »).

EXPULSION, *asoufer'*, اسوفغ (Mzab).

EXTRÉMITÉ, *tegrou*, تگرو (Ouargla); — de djerid, *touffa*, توفا, pl. *touffaouin*, توفاوين (Ouargla).

F

FACE (En — de), *dessat*, دسات (Dj. Nefousa); *ǵ elmendad*, گلمنداد (O. Rir').

FAÇON (De — que), *sougga*, سوگا (O. Rir').

FAIBLE, *akedid*, اكديد (O. Rir').

FAIBLESSE, **ar'chi*, اغشي (Mzab).

FAIM, *ilouz*, لوز (Mzab); *laz*, لاز (Dj. Nefousa, O. Rir'); *tlazit*, تلازيت (Mzab); avoir —, *laz*, لاز, aor. *illouz*, يلوز (Mzab); (Masq. « laz »).

FAIRE, *eg*, اگ, aor. *igou*, يگو; *gir'*, گيغ (Ouargla, O. Rir'); *eg*, اگ, aor. *iougou*, يوگو (Dj. Nefousa); *ar'*, اغ, aor. *ir'ou*, يغو (Mzab); *esker*, اسكر (Dj. Nefousa); *edj*, اج, aor. *idjou*, يجو (Mzab); (Masq. « iedj »).

FANÉ, *illisou*, يلسو (Ouargla).

FANTOME, *azr'our*, ازغور, pl. *izour'our*, يزوغور (Mzab).

FARINE, *aren*, ارن (Mzab, Ouargla, Dj. Nefousa).

FAUCILLE, *amjer*, امزر (Mzab); (Masq. « amjer »).

FAUTE, *izzel* (Mzab).

FEDDAN (sorte de mesure), *amdoun*, امدون (Mzab).

FEMME, *tamet't'out*, تمطوت, pl. *tisednan*, تسدنان (Mzab, Ouargla); (Masq. « tamettôt »).

FENÊTRE, *alloun*, الون (Mzab).

FER, *ouzzel*, وزل (Mzab).

FERMER (une porte), *akkes*, اكس (Mzab); — (les yeux), *adhel*, اضل (Mzab).

FEU, *timsi*, تمسي (Mzab et Ouargla); *tfaout*, تفاوت (Mzab, et Dj. Nefousa). Nous y mettrons le feu, *anerzem dis tfaout*, انرزم ديس تفاوت (Mzab); (Masq. « timsi »).

FEUILLE, *tifrit*, تفريت, pl. *tifrai*, تفراى (Ouargla, O. Rir'); *tifrit*, تفريت, pl. *tifriouin*, تفريوين (Mzab); *afriou*, افريو, pl. *afrioun*, افريون (Mzab); — de palmier, *tizzit*, تزيت, pl. *tizzin*, تزين (Ouargla).

FÈVES, *ibaouen*, يباون (Mzab); *aou*, او, pl. *aouen*, اون (Ouargla).

FIANCÉ, *asli*, اسلى, pl. *islan*, يسلان (Mzab).

FIANCÉE, *taslit*, تسليت (Mzab); *tasell*, تسلت (Ouargla); *tsilout*, تسلوت (Dj. Nefousa).

FIBRE, *aferfedar'*, افرفداغ, pl. *iferfedar'en*, يفرفداغن (Ouargla).

FIGUE, *amouchchi*, اموشى, pl. *imechchan*, يمشان (Mzab); *amchi*, امشى, pl. *imchan*, يمشان (Ouargla).

FIGUIER, *tamchet*, تمشت (Mzab); *tamechchint*, تمشينت, pl. *timechchian*, تمشيان (Ouargla); pl. *temdai*, تمداى; *temot'chin*, تمطشين (Dj. Nefousa).

FIGURE, *oudem*, ودم, pl. *oudmaouen*, ودماون (Mzab); (Masq. « oudem »).

FIL, *tinelli*, تنلى (Mzab, Ouargla); *tilli*, تلى (O. Rir').

FILAMENT, *asennan*, اسنان, pl. *isennanen*, يسنانن (Ouargla); *tasennant*, تسنانت, pl. *tisennanin*, تسنانين (Ouargla).

FILLE, *issis*, يسيس (Mzab); *illi*, يلى (Mzab, O. Rir'); *amata*, اماتا (Ouargla); (Masq. « illi »); petite —, *taizziout*, تيزيوت, pl. *tiizziouin*, تيزيوين (Mzab); *taizziout*, تيزيوت, pl. *tizizouin*, تزيزوين (Ouargla).

FILS, *memmi*, مى (Mzab), pl. *at*, ات (Mzab); *emmi*, امى (Ouargla, O. Rir'); pl. *at*, ات (Ouargla); (Masq. « memmi »).

FIN (Être), *afaf*, افاف, aor. *ioufaf*, يوفاف (Dj. Nefousa).

FINI (Être), *ouk'a*, وقا, aor. *iouk'a*, يوقا (Dj. Nefousa).

FLEUR (Sorte de — blanche), *tamejjit*, عزيت (Ouargla); (sorte de — jaune), *talest*, تلست (Ouargla).

FLEUVE, *ir'zer*, يغزر, pl. *ir'zaren*, يغزارن (Mzab); *souf*, سوف (Mzab); *asif*, اسيف (Dj. Nefousa); *tala*, تلا, pl. *taliouin*, تليون (Ouargla); (Masq. « souf »).

FLOCON, *tilesdin*, تلسدين (Mzab).

FLUTE, *tamechoult*, تمشولت, pl. *timechal*, تمشال (Mzab); (Masq. « tamechoult »).

FOIE, *tasa*, تسا (Mzab); *tesa*, تسا, pl. *tesaouin*, تساون (Ouargla).

FOIS, *titchelt*, تچلت (Mzab); *nit*, نيت (Mzab); *tikelt*, تكلت (Ouargla); *tikkelt*, تكلت (Dj. Nefousa).

FOND, *allar'*, الاغ (Dj. Nefousa); au fond (av. mouv.), *in allar'*, ن الاغ (Dj. Nefousa).

FONDRE (v. n.), *efsi*, ابسى, aor. *ifsi*, يفسى (Ouargla, Mzab); (v. a.), *sefsi*, سفسى (Mzab, Ouargla); (Masq. « isefsi »).

FONTAINE, *tala*, تلا, pl. *taliouin*, تليون (Mzab, Ouargla, Dj. Nefousa).

FORCE (De —), *s our'il*, سوغيل (Mzab).

FORÊT, *tagemmi*, تگمى, pl. *tigemma*, تگما (Ouargla).

FOSSÉ, *ar'zou*, اغزو (Mzab); (Masq. « arzou »).

FOULER (aux pieds), *ezdah'*, ازداح (Mzab); n. d'action *azdah'*, ازداح (Mzab).

FOUR, *tabounet*, تبونت, pl. *tibounat*, تبونات (O. Rir').

FOURMI, *tagettouft*, تگتوفت, pl. *tigetfin*, تگتفين (Mzab); *tagdefit*, تگدفيت, pl. *tigdifin*, تگديفين (Ouargla); (Masq. « tigedfet »).

FRAPPER, *out*, وت, aor. *iouet*, يوت (Mzab, O. Rir'); f. hab. *chat'*, شط (Mzab); *ouet*, وت, aor. *iouout*, يوت (Ouargla); IIe f. pass. *miouout*, ميوت (Ouargla); (Masq. « iouet »).

FRÈRE, *ioua*, يوا, pl. *aithma*, ايثما et *ouaouaten*, واوتن (Mzab); *ouma*, وما (Ouargla); *roummou*, رومو (Dj. Nefousa); (Masq. « ioua »).

FROID, *asemmadh*, اسماض (Ouargla).

FROMAGE, *takemmarit*, تكماريت (Mzab).

FRONT, *anrai*, ازاى (Mzab); *agengour*, اڭنڭور, pl. *igengar*, يڭنڭار (Ouargla).

FUIR, *erouel*, ارول (Mzab, Ouargla, O. Rir', Dj. Nefousa); (Masq. « erouel »).

FUITE, *erouel*, ارول (O. Rir'); mettre en —, *serouel*, سرول (Mzab); action de —, *aserouel*, اسرول (Mzab).

FUMIER, *ouma*, وما (Ouargla).

FUSIL, *tamrout*, تمروت, pl. *timra*, تمرا (Mzab); (Masq. « tamrout »).

G

GAGNER, *ernou*, ارنو, aor. *ierna*, يرنا (Mzab); IIIe f. pass. *touarnou*, توارنو (Mzab); (Masq. « ernou »).

GALETTE, *taredoumt*, تردومت (Mzab); *taknift*, تكنيفت, pl. *tiknifin*, تكنيفين (Ouargla); (Masq. « taredoumt »).

GAMELLE (en terre), *amennas*, امناس, pl. *imennasen*, يمناسن (Mzab).

GANDOURA, *tichchert*, تشرت (Mzab).

GARANCE, *troubia*, تروبيا (Ouargla).

GARÇON (Petit), *aiziou*, ايزيو, pl. *izioun*, يزيون (Ouargla).

GAUCHE, *azemmad*, ازماد (Mzab).

GAZELLE, *izerzer*, يزرزر (Mzab); *zerzer*, زرزر (Dj. Nefousa).

GENÊT, *tileggel*, تلڭت (Ouargla).

GENOU, *foud*, فود, pl. *ifadden*, يفادن (Mzab et Ouargla); (Masq. « foud »).

GENS, *midden*, مدن (Mzab, O. Rir'); *ioudan*, يودان (Dj. Nefousa); (Masq. « midden »).

GERMES, *tiâmmarin*, تعمارين (Mzab).

GLACE, *adris*, ادريس (Mzab).

GORGÉE, *tagemmint*, تڭميمت, pl. *tigemmimin*, تڭميمين (Ouargla).

GOUTTE, *tastit*, تستيت (Mzab).

GOUTTIÈRE, *senfir*, سنفير (Mzab).

GRAINE, *aifs*, ايفس (Mzab).

GRAINS, *imendi*, يمندي (Ouargla).

GRAISSE, *oudi*, ودى (Mzab); *tedount*, تدونت (Ouargla, O. Rir').

GRAND, *azilouk*, ازعلوك, f. *tazilouk t*, تزعلوكت (Mzab, Ouargla); *amok'ran*, امقران, f. *tamokr'ant*, تمقرانت (Mzab, Ouargla); *amok'ran*, امقران, f. *tamok'rant*, تمقرانت (Mzab, Dj. Nefousa); *amek'k'eran*, امقران, f. *tamek'k'erant*, تمقرانت (Mzab); *mak'roun*, مقرون, f. *tamek'rount*, تمقرونت, pl. *mak'rounen*, مقرونن, f. *timek'rouna*, تمقرونا (O. Rir'). Être —, *mok'r*, مقر *mok'k'or*, مقر (Dj. Nefousa).

GRAND-PÈRE, *dadda*, ددا (O. Rir').

GRAPPE, *zioua*, زيوا (Ouargla); *taziouait*, تزيوايت (Ouargla).

GRAS, *achettar*, اشتار (Mzab); *achet't'ar*, اشطار, pl. *ichet't'arin*, يشطارين (Ouargla); (Masq. « achettar »). Être —, *echder*, اشدر, aor. *ichder*, يشدر (Mzab, Ouargla).

GRATTAGE, *akmaz*, اكماز (Mzab).

GRATTER, *ekmez*, اكمز (Mzab, Ouargla); IIe f. *miekmez*, ميكمز récip. (Ouargla); IIIe f. pass. *touakmez*, تواكمز (Ouargla); (Masq. « kemez »).

GRENADE, **armam*, ارمام (Ouargla).
GRENOUILLE, *ajerou*, ازرو (Mzab, Ouargla); pl. *ijera*, يزرا (Mzab); *ijerouan*, يزروان (Ouargla).
GRÈS ROUGE, *tefza*, تفزا (Mzab).
GRIFFE, *achchar*, اشار, pl. *ichcharen*, يشارن (Mzab, O. Rir', Dj. Nefousa).
GRILLER, *aref*, ارب (Dj. Nefousa).
GRINCER, *tzouzi*, ززوزى (Mzab).
GROSSIER, *azouar*, ازوار (Ouargla); (Masq. « azouar » avec le sens de gros).
GROTTE, *ir'za*, يغزا (Mzab).
GUIZ, *idjiz*, يجيز (Mzab).

H

HABILLER, *sired*, سيرد, aor. *siredd*, سيردع (Ouargla); s' — *ired*, يرد (Mzab); (Masq. « ieredh »).
HABITS, *airid*, ايريد (Mzab); (Masq. « sînoura »).
HABITUER, *sennoum*, سنوم (Ouargla); s' —, *ennam*, انام (Mzab, Ouargla).
HACHE, *kadoum*, كدوم (Mzab).
HAIK, *ah'ouli*, احولى (Mzab).
HARICOT, *tadlakht*, تدلاخت, pl. *tidlakhin*, تدلاخين (Mzab, Ouargla).
HASE, *taierzast*, تايرزاست (Mzab); *tirzazt*, ترزازت (Dj. Nefousa); *tagerzizt*, تكرزيزت, pl. *tigerzaz*, تكرزاز (Ouargla).
HAUT (En), *denneg*, دنك (Dj. Nefousa); *ennij*, انيز (Mzab, O. Rir'); *sfell*, سفل (Ouargla).
HÉLAS, *akh*, اخ (Mzab, Ouargla).
HENNIR, *th'anh'in*, تحنحين (Ouargla).
HERBE (Sorte d' —), *asedjmir'*, اسجميغ (Mzab); *tilitin*,

تليتين (Mzab); *touga*, توڭا, pl. *tougaouin*, توڭاوين (Ouargla); *tiga*, تڭا (Dj. Nefousa).

HÉRISSON, *insi*, ينسى, pl. *insaouen*, ينساون (Ouargla).

HIER, *as ennadh*, اس اناض (Mzab); *r'da ennadh*, غدا اناض (O. Rir').

HIRONDELLE, *tamesloulaft*, تمسلولافت, pl. *timesloulafin*, تمسلولافين (Mzab); *taslellaft*, تسللافت, pl. *tislellafin*, تسللافين (Ouargla).

HISTOIRE, *tanefoust*, تنفوست, pl. *tinefousin*, تنفوسين (Mzab); (Masq. « tanefoust »).

HOLA, *bessi*, بسى (Ouargla).

HOMME, *arjaz*, ارژاز, pl. *irjazen*, يرژازن (Mzab); *ardjaz*, ارجاز, pl. *irdjazen*, يرجازن (Mzab); *argaz*, ارڭاز, pl. *irgazen*, يرڭازن (Dj. Nefousa, Ouargla); *ariaz*, ارياز, pl. *iriazen*, يريازن (O. Rir'); (Masq. « argaz »).

HOUE, *aldjoun*, الجون, pl. *iloudjan*, يلوجان (Mzab).

HUILE (à brûler), *tenni*, تنى (Mzab); — (à manger), *di*, دى (Dj. Nefousa).

HUIT, *tam*, تام, f. *tamet*, تامت (Mzab).

HUMIDE (Être), *ebzedj*, ابزج (Mzab).

HUMIDITÉ, *abzadj*, ابزاج (Mzab); *asebzedj*, اسبزج (Mzab).

I

ICI, *daia*, دايا (Ouargla); *dani*, دنى (Mzab); *da*, دا (Ouargla); *anda*, اندا (Ouargla).

IMMOLER, *r'ers*, غرس (Mzab).

INCUBATION, *aster'nes*, استغنس (Mzab).

INDIQUER, *emmal*, امال (Dj. Nefousa).

INFORMER, *mel*, مل, aor. *melir'*, مليغ, *melâ*, ملع (Ouargla).

INTERROGER, *sesten*, سستن, aor. *isestoun*, يسستون (Mzab); (Masq. « sesten »).

INTRODUCTION, *asitef*, اسيتف (Mzab).
INTRODUIRE, *sitef*, سيتف (Mzab, Dj. Nefousa, O. Rir'); *sekm*, سكم (Dj. Nefousa).
INVOQUER, *beder*, بدر (Mzab).

J

JALOUSIE, *tisemin*, تسمين (Mzab).
JAMAIS, *iggouas*, يكواس, avec la négation (Mzab); (Masq. « *abadan »).
JAMBE, *dar*, دار, pl. *idaren*, يدارن (Ouargla); (Masq. « tamechoult oudar »).
JARDIN, *ar'erour*, اغرور (Ouargla).
JAUNE, *aourar'*, اوراغ (Mzab, Ouargla); (Masq. « aourar »).
JETER, *eger*, اكر (Ouargla); IIe f. pass. *emmeger*, امكر (Ouargla); *zaroud*, زرود (Ouargla); *eli*, ال (O. Rir'); (Masq. « ickeli »); se — sur, *echchef*, اشف (Dj. Nefousa).
JEU, *irar*, يرار (Ouargla, O. Rir'); *ourar*, ورار (Dj. Nefousa).
JONC, *azelaf*, ازلاف, pl. *izelafen*, يزلافن (Ouargla).
JOUE, *adjai*, اجاي, pl. *adjaien*, اجاين (Mzab); *aggai*, اكاي, pl. *iggaien*, يكاين (Ouargla); *tmaggaz*, تمكاز, pl. *timaggazzin*, تمكازين (Ouargla); (Masq. « adjai » avec le sens de *mâchoire*).
JOUER, *rar*, رار (Mzab); *irar*, يرار (Ouargla); Ire f. *sirar*, سيرار (Ouargla); V[e] f. pass. *tirar*, تيرار (Ouargla); hab. *tourar*, تورار, aor. *ittourar*, يتورار (O. Rir').
JOUR, *ass*, اس, pl. *oussan*, وسان (Mzab, Ouargla, O. Rir', Dj. Nefousa). Un jour, *idjemas*, يجماس (O. Rir'); (Masq. « as »).
JUJUBIER SAUVAGE, *tazouggouart*, تزوكوارت, pl. *tizoug-*

gouarin, زوكوارن (Mzab); pl. *tezagrin*, زكرن (Dj. Nefousa).

JUMEAU, *akniou*, اكنيو, pl. *aknioun*, اكنيون (Ouargla); pl. *aouaten*, اوان (Mzab).

JUMENT, *tajmart*, تزمارت (Mzab); *tr'allit*, تغليت, pl. *tir'allin*, تغلين (Mzab); *ter'allith*, تغاليث, pl. *ter'allin*, تغلين (Dj. Nefousa); (Masq. « trallet »).

JUPE, *tikbert*, تكبرت, pl. *tikebrin*, تكبرن (Ouargla).

JURER, *idjoul*, يجول (Mzab); *djal*, جال (O. Rir'); *jell*, زل (Ouargla); (Masq. « ijal »).

JUSQU'A, *men*, من (Mzab); *al*, ال (Ouargla); *ar'*, اغ (Dj. Nefousa); *in*, ين (Dj. Nefousa). Jusqu'à ce que, *al*, ال (Mzab); *imoul an*, يمول ان (Dj. Nefousa); *alemmi*, المى (Dj. Nefousa); *asi*, اسى (Ouargla); *ad*, اد (Ouargla); *almata*, الماتا (Ouargla); *ala d*, الاد (Ouargla, O. Rir'); *an*, ان (Dj. Nefousa); *sara*, سارا (Mzab); *achegga*, اشكا (Ouargla). Jusqu'à ce qu'il dise : *adini*, ادينى (Ouargla).

K

KESKAS, *igouni*, يكونى.

L

LA, *dous*, دوس (Dj. Nefousa); de là, *sious*, سيوس (Dj. Nefousa); *dini*, دينى (Mzab).

LACHER, *erzem*, ارزم (Mzab); IVe f. hab. *rezzem*, رزم (Mzab).

LAINE, *tadouft*, تدوبت (Mzab); *tadhouft*, تضوبت (Ouargla); (Masq. « dûft »).

LAISSER, *ejj*, از, aor. *ijj d*, يزد (Mzab, O. Rir'); *ejj*, از, aor. *ejjir'*, ازيغ, *ijjou*, يزو (Ouargla); f. hab. *tedj* تج (Mzab); *ek'li*, اقلى (Mzab); (Masq. « edj »).

LAIT AIGRE, *ar'i*, اغي (Mzab). A Ouargla, *ar'i*, غي, désigne le lait en général; (Masq. « ari asemmam »).

LAMENTATION, *agejdour*, اڨجدور (Ouargla).

LAMPE, *anir*, انير, pl. *inaren*, ينارن (Mzab).

LANCER, *nebes*, نبس (Ouargla).

LANGAGE, *asioul*, اسيول (Mzab); — de Ouargla, *tagouargelt*, تڨوارڨلت (Ouargla); (Masq. « aoual »).

LANGUE, *iles*, يلس, pl. *ilsaoun*, يلساون (Mzab, Ouargla).

LARMES, *amt'aou*, امطاو, pl. *imt'aouen*, يمطاون (Mzab); *imet'raoun*, يمطراون (Ouargla); (Masq. « imettaoun »).

LATRINES, *gouma*, ڨوما (Mzab et Ouargla).

LAVER, *sirad*, سيرد (Mzab), aor. *isarad*, يسرد (O. Rir'); *sired*, سيرد, aor. *sirdé*, سيردع (Ouargla); f. d'hab. *tsird*, تسيرد, Ire-Ve f. (Dj. Nefousa); (Masq. « sired »).

LE, pr. pers., *t*, ت (Mzab, Ouargla, O. Rir', Dj. Nefousa).

LÉCHER, *allar'*, الاغ (Mzab). Action de —, *oulour'*, ولوغ (Mzab).

LÉGER, *ifsous*, يفسوس (Ouargla).

LÉGUMES, *ar'emma*, اغما, pl. *ir'main*, يغماين (Dj. Nefousa).

LENDEMAIN (Le), *r'al ouachcha*, غلوشا (Mzab); *jetcha*, زچا (Dj. Nefousa); *r'abechcha*, غبشا (Dj. Nefousa).

LEVAIN, *tasemmi*, تسمي (Ouargla).

LEVER (Se), *ekker*, اكر (Ouargla, Dj. Nefousa), Ire f. faire —, *sekker*, سكر (Ouargla), aor. *sekkeré*, سكرع; *etcher*, اچر (Mzab), aor. *itcher*, يچر et *itcharou*, يچرو; faire —, *setcher*, سچر (Mzab).

LIVRE, *adles*, ادلس, pl. *idlisen*, يدليسن (Mzab); *ambour*, امبور, pl. *imbouren*, يمبورن (Ouargla); (Masq. « ambour »).

LÉZARD, *ah'ardam*, احردام (Mzab); *tachimcheramt*,

تشمشرانت, pl. *timchecheranin*, تمشمشرانين (Ouargla).

LIER, *ak'k'en*, اقن (Mzab); (Masq. « iokken »).

LIÈVRE, *agerziz*, اڤرزز, pl. *igerzaz*, يڤرزاز (Mzab).

LION, *ar*, ار, pl. *araouen*, اراون (Ouargla); *ouar*, وار, pl. *iouaren*, يوارن (Mzab, Dj. Nefousa); *aouir*, اوير (O. Rir'); (Masq. « ar »).

LIONNE, *tahert*, تهرت (Mzab), *touaret*, توارت, pl. *tiratin*, تراتين (Mzab, Dj. Nefousa); *taert*, تارت, pl. *taraouin*, تراوين (Ouargla).

LIRE, *âzem*, عزم (Mzab). Cf. le nom d'*iâzzaben*, يعزابن, donné aux clercs; (Masq. « iehazzem »).

LIT, *ankan*, انكان, pl. *inkanen*, ينكانن (Ouargla); (Masq. « tenatchera »).

LOGETTE, *tizelri*, تزلرى (Mzab).

LONG, *azjerar*, ازژرار (Mzab), *azirar*, ازيرار (O. Rir'); *azigrar*, ازيڤرار, f. *tazigrart*, تزيڤرارت (Ouargla); *aziouar*, ازيوار, f. pl. *tiziouarin*, تزيوارين (Ouargla); *azrar*, ازرار, fém. *tazraret*, تزرارت (Dj. Nefousa); *âzâlouk*, ازعلوك (Mzab); être — *msed*, مسد (Mzab).

LONGUEUR, *tazalak't*, تزلاقت (Mzab).

LORSQUE, *si*, سى (Dj. Nefousa); *al*, ال (Mzab); *aldin*, الدين (O. Rir'); *alemmi*, الّى (Dj. Nefousa); *emmi*, اى (Mzab); *melmi*, ملمى (Mzab, O. Rir'); *mi*, ى (Ouargla); *seg*, سڭ (O. Rir').

LOUCHE, **ad'ah'oual*, اذحوال, pl. *id'ah'oualen*, يذحوالن (Ouargla).

LOURD, *izza*, يزّا (Ouargla).

LUI, pr. pers. isolé, *netta*, نتّا (Mzab, Ouargla, O. Rir'). De lui, (son, sa, ses), *es*, *is*, س; *ennes*, انس (Mzab, Ouargla, O. Rir'). A lui, *as*, اس (Mzab, Ouargla, O. Rir', Dj. Nefousa).

LUMIÈRE, *tifaout*, تيفاوت (Mzab).

LUNE, *tiziri*, تزيرى, pl. *tazirin*, تزرين (Mzab; Ouargla); (Masq. « taziri »).

LUTTER, *mzaoudh*, مزاوض (Ouargla).

M

MACHER, *effez*, ابز, aor. *effezd*, ابزغ; IIᵉ f. pass. *mieffez*, ميبز, aor. *mieffezi*, ميبزغ; IIIᵉ f. *touaffez*, توابز (Ouargla).

MACHOIRE, *abk'a*, ابقا, pl. *ibk'ain*, يبقاين (Ouargla).

MAGASIN, pl. *temidal*, تميدال (Dj. Nefousa).

MAIGRE, *azeddad*, ازداد (Mzab); (Masq. « d azdad »).

MAIGREUR, *tazaddi*, تزدى (Mzab).

MAIN, *fous*, يوس, pl. *ifassen*, يفاسن (Mzab et Ouargla); *afous*, ابوس, pl. *ifassen*, يفاسن (Dj. Nefousa, O. Rir'); *afes*, ابس (Dj. Nefousa); (Masq. « fous »).

MAÏS, *ildi*, يلدى (Mzab); (Masq. « mestourt »).

MAISON, *akhiam*, اخيام, pl. *ikhiamen*, يخيامن (Ouargla); *tikermi*, تكرمى (Ouargla); *taddart*, تدارت, pl. *tiddarin*, تدارين (Mzab, O. Rir') et *tiddar*, تدار (Mzab).

MAL. J'ai — aux yeux, *tit'aouin iouk nr'enti*, تيطاوين يوك نغنتى (Mzab).

MALADE, *madhoun*, معضون (Ouargla); *ioudhan*, يوضان (Ouargla), pl. *ioudhanen*, يوضانن; (Masq. « ierrha); être —, *ezmer*, ازمر (Mzab); *adhen*, اضن, aor. *ioudhan*, يوضان (Mzab); *at'en*, اطن, aor. *iout'en*, يوطن (Dj. Nefousa).

MALADIE, *azmar*, ازمار, pl. *izmira*, يزميرا (Mzab); *at'an*, اطان (Mzab); *at't'an*, اطان (Mzab).

MALTRAITER, *nour'*, نوغ, aor. *inour'*, ينوغ (Ouargla).

MANGER, *ech*, اش, aor. *ichi*, يشى et *ichou*, يشو (Mzab et

O. Rir'); IIIe f. *touach*, توّاش (Mzab); f. hab. *tett*, تت (Mzab, Dj. Nefousa); *ettat*, اتّت, aor. *itetti*, يتّي (Mzab); *etch*, اچ, aor. *itchou*, يچو (Mzab); *etch*, اچ, aor. *etchir'*, اچيغ, *tched*, چد, *itchou*, يچو; IIIe f. pass. *touach*, توّاش; f. hab. *chech*, شش, aor. *chechâ*, ششع (Ouargla); (Masq. « iettet »).

MARAIS, *souf*, سوف (Mzab); (Masq. « meurjet » de l'arabe مرجة).

MARCHE, *titchli*, تچلي (Mzab); *tagouria*, تڭوريا (Dj. Nefousa); *taiourt*, تايورت (O. Rir').

MARCHER, *aggour*, اڭور (Ouargla); *agour*, اڭور (Dj. Nefousa); (Masq. « idjour », partir).

MARI, *arjaz*, ارژاز, pl. *irjazen*, يرژازن (Mzab); *urdjaz*, ارجاز, pl. *irdjazen*, يرجازن (Mzab); *argaz*, ارڭاز, pl. *irgazen*, يرڭازن (Ouargla); *aoussar*, اوسار (O. Rir').

MARIAGE, *tendjift*, تنجيفت (Dj. Nefousa).

MARIÉ, *asli*, اسلي, pl. *islian*, يسليان (Ouargla).

MARIÉE, *taselt*, تسلت, pl. *tislatin*, تسلاتين (Ouargla).

MARIER, *sitef*, سيتف (Ouargla); se — (en parlant de la femme), *emlech*, املش, *emmeletch*, املچ (Mzab); *emlek*, املك (Ouargla).

MARMITE, *azzi*, ازّي, pl. *izezza*, يززا (O. Rir'); grande — *takhboucht*, تخبوشت, pl. *tikhbouchin*, تخبوشين (Ouargla, O. Rir').

MAUVE, *tibbiouali*, تبّيوالي (Mzab); *timkaouin*, يمكاوين.

MÉLANGE, *tiggoui*, تڭوي (Mzab).

MÉLANGER, *eggou*, اڭو, aor. *ieggou*, يڭو (Mzab).

MELON, *amloun*, املون (Mzab); *amelloul*, املول; *imelloulen*, يملولن (Ouargla); — vert, *tar'essimt*, تغسيمت, pl. *tir'essimen*, تغسيمن (Ouargla).

MÊME, *nit*, نيت (Dj. Nefousa). C'est la — chose, *d iggen*,

دبكن (Ouargla). De — que, *r'imendja*, غيمجا (Mzab).

MENDIANT, *agendouz*, أكندوز, pl. *igendiaz*, يكندياز (Ouargla).

MENDIER, *tmeter*, تمتر (Mzab).

MENSONGE, *techerches*, تشرشس, pl. *titcherchas*, تجرشاس (Mzab); *tikerkas*, تكركاس (O. Rir', Ouargla).

MENTIR, *skarkous*, سكركوس (Ouargla, O. Rir'); (Masq. « sertchous »).

MER, *aman izizaoun*, امان يززاون (Mzab); (Masq. « aman izizaoun »).

MÈRE, *imma*, يما (Mzab); *mamma*, ما (Mzab); *lalla*, لالا (Ouargla); (Masq. « mamma).

MERLE DE ROCHERS, *tabelr'ouit*, تبلغويت; arabe, *lalla marzouk'a* (Mzab).

MÉTIER A TISSER, *aset't'a*, اسطا, pl. *iset't'ouan*, يسطوان (Mzab, O. Rir', Blidet Ameur). — Les principales pièces du métier à tisser sont :

tiirselts, تيرسلت, pl. *tiirsal*, تيرسال, poteau perpendiculaire.

azetta, ازتا, fil servant à la trame.

inelli, ينلي, fil.

bâddadin, بعدادين, chaîne du métier.

tih'affest, تحفست, chaîne qui attache l'étoffe à la poutre inférieure.

tazetta, تزتا, fourche à douze dents, servant à égaliser les fils.

METTRE, *edj*, اج, aor. *idjou*, يجو (Mzab); *eg*, أك, aor. *igou*, يكو et *ieg*, يك (O. Rir'); *ouk'em*, وقم (Ouargla); — bas, *arou*, ارو, V° f. *tarou*, تارو (Mzab, Dj. Nefousa); se — à, *esker*, اسكر (Dj. Nefousa); *k'im*, قيم, aor. *ik'im*, يقيم (Dj. Nefousa).

MEULE (de blé), *anrar*, انرار (Mzab) ; — de moulin, *tasirt*, تسيرت (Mzab).

MEURTRE, *anr'a*, اننغا (Mzab) ; *er'ras*, اغراس (O. Rir').

MIEL, *tamemt*, تممت (Mzab, Ouargla).

MIL, *tidmouin*, تدموين (Mzab) ; (Masq. « tidemouin »).

MILIEU, *alemmas*, الماس (Dj. Nefousa).

MIROIR, *tisit*, تسيت (Mzab) ; *tisit*, تسيت, pl. *tisitan*, تسيتان (Ouargla) ; (Masq. « tisit »).

MOI, *nech*, نش (Mzab et Ouargla) ; *netch*, نچ (Ouargla, Dj. Nefousa, O. Rir') ; *nechchi*, نشي (Mzab) ; *nechchin*, نشين (Mzab, Ouargla, O. Rir') ; de — (mon, ma, mes), *iouk*, *iouok*, يوك (Mzab) ; *iou*, يو (Ouargla, O. Rir') ; *ou*, و (Ouargla). A moi, *ii*, يي (Mzab, Ouargla, O. Rir').

MOIS, *aiour*, ايور, pl. *iiaren*, ييارن (Mzab, Ouargla) ; *aiour*, ايور, pl. *aiouren*, ايورن (O. Rir') ; (Masq. « iour »).

MOISSON, *amjar*, امجار (Mzab, O. Rir').

MOISSONNER, *emjar*, امجار (Mzab) ; pass, être moissonné, *emjer*, امجر (O. Rir', Ouargla) ; non moissonné, *ou ijmir* و يجمير (O. Rir').

MOITIÉ, *azdjen*, ازجن (Mzab) ; *adjen*, اجن, pl. *idjenan*, يجنان (Mzab) ; *asgen*, اسكن, *azgen*, ازكن (Ouargla) ; *zegni*, زكني (Dj. Nefousa).

MOLLET, *timcha n idharen*, تمشا نيضارن (Mzab).

MONNAIE, *azrouf*, ازروف (Mzab).

MONTAGNE, *aourir*, اورير, pl. *iouriren*, يوريرن (Mzab) ; *drar*, درار, pl. *idourar*, يدورار (Dj. Nefousa).

MONTANT d'un puits, *tirselt*, ترسلت, pl. *tirsal*, ترسال (Mzab).

MONTÉE, *allai*, الاى (Mzab, Dj. Nefousa).

MONTER, *ali*, ال, aor. *iouli*, يولي et *iali*, يالي ; f. fact. *sili*,

سيلى (Mzab, Ouargla, Dj. Nefousa, O. Rir'); (Masq. « iali ») ; — à cheval, en voiture, *enn*, ان, aor. *innou*, ينو, *ennin*, انين (Mzab); (Masq. « innou »).

MONTICULE (aggloméré au pied d'un palmier), *tsili*, تسيلى (Mzab).

MONTRER, *setchen*, سچن (Mzab); action de — *asetchni*, اسچنى (Mzab); (Masq. « isechen »).

MORDRE, *r'ezz*, غز; pass. *touar'ezz*, تواغز (Ouargla).

MORTIER, *ta'ouri*, تغورى (Ouargla).

MORVE, *tikhounzer*, تخونزر (Mzab); *tikhensa*, تخنسا (Ouargla).

MOSQUÉE, **tamejdida*, تمزديدا (Mzab).

MOT, *aoual*, اوال, pl. *ioualen*, يوالن (Mzab, Ouargla).

MOUCHE, *izi*, يزى, pl. *izan*, يزان (Mzab, O. Rir', Ouargla); (Masq. « izi »).

MOUCHOIR, *taltamit*, تلتميت, pl. *tiltamiin*, تلتميين (Ouargla).

MOUDRE, *zed*, زاد, aor. *zader'*, زادغ, *izdou*, يزدو (Mzab, Ouargla), *ezdhou*, ازضو (Dj. Nefousa).

MOUILLÉ (Être), *ebzeg*, ابزڭ, aor. *ibzag*, يبزڭ (Ouargla); *ebzedj*, ابزج (Mzab).

MOUILLER, *sebzeg*, سبزڭ, aor. *sebzegâ*, سبزڭع (Ouargla); *sebzedj*, سبزج (Mzab).

MOULIN, *tasirt*, تسيرت, pl. *tisira*, تسيرا (Mzab, Ouargla); *tisirt*, تسيرت, pl. *tesar*, تسار (Dj. Nefousa).

MOURIR, *emmet*, امت, aor. *immet*, يمت (Mzab, Dj. Nefousa), *immout*, يموت (O. Rir').

MOUSSE, *loubbou*, لوبو (Ouargla).

MOUSTIQUE, *tidisa*, تديسا (Mzab); (Masq. « iziouaman »).

MOUTON, *oufritch*, وفريچ (Mzab); *âllouch*, علوش (O. Rir'); (Masq. « oufrich »); pl. *ikerrouan*, يكروان (Ouargla).

MOUTURE, *azda*, ازدا (Mzab).

MUR, *marou*, مارو, pl. *imouran*, يموران (Mzab); *mourou*, مورو, pl. *imouran*, يموران (Ouargla).

MURAILLE, *aidoul*, ايدول (Mzab).

N

NAITRE, *lal*, لال (Mzab, Dj. Nefousa); *loul*, لول (Ouargla), aor. *iloul*, يلول.

NATATION, *alemmar'*, الاغ (Dj. Nefousa).

NATTE, *ajertil*, ازرتيل, pl. *ijertal*, يزرتال (Mzab et Ouargla); *tasirt*, تاسيرت (Mzab); *tajertilt*, تزرتيلت, pl. *tijertal*, تزرتال (Ouargla); (Masq. « ajertil »).

NE … PAS, *oul*, ول (Mzab, Dj. Nefousa); *ouach*, وش (Mzab); *ou*, و (Ouargla, O. Rir'); *oula*, ولا (Mzab).

NÈGRE, *ichemdj*, يشمج, pl. *ichemdjan*, يشمجان (Mzab); *ichemj*, يشمز, pl. *ichemjan*, يشمزان (Mzab); *achemji*, اشمزى, pl. *ichemjan*, يشمزان (Dj. Nefousa); *ichmej*, يشمز, pl. *ichemjan*, يشمزان (Ouargla); *agnaou*, اكناو (Dj. Nefousa).

NÉGRESSE, *taia*, تيا (Mzab, Dj. Nefousa).

NEIGE, *ajerch*, ازرش (Ouargla).

NERF, *amzil*, امزيل, pl. *imzal*, يمزال (Ouargla).

NETTOIEMENT, *afradh*, افراض (Mzab).

NETTOYER, *efradh*, افراض (Mzab).

NEUF, *tes*, تس, f. *tesset*, تست (Mzab).

NEZ, *tinzert*, تنزرت, pl. *tinzaren*, تنزارن (Mzab); (Masq. « tinzaren »).

NID, *adjelf*, اجلف, pl. *idjelfaoun*, يجلفاون (Mzab); *agnin*, اكنين; pl. *igninen*, يكنينن (Ouargla).

NŒUD, *atchrous*, اجروس, pl. *itchrousen*, يجروسن (Mzab).

NOIR, *aberchan*, ابرشان, f. *taberchant*, تبرشانت (Mzab);

abertchan, ابرچان, f. *tabertchant*, تبرچانت (Mzab et Ouargla); *zet't'af*, زطاب (Dj. Nefousa); *azet't'af*, ازطاب, pl. *izet't'afen*, يزطابن (Dj. Nefousa); *arouggal*, اروگال (O. Rir'); (Masq. « aberchan »).

NOIRCIR, *sebertch*, سبرچ (Mzab); action de —, *asebertchan*, اسبرچان (Mzab).

NOM, **ism*, اسم. Au nom de *f ououdem*, بودم. Ils entendirent un pauvre demander l'aumône au nom de Dieu, *selan iggen arjaz it'ellab f ououdem Rebbi*, سلان يكن ارزاز يطلب بودم ربي (Mzab).

NOMBREUX (Être), *erkh*, ارخ (Dj. Nefousa).

NOMBRIL, *timit*, تميت (Mzab); *tmiat*, تمياث (Ouargla).

NON, *ouhou*, وهو (Ouargla).

NOURRIR, *tsetch*, تسچ (Dj. Nefousa).

NOURRITURE, *ouchchou*, وشو (Mzab, Ouargla, O. Rir'); *ichcha*, يشا (Ouargla); *ichchou*, يشو (O. Rir'); (Masq. « ouchchou »).

NOUS, *nechni*, نشني (Mzab); *nitchana*, نچانا (O. Rir'); *nichana*, نشانا (O. Rir'); *nichnin*, نشنين (Mzab, Ouargla). De nous (notre, nos), *ennar'*, انّاغ (Mzab); *enna*, انّغ (Ouargla); *enna*, انّا (Ouargla, O. Rir'). A nous, *ianar'*, يانّاغ (Mzab); *anar'*, انّاغ (Ouargla); *ana*, انّا (O. Rir').

NOUVEAU, *atrar*, اترار, f. *tatraret*, تترارت (Dj. Nefousa).

NOYAU, *ir'es*, يغس, pl. *ir'san*, يغسان (Ouargla).

NU, *asiroud*, اسعرود (Mzab).

NUIT, *idh*, يض (Ouargla); *dedjidh*, دجيض, pl. *idhan*, يضان (Mzab); *iet'*, يط (Dj. Nefousa). Cette nuit, *dadj ed*, داج اد (Mzab). Pendant la nuit, *deggidh*, دكيض (Ouargla). Passer la nuit, *ens*, انس (Mzab); (Masq. « dedjèd »).

NUQUE, *takroumt*, تكرومت (Ouargla); *iri*, يرى (Ouargla).

O

O, *ia*, يا (Dj. Nefousa); *ai*, اى (O. Rir').

OBJETS, *irchouten*, يرشوتن (O. Rir').

ŒIL, *tit'*, تيط, pl. *tit'aouin*, تيطاوين (Mzab, Ouargla, O. Rir'); *t'it'*, طيط (Dj. Nefousa); (Masq. « tèt »).

ŒUF, *tazdelt*, تزدلت, pl. *tizdal*, تزدال (Mzab); (Masq. « tazdelt »).

OGRE, *azr'our*, ازغور, pl. *izr'ouroun*, يزغورون (Mzab); *amza*, امزا, pl. *amzioun*, امزيون et *imziouen*, يمزيون (Ouargla).

OGRESSE, *tamza*, تمزا, pl. *tamzioun*, تمزيون et *timziouin*, تمزيوين (Ouargla).

OIGNON, *zalim*, زاليم, pl. *izalimen*, يزاليمن (Mzab et Ouargla).

OISEAU, *ajeddid*, اجديد (Mzab); *ajdidh*, اجديض, pl. *ijoudadh*, يجوداض (Ouargla); (Masq. « feriukh »).

OLIVIER, *tazemmourt*, تزمورت, pl. *tizemmourin*, تزمورين (Dj. Nefousa), collect. *azemmour*, ازمور (Dj. Nefousa).

ONGLE, *achchar*, اشر, pl. *achcharen*, اشارن et *ichcharen*, يشارن (Mzab, Dj. Nefousa); (Masq. « achcher »).

OR, *ourar'*, وراغ (Mzab); *aourar'*, اوراغ (Mzab); *oura*, ورا (Ouargla); (Masq. « oror »).

OREILLE, *tamezour't*, تمزوغت, pl. *timezr'in*, تمزغين (Mzab); *tamdjit*, تمجيت (Ouargla); (Masq. « timezourt »).

ORGE, *temzin*, تمزين (Mzab); *timzin*, تمزين (Ouargla); *t'amzin*, طمزين (Dj. Nefousa).

OS, *ir'es*, يغس, pl. *ir'san*, يغسان (Mzab); *ikhs*, يخس, pl. *ikhsan*, يخسان (Ouargla); (Masq. « ires »).

OTER, *ekkes*, اكس (Dj. Nefousa).

OU, *ammer'*, امغ (Mzab); *iner'*, ينغ (Ouargla); *in*, ين (Ouargla); *ini*, ينى (Ouargla); *ina*, ينا (Ouargla); *ner'*, نغ (Mzab, Dj. Nefousa).

OÙ, *mail*, مايل (O. Rir'); *mani*, مانى (O. Rir', Dj. Nefousa); *unda*, اندا (Dj. Nefousa).

OUBLIER, *ettou*, اتو, aor. *tir'*, تيغ, *itta*, يتا (Ouargla, Mzab).

OUIE, *aselli*, اسلى (Mzab).

OURLER, *edjni*, اجنى, aor. *idjni*, يجنى (Mzab).

OURLET, *tadjennit*, تجنيت (Mzab).

OUTRE, *tailout*, تيلوت (Mzab); pour l'eau, *ajedidh*, ازديض (Mzab); (Masq. « ajeddid »).

OUVRIR, *erzem*, ارزم (Mzab); *arou*, ارو (Ouargla, Dj. Nefousa).

P

PAILLE, *loum*, لوم (Mzab, Ouargla); *aloum*, الوم (O. Rir'); — longue, *ir'ellel*, يغلل (Mzab); (Masq. « loum »).

PAIN, *ar'eroum*, اغروم (Mzab, Ouargla, O. Rir').

PAITRE, v. a. *srih'*, سريح (Ouargla); v. n. (Masq. « ittet »).

PALMIER (mâle), *amersid*, امرسيد, pl. *imersad*, يمرساد (Ouargla); — (femelle), *tazdait*, تزدايت, pl. *tizdain*, تزداين (Mzab, Ouargla, O. Rir'), pl. *tezdai*, تزداى (Dj. Nefousa); jeune palmier n'ayant pas encore produit, *tmoutit*, تموتيت, pl. *timoutiin*, تموتيين (Mzab et Ouargla); pl. *imoultchan*, يمولچان (Mzab); sorte de —, *azerza*, ازرزا (Mzab). Appuyer les branches de palmiers chargées de fruits : *sers tazdait*, سرس تزدايت (Mzab); (Masq. « tazdèt »).

PAN, *tar'mart*, تغمارت, pl. *tir'emmar*, تغمار (Ouargla).

PANIER, *tisnit*, تسنيت (Mzab, Ouargla, O. Rir'); (Masq. « tisenit »).

PANTALON DE LAINE, *tajerdant*, تزردانت, pl. *tijerdanin*, تزردانين (Ouargla).

PAR, *s*, س (Mzab, Dj. Nefousa); *si*, سى (Mzab).

PARCE QUE, *mir'i*, ميغ (O. Rir'); *seggag*, سككك (O. Rir'); *aisi*, ايسى (Dj. Nefousa).

PARER (Se), *bechch*, بش (Mzab); *tr'arem*, تغارم (Ouargla).

PARESSEUX, *our ar'il*, ور اغيل (Mzab), mot à mot : sans bras.

PARFUM, *at'louk'*, اطلوق (Dj. Nefousa).

PARLER, *siouel*, سيول (Mzab, O. Rir', Dj. Nefousa); *sououl*, سول, aor. *souould*, سولع (Ouargla); (Masq. « siouel »).

PARMI, *jar*, زار (Mzab); *agar*, اكَار (Dj. Nefousa); (Masq. « jar »).

PAROLE, *aoual*, اوال, pl. *ioualen*, يوالن (Mzab, Ouargla, O. Rir', Dj. Nefousa).

PARTAGE, *azouni*, ازونى (Mzab); *azoun*, ازون (Ouargla); *zoun*, زون (O. Rir').

PARTAGER, زون (Mzab, Ouargla, O. Rir', Dj. Nefousa); II[e] f. pass. *mzoun*, مزون (Dj. Nefousa); V[e] f. hab. *tzoun*, تزون (Ouargla); V[e]-IIe f. *temzoun*, تمزون (Dj. Nefousa).

PASSER (sur), *fel*, فل, aor. *ifla*, يفلا (Mzab); — la nuit, *ens*, انس, aor. *nsir'*, نسيغ, *insa*, ينسا et *insou*, ينسو (Mzab, Ouargla); se — (arriver), *sar*, سار (Mzab); — (s'écouler), *azoua*, ازوا (O. Rir').

PATE (de farine d'orge, de figues broyées et d'huile), *t'oummen*, طومن (Dj. Nefousa).

PATTE (de devant), *fous*, يوس, pl. *ifassen*, يفاسن (Ouargla); — de derrière, *dar*, دار, pl. *idaren*, يدارن (Ouargla).

PAUPIÈRE, *ablíou*, ابليو (Mzab); (Masq. « abeliou »).

PAYS, *tamourt*, تمورت (Mzab); *tamourt'*, تمورط (Dj. Nefousa); (Masq. « tamort »).

PEAU, *adjlim*, اجليم, pl. *idjlimen*, يجليمن (Mzab); *aglim*, اكليم (Ouargla, Dj. Nefousa); (Masq. « ailim »).

PELLICULE, *tilmit*, تلميت (Mzab).

PENSÉE, *aoual*, اوال (O. Rir'). Dans sa pensée, *f'aoualis*, باوالس (O. Rir').

PENSER, *kez*, كز (Ouargla).

PERCER, *aflou*, افلو, aor. *iflou*, يفلو (Mzab).

PÈRE, *dadda*, دادا (O. Rir').

PÉRIL, *out'ou*, وطو (Mzab).

PERLES de verre, servant à un jeu semblable à celui des osselets, *tiâk'k'ai*, تعقاى (Mzab).

PERSONNE, *iman*, يمان (Mzab, Ouargla, Dj. Nefousa).

PESER, *zedh*, زض, f. hab. *tzedh*, تزض (Ouargla).

PET, *tarout'*, تروط (O. Rir').

PETER, *erdh*, ارض (O. Rir').

PETIT, *amzian*, امزيان (Mzab); *mechek*, مشك, pl. *imechkanen*, يمشكان (Dj. Nefousa); (Masq. « amzian »).

PÉTRIR, *eggou*, اڤو, aor. *iggou*, يڤو (Mzab); *aroui*, اروى (Dj. Nefousa); action de —, *tiggoui*, تڤوى (Mzab).

PEU (Un), *achchar*, اشار (Dj. Nefousa); *kah'*, كاح (Ouargla); *adrous*, ادروس (Ouargla); *idrous*, يدروس (Dj. Nefousa).

PIED, *dar*, دار, pl. *idaren*, يدارن (Ouargla); *dhar*, ضار, pl. *idharen*, يضارن (Mzab, O. Rir'); — d'une montagne, *bout'*, بوط (Dj. Nefousa).

PIÈGE, *trachcha*, ترشا (Mzab).

PIERRE, *adr'ar'*, ادغاغ, pl. *idr'ar'en*, يدغاغن (Mzab, Ouargla); — meulière, *ar'aref*, اغارب (Mzab); (Masq. « adrar »).

PIGEON, *atbir*, اتبير, pl. *itbiren*, يتبيرن (Mzab).

PILER, *eddi*, ادى; Ve f. *teddi*, تدى (Mzab); (Masq. « eddi »).

PIOCHER, *erz*, ارز, aor. *ierzou*, يرزو (Mzab); action de —, *arzou*, ارزو (Mzab); *tirzi*, تيرزى (Mzab).

PIQUER, *e'ks*, اقس, aor. *ak'sd*, اقسع; IIe f. *miek's*, ميقس, aor. *miek'sd*, ميقسع; IIIe f. *touak'es*, تواقس, aor. *touak'sd*, تواقسع (Ouargla).

PIQUET, *djidj*, جج, pl. *idjadjen*, يجاجن (Mzab).

PLACEMENT, *asersi*, اسرسى (Mzab).

PLACER, *sers*, سرس (Mzab, O. Rir'); *eg*, اگ, aor. *igou*, يگو (O. Rir'); pass. *msers*, مسرس (Dj. Nefousa).

PLAFOND, *takerboust*, تكربوست, pl. *tikerbas*, تكرباس (Ouargla).

PLAINE, *azr'ar*, ازغار (Mzab); *oueddai*, ودای (Ouargla); (Masq. « *ôta, de l'arabe وطا »).

PLAN (incliné où manœuvre le chameau qui tire l'eau d'un puits), *ar'lad ouloum*, اغلاد ولوم (Mzab).

PLANCHE, *asr'ar*, اسغار, pl. *isr'aren*, يسغارن (Ouargla).

PLANTE, *tiga*, تگا (Dj. Nefousa); sorte de plante à feuilles larges et lancéolées, *tilfaf*, تلفاف (Ouargla).

PLANTER, *ezzou*, ازو, f. h. *tezzou*, تزو, pl. *tezzan*, زان (Dj. Nefousa).

PLAT, *tzioua*, تزيوا, pl. *tziouain*, تزيواين (Mzab et Ouargla); pl. *teziouaouin*, تزيواوين (Dj. Nefousa).

PLATEAU, *tajera*, تزرا (Mzab); *tandout*, تندوت (Mzab); *ar'erraf*, اغراب (Mzab); grand plat, *douskan*, دوسكان (Dj. Nefousa).

PLÂTRE, *timchent*, تمشنت (Ouargla).

PLEIN (Être), *chour*, شور, aor. *ichour*, يشور (Mzab); f. h. *tachchar*, تشار (Dj. Nefousa); (Masq. « ichcher »).

PLEURER, *r'ard*, غارد, f. h. *ter'red*, تغرد (Mzab); *r'art*, غارت (Mzab); *eraou*, اراو, f. h. *t'eraou*, طراو (Ouargla); (Masq. « ittrèrt »).

PLIER, *ádhi*, عضى (Mzab).

PLUIE, *tajennout*, تزنوت (Mzab); *tijenniout*, تزنيوت (Mzab); *tadjenouit*, تجنويت (Mzab); *amzar*, امزار, pl. *imouzar*, يموزار (O. Rir', Ouargla); *anzer*, انزر (Dj. Nefousa); (Masq. « tajenout »).

PLUME, *tboultboult*, تبولبولت, pl. *tiboulboulin*, تبولبولين (Mzab, Ouargla); *tifrit*, تفريت, pl. *tifrain*, تفراين (Ouargla).

PLUS QUE, *oujar*, وزار (Mzab); *oudjar*, وجار (Mzab). De plus en plus, *tchit'*, جيط (Ouargla).

POIGNET, *zennat*, زنات (Ouargla).

POITRINE, *idmaren*, يدمارن (Mzab); (Masq. « idmèrn »).

POMMADE (Sorte de — rouge), *takhsait*, تخسايت (Mzab).

POMPON, *tabboucht*, تبوشت, pl. *tibbouchin*, تبوشين (Ouargla).

PONDRE, *arou*, ارو, f. h. *tarou*, تارو (Mzab, Dj. Nefousa).

PORTE, *taouourt*, تورت (Mzab, Ouargla); pl. *tiouira*, تويرا (Mzab); (Masq. « taourt »).

PORTER, *aoui*, اوى, aor. *iaoui*, ياوى (Mzab, Ouargla, O. Rir', Dj. Nefousa); f. h. *taoui*, تاوى (Dj. Nefousa); *sen*, سن (O. Rir'); (Masq. « aoui »).

POSER, *sers*, سرس (Ouargla); se —, *bed*, بد, aor. *ibbed*, يبد (Mzab).

POSSÉDER, *erd*, ارد (Mzab).

POSTÉRITÉ, *taroua*, تروا (Mzab, O. Rir'); *bourakhs*, بوراخس (Mzab).

POTIER, *amellas*, املاس, pl. *imellasen*, يملاسن (Ouargla).

POU, *tillit*, تيليت, pl. *tilchin*, تلشين (Mzab, Ouargla) et *tiichin*, تيشين (Mzab).

POULE, *tiazit'*, تيازيط, pl. *tiazidhin*, تيازيضين (Mzab); *tiazit'*, تيازيط, pl. *tiazit'in*, تيازيطين (Ouargla); (Masq. « tiazet, tasajet »).

POULET, *ad'ad*, اذاذ, pl. *id'adan*, يذاذان (Ouargla).

POULIE, *tadount*, تدونت (Mzab).

POUMON, *tarout*, تاروت (Mzab); *toura*, تورا, pl. *touraouin*, توراوين (Ouargla).

POUR, *f*, ب (Mzab); — que, *r'a*, غا (Mzab).

POURQUOI, *mimi*, ميمي (Mzab); *mair'a*, مايغا (Ouargla); *mir'a*, ميغا (Ouargla); *ammai*, امّاي (Dj. Nefousa).

POUSSE, *timoutit*, تموتيت, pl. *timoutiin*, تموتيين (Ouargla).

POUSSÉE, *azedji*, ازجي (Mzab).

POUSSER (v. a.), *zedj*, زج (Mzab); action de — (en parlant de l'herbe), *asedjmi*, اسجمي (Mzab).

POUSSIÈRE, *ijedi*, يزدي (Mzab).

POUTRE, *ar'rour*, اغرور, pl. *ir'ourar*, يغورار (Ouargla); *ar'roui*, اغروي (O. Rir'); — servant à protéger un puits, *taidemt*, تيدمت, pl. *tiidmin*, تيدمين (Ouargla).

POUVOIR, *ezmer*, ازمر, aor. *izmir*, يزمير (Ouargla, O. Rir'); *sek'k'em*, سقم, f. h. *tsek'k'em*, تسقم (Dj. Nefousa); *tek'oud*, تقود (Dj. Nefousa).

PRÉCÉDER, *ezzer*, ازر (Mzab); action de —, *tizzert*, تزرت (Mzab).

PRÉFÉRABLE (Être), *sougg*, سوك, aor. *isougga*, يسوكا.

PREMIER, *amzouarou*, امزوارو, f. *tamzouart*, تمزوارت, pl. *imzouar*, يمزوار, f. *timzouar*, تمزوار (Mzab); *amizzar*, امزار, f. *tamizzart*, تمزارت, pl. *imizzar*, يمزار, f. *timizzar*, تمزار (Ouargla); *amzouar*, امزوار, f. *tamzouart*, تمزوارت, pl. *imzouaren*, يمزوارن (Mzab, Dj. Nefousa, O. Rir').

PRENDRE, *ar'*, اغ, aor. *iour'ou*, يوغو (Ouargla, Dj. Nefousa); pass. *miour'ou*, ميوغو (Ouargla); *khou*, خو, aor. *ikhouga*, يخوڨا Dj. (Nefousa); *eg*, اڭ, aor. *igi*, يڨى (Ouargla); prendre femme, *eg tamet't'out*, اڭ تمطوت (Ouargla); *ar'*, اغ (Mzab); *et't'ef*, اطف (Mzab, O. Rir'); f. hab. *tet't'of*, تطف (Mzab); *tessi*, تسى, aor. *itessi*, يتسى (Mzab); — à l'écart, *asas*, اساس (Mzab); (Masq. « iatteuf »).

PRÉPARER, *djerou*, جرو (Mzab).

PRÉSENT (A), *imarou*, يمارو (Mzab, Ouargla); *tirou*, ترو (Dj. Nefousa).

PRÊTER, *erdhel*, ارضل (Mzab); (Masq. « ierdel »).

PRIER, **zal*, زال, aor. *izoul*, يزول (Mzab); f. h. *tazzal*, تزال (Dj. Nefousa); (Masq. « itemetra »).

PRIÈRE, **tzallit*, تزاليت (Mzab).

PRISE, *out'ouf*, وطوف (Mzab, Dj. Nefousa); *it't'af*, يطاف (Dj. Nefousa); — d'eau, *ancherif*, انشريف (Mzab).

PROCHE (Être), *nedhdh*, نضّ (Mzab); *net't'*, نطّ (Dj. Nefousa).

PROFOND, *azrar*, ازرار, f. *tazraret*, تزرارت (Dj. Nefousa).

PRUNELLE, *mimmi n tit'*, مى نتيط (Ouargla).

PUISATIER, *dourd*, دورع, pl. *idourdin*, يدورعين (Ouargla).

PUISER, *adjem*, اجم, aor. *ioudjem*, يوجم (Mzab); action de —, *adjem*, اجم (Mzab); *cher*, شر (Ouargla).

PUISQUE, *silla*, سيلا (Mzab); *mar'er*, ماغر (Dj. Nefousa).

PUITS, *tir'est*, تغست, pl. *tir'sin*, تغسين (Mzab); *asser'*, اسغ (Dj. Nefousa); *tanout*, تنوت, pl. *tina*, تنا (Dj. Nefousa); (Masq. « tirèst »).

PULVÉRISER, *eddi*, ادى, aor. *ieddi*, يدى (Mzab).

PULVÉRISATION, *idda*, يدا (Mzab).

Q

QUAND, *belmi*, بلمى (Mzab); *mi*, مى (Mzab); *melmi*, ملمى (Ouargla).

QUART, **roubou*, روبو, pl. *irouban*, يروبان (Dj. Nefousa).

QUATRE, *okkoz*, اكز, f. *okkozet*, اكزت (Mzab, Dj. Nefousa).

QUE, *ad*, اد (Mzab). Je veux dormir, *ad ekhsar' ad et'ser'*, اد اخساغ اد اطسغ (Mzab); *sag*, ساڭ (Ouargla). Ils m'ont dit qu'ils avaient vu, *ennan ii sag zrin*, اننان يى ساڭ زرين (Ouargla); (relat. et interr.), *batta*, بتا. Que mangeras-tu? *batta r'a tetched*? بتا غا تچد (Mzab); *matta*, متا (Mzab); *ma*, ما (Mzab, Dj. Nefousa); *mata*, متا (Mzab et Ouargla).

QUEL, *mammou*, مو (Ouargla); *mata*, متا (Ouargla, Mzab, O. Rir'); *batta*, بتا (Mzab). Quel est ton métier? *batta eççanâtetch*? بتا الصناعتچ (Mzab); *mata çenâtek*? متا صناعتك (O. Rir').

QUELQUE, *achchar*, اشار (Dj. Nefousa). Quelque chose, *batta*, بتا (Mzab), *matta*, متا (Mzab); *chera*, شرا (Mzab).

QUELQU'UN, *iggen*, يڭن (Mzab).

QUEUE, *tamk'alt*, تمقلت (Mzab); *tasoua*, تسوا, pl. *tisouatin*, تسواتين (Mzab); *tezandhint*, تزنضنت (Ouargla).

QUI (interr.), *manain*, مانان. Qui est venu? *manain id iousin*? مانان يد يوسين (Mzab); *ouar'ani*, واغانى (Mzab); — (relatif), *ai*, اى (Mzab, Ouargla, Dj. Nefousa); L'homme qui est venu, *ardjaz ai d iousin*, ارجاز اى د يوسين (Mzab); *enni*, انى (Ouargla, O. Rir'); *agisma*, اڭيسما (Ouargla); *mammou*, مو (O. Rir').

QUOI, *mamek*, مامك (Ouargla); *batta*, بتا (Mzab); *matta*, متا (Mzab); *ma*, ما (Mzab); *mata* متا (O. Rir', Mzab, Ouargla).

R

RACINE, *azour*, ازور, pl. *izouran*, يزوران (Mzab, Ouargla).
RAISIN, *adil*, اديل (Mzab).
RAMENER, *err*, ار (Ouargla); (Masq. « ieaoui »).
RASER, *et'sel*, اطسل, aor. *its'el*, يطسل (Mzab); (Masq. « it-tes eldjouffa »).
RASSASIÉ, *ijiouen*, يزيون, pl. *ijiouan*, يزيوان (Ouargla); (Masq. « idjiouan »).
RASSASIER, *jaoum*, زاوم (Mzab).
RAT, *ar'erda*, اغردا, pl. *ir'erdain*, يغردان (Mzab, O. Rir').
RATE, *imarfad*, يمرفد (Ouargla).
RAVAGE, *andel*, اندل (Mzab).
RAVAGER, *andel*, اندل, aor. *indel*, يندل (Mzab); (Masq. « inahab »).
RAVIN, *talat*, تلات, pl. *tilaten*, تلاتن (Dj. Nefousa).
RECONNAITRE, *akez*, اكز, aor. *ioukez*, يوكز (Ouargla).
REGARDER (fixement), *nked*, نكد (Ouargla).
RÉGIME (commençant à paraître), *akhellab*, اخلاب (Mzab).
— (fécondé), *azioua*, ازيوا (Mzab).
REJOINDRE (Se), *mseser*, مسسر (Dj. Nefousa).
REMPLI (Être), *h'eml*, حمل (Mzab); f. h. *techchar*, تشار (Dj. Nefousa).
REMPLIR, *char*, شار (Ouargla); se remplir, f. h. *tetchar*, تجار (Dj. Nefousa); (Masq. « ichar »).
RENARD, *akâb*, اكعب, pl. *ikâben*, يكعبن (Dj. Nefousa); *itchâb*, يجعب (Mzab).
RENDRE, *err*, ار, aor. *ierrou*, يرو (Mzab, Ouargla); (Masq. « ierri »).
REPAS, *ouchchou*, وشو (Mzab).
REPROCHE, *azegga*, ازڭا (Mzab).

RÉPUDIER, *e'kli*, اكلي, aor. *ik'li*, يكلي (Mzab); (Masq. « ek'-li »).

RÉSERVOIR, *djelmam*, جلمام (Mzab); *ajedlaoua*, ازدلاوا, pl. *ijedlaoun* يزدلاون (Mzab); *tala*, تلا, pl. *taliouin*, تليوين (Mzab, Dj. Nefousa).

RESTER, *ek'k'im d*, اكيم د (Ouargla); *k'im*, قيم (Dj. Nefousa); (Masq. « iekkim »).

RESTITUTION, *arra*, ارا (Mzab).

RÉUNIR (Se), *djer*, جر, aor. *idjerou*, يجرو (Dj. Nefousa).

RÊVE, *tirja*, ترزا, pl. *tirjaouin*, ترزاوين (Mzab).

RÉVEILLER (Se), *etcher si adhes*, اجر سي ادنس (Mzab).

RICHESSES, *idemmoura*, يدمورا (Mzab); *aitli*, ايتلي (Mzab, Ouargla).

RIEN, *oula*, ولا, (Ouargla); *lach*, لاش (Ouargla); *oula d chera*, ولا د شرا (Ouargla); il n'a —, *la chi r'eres chera*, لا شي غرس شرا (Mzab); *lach r'eres*, لاش غرس (Ouargla).

RIGOLE (autour du palmier), *ajdel*, ازدل (Mzab).

RIRE, *dheç*, ضص (Mzab); *aç*, اص, aor. *iça*, يصا (O. Rir'); *edç*, ادص (Ouargla); *eççou*, اصو (Ouargla); (Masq. « iedess »).

RIRE (subst.), *t'eça*, طصا (O. Rir').

RIVIÈRE, *souf*, سوف (Mzab); pl. *ir'ezran*, يغزران (Mzab); *asif*, اسيف (Dj. Nefousa); (Masq. « souf »).

ROCHER, *azrou*, ازرو (Dj. Nefousa).

ROI, *ajellid*, ازليد, pl. *ijellidan*, يزليدان (Mzab, Ouargla, Dj. Nefousa); (Masq. « aziouar »).

ROSEAU, *maouel*, موَل, pl. *imaoualen*, يموالن (Mzab); *tr'animt*, تغانيت (Ouargla).

ROTIR (v. a.), *soou*, سو (Mzab); *sam*, سام (Ouargla).

ROUCOULEMENT, *asougourrout*, اسوڤوروت (Mzab).

ROUGE, *azouggar'*, ازوڤاغ (Mzab); *azeggar*, ازڤار (Ouargla).

ROULER (v. act.), *kelli*, كل (Mzab); *seloui*, سلوى (Ouargla).

ROYAUTÉ, *tageldit*, تكلديت (Ouargla).

RUE, *ar'lad*, اغلاد (Mzab et Ouargla); *ar'ledh*, اغلض (Dj. Nefousa); pl. *ir'oulad*, يغولاد (Mzab); *ir'laden*, يغلادن (Ouargla); *tnikhemrin*, تنخمرين (Mzab).

RUISSEAU, *ar'zou*, اغزو, pl. *ir'ouza*, يغوزا (Mzab); (Masq. « *châbet, de l'ar. شعبة »).

S

SABLE, *ijedi*, يژدى (Mzab, Ouargla); *jedi*, ژدى (Dj. Nefousa); *aberda*, ابردا (Mzab); (Masq. « idji »).

SAIGNER (du nez), *genzer*, ݣنزر, aor. *igounzer*, يݣونزر (Mzab).

SAISIE, *tet't'af*, تطف (O. Rir').

SAISIR, *et't'ef*, اطف (Mzab, Ouargla, O. Rir'); pass. *miet't'ef*, ميطف (Ouargla); *touat't'ef*, تواطف (Ouargla).

SALIR, *sekhou*, سخو (Mzab, Dj. Nefousa).

SALIVE, *tikoufas*, تكوفاس (Ouargla).

SANG, *idamen*, يدامن (Mzab, Ouargla); (Masq. « idammen »).

SANGSUE, *tiddet*, تيدت, pl. *tiiddad*, تيداد (Ouargla).

SATIÉTÉ, *djaouent*, جاونت (Mzab).

SAUTERELLE, *atcheb*, اچب (Mzab); *akeb*, اكب, pl. *ikebban*, يكبان (Ouargla); bande de — *tmourr'i*, تمورغى (Mzab, Ouargla, Dj. Nefousa).

SAVOIR, *essen*, اسن (Mzab, O. Rir', Dj. Nefousa); *sin*, سين (Mzab); *essan*, اسان (Dj. Nefousa); *sen*, سن; pass. IIe f. *missen*, مسن; IIIe f. *touassen*, تواسن (Ouargla); (Masq. « essen »).

SCARABÉE, *tajlist*, تژليست (Mzab).

SCIENCE, *issan*, يسان (O. Rir'); *oussoun*, وسون (Dj. Nefousa).

SCION, *tazribat*, تزريبت, pl. *tizribin*, تزريبين (Ouargla).

SCORPION, *tr'ardemt*, تغردمت, pl. *tir'ourdam*, تغوردام (Mzab, Ouargla, Dj. Nefousa).

SÉANCE, *ak'k'imi*, اقيمى (Mzab).

SEAU (en cuir), *aja*, ازا (Mzab).

SEC (Être), *ek'k'or*, اقر (Mzab, Ouargla, O. Rir').

SECOND, *ouissen*, ويسن, f. *tissenet*, تسنت, pl. *ininsen*, بنينسن, f. *tininsent*, تينينسنت (Mzab); *ounsen*, ونسن, f. *tensent*, تنسنت, pl. *ininsen*, بنينسن, f. *tininsent*, تينينسنت (Ouargla).

SECOUER, *kechkech*, كشكش, f. h. *tkechkouch*, تكشكوش (Ouargla).

SEIN, *if*, بيف, pl. *ifan*, بيفان (Mzab); *if*, بيف, pl. *iffan*, بيفان (Ouargla); (Masq. « iffan »).

SEL, *tisent*, تسنت (Mzab, Ouargla); (Masq. « tisent »).

SEMENCE, *tiznin*, تزنين (Mzab); *aifes*, ايفس (O. Rir').

SERMENT, *djal*, جال (O. Rir'); *tijilla*, تزلا (Ouargla).

SEPT, *saa*, سا, f. *saat*, سات (Mzab).

SERPENT, *fir'ar*, بفغر, pl. *ifir'ran*, بيفغران (Ouargla); (Masq. « alefeth »).

SERRURE (en bois), *annas*, اناس, pl. *innasen*, بناسن (Mzab, Ouargla).

SETARIA VERTICILLATA, *oulaffa*, ولفا (Mzab).

SEUIL, *imi*, يمى (Mzab).

SEULEMENT, *r'ii*, غى (Ouargla).

SI, *emmi*, امى (Mzab); *mata*, متا (Mzab, Ouargla); *batta*, بتا (Ouargla); *ami*, امى (Ouargla).

SIGNAL, *asetchni*, اسچنى (Mzab).

SIGNE (Faire), *setchen*, سچن (Mzab).

SILEX, *tmisit*, تميسيت (Mzab).

SILO, *ar'zou*, افزو (Mzab); pl. *ir'ouza*, يغوزا.

SINON, *ini*, ني (Ouargla).

SIX, *sez*, سز, f. *sesset*, سست (Mzab).

SŒUR, *outma*, وتما (Mzab, Ouargla); pl. *isetma*, يستما (Mzab); (Masq. « oultma »).

SOIE, *tgechcha*, تكشا (Mzab).

SOIF, *foud*, فود (Mzab); *fad*, فاد (O. Rir'); (Masq. « fâd »); avoir —, *foud*, فود, aor. *iffoud*, يفود (Mzab, Ouargla); *fed*, فد, aor. *iffed*, يفد (Dj. Nefousa).

SOIR, *tameddit*, تمديت (Dj. Nefousa).

SOLEIL, *tfouit*, تفويت (Mzab, Ouargla), pl. *toufouia*, توفويا (Mzab); *toufout*, توفوت (Dj. Nefousa); (Masq. « tfouit »).

SOMMEIL, *annoudem*, انودم (Ouargla); *idhs*, يدهس (Mzab); avoir —, *tnoudoum*, تنودوم (Mzab).

SOMMET, *ikhf*, يخف (O. Rir').

SONGE, *tirjet*, تيرجت (Mzab).

SORCIER, pl. *imezran*, يمزران (Mzab).

SORCIÈRE, *tamezraout*, تمزراوت (Mzab).

SORTE (De — que), *sougga*, سوكا.

SORTIE, *moufer'en*, موفغن (Ouargla).

SORTIR, *effer'*, افغ (Mzab, Ouargla, O. Rir'); *affer'*, افغ (Dj. Nefousa); *effor'*, افغ (Ouargla); Ire f. *soufer'*, سوفغ (Ouargla, Dj. Nefousa); I-VIIIe f. *soufour'*, سوفوغ (Ouargla); (Masq. « ieffer »).

SOUFFLE, *asoudhi*, اسوضي (Mzab).

SOUFFLER, *soudh*, سوض (Mzab).

SOUPER (subst.), *amensi*, امنسي (Mzab, Ouargla); pl. *imensioun*, يمنسيون (Ouargla); *mensi*, منسي (Dj. Nefousa); *imounsou*, يمونسو (Mzab).

SOUPER (verbe), *mounsou*, مونسو (Mzab).
SOURCE, *tala*, تلا (Mzab, Dj. Nefousa, O. Rir'); pl. *talioutin*, تليون (O. Rir'); *tit'*, تيط (Dj. Nefousa).
SOURCIL, *timmi*, تمى (Mzab).
SOURD, *amjouj*, امزوز (Mzab); (Masq. « amejjouj »).
SOURIS, *ar'erda*, اغردا, pl. *ir'erdain*, يغردان (Ouargla).
SOUS, *eddai*, اداى, *ouaddai*, وداى (Ouargla); *asouddai*, اسوداى (O. Rir'); *addou*, ادو (Dj. Nefousa).
SOUVENANCE, *aloui*, الوى (Mzab).
SOUVENIR (Se), *loui d*, لوى د, aor. *iloui d*, يلوى د (Mzab).
SUCER, *zemm*, زم (Mzab); action de —, *azemmi*, ازمى (Mzab); (Masq. « itzomma »).
SUR, *fell*, بل (Ouargla); *r'ef*, غب (Mzab); *af*, اب (Dj. Nefousa); *f*, ب (Mzab); (Masq. « dennedj »).
SURGEON, *tarekkabt*, ترکبت, pl. *tirekkabin*, تركابين (Ouargla).
SURPASSER, *ajer*, ازر, aor. *ioujer*, يوزر (Mzab).
SURVENIR, *gser*, ڤسر (O. Rir').
SUSPENDRE, *agel*, اڤل (Ouargla).

T

TAILLE, *tiddi*, تدى (Dj. Nefousa).
TAILLEUR, *ajennai*, ازناى (Mzab).
TAIRE (Se), *sousem*, سوسم (Mzab, Ouargla, O. Rir'); aor. *sousmd*, سوسع (Ouargla).
TALEB, *amousni*, اموسنى (Mzab); pl. *irouan*, يروان (Dj. Nefousa).
TALON, *inerz*, ينرز, pl. *inerzaoun*, ينرزاون (Mzab, Ouargla).
TARENTE, *tajerdemt*, تزردمت (Mzab).
TARENTULE, *zoudjmi*, زوجمى (Mzab).
TAS, *tar'imt*, تغيمت, pl. *tar'imin*, تغيمين (Mzab).
TEINDRE, *sessou*, سسو (Ouargla).

TEINTURIER, *asessoui*, اسسوى (Ouargla); (Masq. « asebbar', ar. صباغ »).

TEMPS, *imar*, يمار (Mzab, Ouargla).

TÉNÈBRES, *soullis*, سوليس (Mzab); *tsallast*, تسلاست, pl. *tisellasin*, تسلاسين (Mzab, Ouargla).

TENIR, *et't'ef*, اطف, f. hab. *tet't'of*, تطف (Mzab); faire —, *sk'im*, سقيم, aor. *sk'imâ*, سقيمع (Ouargla); se —, *bed*, بد, aor. *ibedd*, يبد (Mzab); *k'im*, قيم, aor. *ik'im*, يقيم (Dj. Nefousa).

TENTE, *akham*, اخام, pl. *ikhamin*, يخامين (Mzab); (Masq. « takhamt »).

TERRASSE, *anejj*, انژ, pl. *injouj*, انژوژ (Mzab, Ouargla); (Masq. « annej »).

TERRE, *tamourt*, تمورت, pl. *timoura*, تمورا (Mzab, Ouargla, O. Rir'); *tamourt'*, تمورط, pl. *temouraouin*, تموراوين (Dj. Nefousa); — à mortier, *tar'ouri*, تغورى (Ouargla).

TÊTE, *tabejna*, تبژنا, pl. *tibijniouin*, تبژنيوين (Mzab); *tabedjna*, تبجنا, pl. *tibedjniouin*, تبجنيوين (Mzab); *ir'f*, يغف (Ouargla, Dj. Nefousa); pl. *ir'faoun*, يغفاون; *ikhf*, يخف (Ouargla, O. Rir'). — Par ta tête, *s ikhfik*, سيخفيك (O. Rir'); (Masq. « tabjena »).

TÉTER, *at't'edh*, اطض, aor. *iet't'adh*, يطض (Ouargla); *et't'edh*, اطض (Mzab); (Masq. « itotted »).

TIGE (d'épi), *tar'ri n tazoummart*, تغرى نتزومارت (Mzab).

TISSERAND, *azd*, ازد, pl. *izdai*, يزداى (Ouargla); (Masq. « iennod »).

TOI (pron. isolé), *chetch*, شچ, *chetchi*, شچى, *chetchin*, شچين (Mzab); *tchek*, چك (Dj. Nefousa); *chek*, شك (Ouargla, O. Rir'); f. *chem*, شم (Mzab, Ouargla, O. Rir'); *chemmi*, شمى (Mzab); *chemmin*, شمين (Mzab, Ouargla); — (pron. suff.), *ch*, ش (Mzab); *tch*, ج (Mzab); *k*, ك (Ouargla, O. Rir'); f. *m*, م (Mzab, Ouargla, O. Rir').

TOIT, *kamour*, كمور (Dj. Nefousa).

TOMBEAU, *anil*, انيل, pl. *inilen*, ينيلن (Mzab); (Masq. « nil »); pl. *izekouen*, يزكون (Dj. Nefousa).

TOMBER, *adh*, اض, aor. *ioudha*, يوضا (Mzab, Ouargla, O. Rir'); *adher*, اضر, aor. *ioudher*, يوضر (O. Rir'). La pluie tombe, *tijenniout tichchet*, تژنيوت تشت (Mzab); (Masq. « ioda, ichat tajennout »).

TORTUE, *fekroun*, فكرون (Ouargla).

TOURNER, *ezdou*, ازدو (Mzab); *adern*, ادرن (Mzab); *ber'em*, بغم (Mzab); se — vers, *enked*, انكد (O. Rir').

TOURTERELLE, *tah'adjamt*, تحجامت (Mzab); *tatbirt*, تتبيرت, pl. *titbirin*, تتبيرن (Ouargla).

TOUS, *ach*, اش (Mzab).

TOUX, *tousout*, توسوت (Ouargla).

TRAGANUM NUDATUM (sorte de salsolacée), *tasra*, تسرا (Mzab).

TRAINER, *kouer*, كور (Ouargla).

TRAIRE, *ezzeg*, ازڭ (Ouargla); *ezzej*, ازژ (Mzab); (Masq. « itezzèj »).

TRANCHANT, *imsed*, يمسد (Mzab); être —, *zedjer*, زجر (Mzab); (Masq. « imsed », pointu).

TREMBLEMENT, *arjiji*, ارژيژى (Mzab).

TREMBLER, *erjiji*, ارژيژى (Mzab); V[e] f. *terjiji*, ترژيژى (Ouargla); (Masq. « iterjiji »).

TRENTE, *aier*, اير (Dj. Nefousa).

TRESSE, *tablouzt*, تبلوزت, pl. *tiblaz*, تبلاز (Ouargla).

TRIER, *ezoui*, ازوى (Ouargla).

TRIOMPHER, *ernou*, ارنو (Mzab, Dj. Nefousa); *erni*, ارنى (Ouargla).

TROIS, *charedh*, شارض (Mzab, Ouargla); f. *charet'*, شارط (Ouargla); *chared*, شارد, f. *charet*, شارت (Mzab, Dj. Nefousa).

TROISIÈME, *oun charedh*, ون شارض, f. *tenchar'et*, تنشارط, pl. *inincharedh*, ينينشارض, f. *tenincharet'*, تنينشارط (Ouargla).

TROMPER, *sertchas*, سرچاس (Mzab).

TRONC (de palmier), *akerchouch*, اكرشوش (Mzab).

TROU, *alloun*, الون (Mzab); *akhbou*, اخبو, pl. *ikhbian*, يخبيان (Ouargla); petit —, *akedhi*, اكضى, pl. *ikedhian*, يكضيان (Mzab); *ak'dou*, اقدو (Dj. Nefousa); — de fourmi-lion, *anr'ar' tigedfin*, انغار تگدبين (Mzab).

TROUBLER (l'eau), *selak'lak'*, سلاقلاق (Mzab); action de —, *aselak'lak'*, اسلاقلاق (Mzab).

TROUPEAU, *oulli*, ولى (Mzab).

TROUVAILLE, *aoufa*, اوفا (Mzab).

TROUVER, *af*, اف, aor. *ioufou*, يوفو (Mzab, Ouargla, Dj. Nefousa); aor. *ioufi*, يوفى (O. Rir'); f. hab. *ettouf*, اتوف (Mzab); pass. *mioufou*, ميوفو (Ouargla); f. hab. *tif*, تيف (Ouargla, O. Rir'). Il ne trouve pas, *oul itif*, ول يتيف; se —, *asd*, اسد, aor. *ioused*, يوسد. Il se trouve sur la crête de la montagne, *ioused af oukrim ndrar*, يوسد اف وكريم ندرار (Dj. Nefousa).

TRUELLE, *tlimesk'elt*, تلمسقلت, pl. *tlimsak'al*, تلمساقال (Ouargla).

TU, voyez *s. v°* TOI.

TUER, *enr'*, انغ, aor. *inr'ou*, ينغو (Mzab, Ouargla); (Masq. « enr', inek' »).

TURBAN, *itelli*, يتلى (Mzab); *ardhadh*, ارضاض (O. Rir').

U

UN, *iggen*, يكّن, f. *igget*, يكّت (Mzab, Ouargla) ; *oudjoun*, وجون, f. *oudjout*, وجوت (Dj. Nefousa) ; *idjen*, يجن, f. *icht*, يشت (O. Rir'). Un à un, *iggen s iggen*, يكّن سيكّن (Ouargla).

URINE, *ibezit'en*, يبزيطن (Dj. Nefousa).

V

VACHE, *tafounast*, تفوناست, pl. *tifounasen*, تفوناسن (Mzab); (Masq. « tafounast »).

VAINCRE, *ernou*, ارنو, aor. *irna*, يرنا (Mzab, Dj. Nefousa); *erni*, ارنى (Ouargla); pass. *touarnou*, توارنو (Mzab, Dj. Nefousa) ; (Masq. « ernou »).

VALOIR MIEUX, *if*, ييف, aor. *iif*, ييف (Mzab).

VANTER (Se), *isoufa g imanes*, يسوفا كّيماس, aor. (Mzab).

VARIOLE, *lalla selma*, لالا سلمة (Ouargla).

VASE, *aoujera*, اوزرا, pl. *ioujerioun*, يوزريون (Ouargla).

VEINE, *azour*, ازور, pl. *izouran*, يزوران (Ouargla).

VENDEUR, *izenzen*, يزنزن (O. Rir').

VENDRE, *zenz*, زنز (Mzab, Ouargla, O. Rir') ; f. hab. *zenouz*, زنوز (Mzab) ; (Masq. « izzenz »).

VENDU (Être), *enz*, انز (Mzab, Ouargla, O. Rir').

VENIR, *as d*, اس د, aor. *ioused*, يوسد et *iousou d*, يوسو د (Mzab, Ouargla, O. Rir', Dj. Nefousa) ; f. hab. *tas*, تاس (Mzab, O. Rir', Dj. Nefousa) ; (Masq. « adias »).

VENT, *adhou*, اضو, pl. *idhoucn*, يضون (Mzab, Ouargla) ; (Masq. « *riha »).

VENTE, *azenzi*, ازنزى (Mzab, Ouargla).

VENTRE, *aûddis*, اعديس, pl. *iûddas*, يعداس (Mzab) ; *adan*, ادان (Ouargla); (Masq. « aaddis »).

VENUE, *asa*, اسا (Mzab).

VER, *takcha*, تكشا, pl. *tikchouin*, تكشوين (Mzab); *tagechcha*, تكشا, pl. *tigechchouin*, تكشوين (Ouargla).

VERDURE, *ourt'ou*, ورطو, pl. *ouourt'oun*, ورطون (Mzab); *aourt'oun*, اورطون (Dj. Nefousa).

VERGER (de palmiers), *tagemmi*, تكمي, pl. *tigamma*, تكما (Ouargla).

VÉRITÉ, *tidet*, تدت (Mzab).

VÉROLE (Petite), *tazerzait*, تزرزايت (Mzab); (Masq. « tazerzait »).

VERS, *r'al*, غل (Mzab); *l*, ل (Ouargla); *di*, دى (Dj. Nefousa); *in*, ين (Dj. Nefousa); *f*, ب (Dj. Nefousa).

VERSER, *ermar'*, ارماغ (Mzab); *enr'el*, انغل, aor. *inr'al*, ينغال (Mzab).

VERT, *azizaou*, ازيزاو (O. Rir').

VÊTEMENT, *airid*, ايريد (Mzab); *irad*, يراد (Ouargla), *takbert*, تكبرت (Ouargla); *ik'ebbach*, يقباش (Dj. Nefousa; cf. arabe قماش); (Masq. « aired »).

VÊTIR (Se), *erd*, ارد (Ouargla).

VIANDE, *aisoum*, ايسوم (Mzab, Ouargla); *isan*, يسان (Dj. Nefousa); (Masq. « aisoum »).

VIE, *tameddourt*, تمدورت (Mzab, Dj. Nefousa); *taddourt*, تدورت (O. Rir').

VIEILLARD, *aoussar*, اوسار, pl. *ioussaren*, يوسارن (Mzab, Ouargla, O. Rir'); (Masq. « aoussèr »).

VIEILLE, *taoussart*, توسارت (Mzab, Ouargla, O. Rir').

VIEUX (Être), *ousser*, وسر (Dj. Nefousa).

VIGNE, *adil*, اديل (Ouargla).

VILLE, *ar'erem*, اغرم, pl. *ir'ermaouen*, يغرماون (Mzab); *amezdar'*, امزداغ, pl. *imezdar'en*, يمزداغن (Ouargla, O. Rir'); (Masq. « rermi »).

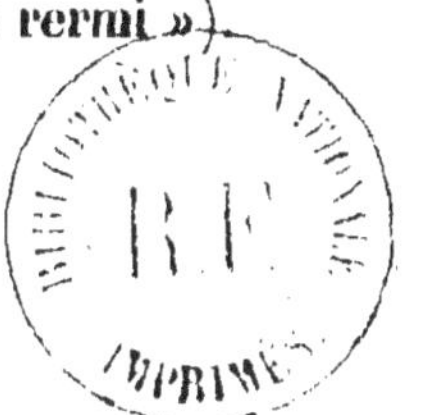

VINGT, *senet temraouin*, سنت ثمراوين (Mzab).
VIPÈRE, *talefsa*, تلفسا. pl. *tilefsouin*, تلفسوين (Mzab, Ouargla).
VIRGINITÉ, *ter'aousa*, تغاوسا (Dj. Nefousa).
VIS-A-VIS, *almendad*, المنداد (Mzab).
VISAGE, *oudem*, ودم, pl. *oudmaoun*, ودماون (Mzab, O. Rir').
VISITER, *zerr*, زر (Mzab); (Masq. « izour »).
VIVRE, *edder*, ادر (Mzab, Ouargla, O. Rir'); *der*, در (Mzab, Dj. Nefousa); (Masq. « idder »).
VOICI, *chtai*, شتاى (Ouargla); *chtoud*, شتود (Mzab).
VOILE, *tabekhnoukt*, تبخنوكت, pl. *tibekhnoukin*, تبخنوكين (Ouargla); *talebat*, تلبت (Dj. Nefousa).
•VOILER (Action de), *asbenbetch*, اسبنبج (Mzab).
VOIR, *zer*, زر, aor. *izerou*, يزرو (Mzab, Ouargla, Dj. Nefousa); aor. *izeri*, يزرى (O. Rir'). Il n'a pas vu, *ou izir*, و يزير (O. Rir'); pass. *mizrou*, منزرو, aor. *mizrir'*, منزريغ (Ouargla); f. hab. *zerr*, زر (Mzab, Dj. Nefousa); *izzar*, يزار, *ezzaroun*, ازارون (Dj. Nefousa); (Masq. « *iergeb », de l'arabe رقب).
VOL (larcin), *toukerdha*, توكرضا (Mzab, Ouargla); — (d'oiseau), *ouboutch*, ووبج (Mzab).
VOLER (dérober), *tcher*, جر; f. fact. *sitcher*, سيجر (Mzab); *aker*, اكر, aor. *iouker*, يوكر (Mzab, Ouargla); Ire f. *siker*, سيكر, aor. *siekrá*, سيكرع (Ouargla); IIIe f. *touaker*, تواكر (Ouargla); Ve f. *taker*, تاكر (Mzab); *akerdh*, اكرض (Mzab); (Masq. « aker »); — (s'envoler), *afi*, افى (O. Rir').
VOLONTÉ, *akhsa*, اخسا (Mzab).
VOMIR, *err*, ار, aor. *irra* (Mzab, Ouargla).
VOTRE, *ennouen*, انون, f. *enchemt*, انشمت (Mzab); *enkoum*, انكوم, f. *enkemt*, انكمت (Ouargla, O. Rir').

VOULOIR, *ekhs*, اخس (Mzab, Ouargla, O. Rir'); *r'es*, غس (Dj. Nefousa); *ter*, تر, aor. *iter*, يتر (Ouargla).

VOUS, *chechouin*, ششوين, *chetchaouin*, شچاوين, f. *chetchmitin*, شچمتين (Mzab); *cheknim*, شكنم, f. *cheknimti*, شكنيمتي (Ouargla); *chinin*, شنين, f. *chinintin*, شنينتين (O. Rir'); compl. direct d'un verbe, *ouen*, ون, f. *tchemt*, چمت (Mzab); *koum*, كوم, f. *kemt*, كمت (Ouargla, O. Rir'); comp. ind. d'un verbe, *iaouen*, ياون, f. *iatchemt*, ياچمت (Mzab); *akoum*, اكوم, f. *akemt*, اكمت (Ouargla, O. Rir').

Y

Y, *dis*, ديس (Dj. Nefousa). Y a-t-il? *la chi*? لا شي (Mzab).

TROISIÈME PARTIE

TEXTES

A. — MZAB

I

LE CHACAL[1]

يكن وشن يوتف الغابت ياكر تخسيمت يلهڭيت باب نالغابت يرول
لورير يدول للغابت باب نالغابت يتقلب غفس اورير ولت يوفي يدول
للغابت يتت وشن تخسيمت يسل سي يوسد يجي يمانس يموت يزڭا باب
نالغابت يالجيران ينا ياسن ياو ترڭبم يجا يمانس يموت خمت بتا غاس نج
اناناس الجيران عالڭ يتزدايت ات ارڭبن ات عميس ول تاسن ينا باب
نالغابت ات افليغ ازغار يكر سوضارس يدبات ازغار يرول

Iggen ouchen ioutef elr'abet iakker takhsimt, ilhag it bab n elr'abet irouel louourir idouel lilr'abet. Bab n elr'abet itk'elleb r'efs aourir oul t ioufi idouel lilr'abet. Itett ouchchen takhsimt. Isel si ioused idji imanes immout. Izegga bab n elr'abet i ldjiran inna iasen : Iaou tergebem idja iman es immout, khammet batta r'as nedj. Ennan as eldjiran : Âlleg i tazdait a t ergeben at âmmis oul tasen. Inna bab n elr'abet : A t ek'lir' azr'ar. Ikerr s oudhares idebba t azr'ar irouel[2].

1. Dicté à Melika en 1885 par Miloud. La traduction a paru dans mes *Contes populaires berbères* (1re série), Paris, 1887, in-18, nº VIII, p. 18).

2. Cette croyance que le renard fait le mort, soit pour sauver sa vie, soit pour surprendre sa proie, se retrouve dans un grand nombre de traditions et de légendes populaires. Cf. le texte grec du *Physiologus* (ap. D. Pitra, *Spicilegium Solesmense*, t. III, Paris, 1853), la version grecque moderne en

II

LES EXCUSES DE DJOH'A'

—

توغ جحا يجور الخلا يركب سبعيد شارض تغلين يكود سيسنت

vers politiques (E. Legrand, *Le Physiologus*, Paris, 1873, in-8, ch. xxiv, p. 72), la version éthiopienne (Hommel, *Die aethiopische Uebersetzung des Physiologus*, Leipzig, 1877, in-8, ch. xv) : elle a passé en arabe : cf. Qazouini, *'Adjâib el-makhlouqât* (éd. Wüstenfeld, Gœttingen, 1847, in-8, p. 391); El-Ibchihi, *Mostat'ref* (Boulaq, 1292 hég., 2 v. in-4, t. II, p. 127), passage reproduit dans le *Medjâni el-Adab* (Beyrout, 1885-1887, 10 v. in-12, t. I, p. 177); Machuel, *Méthode pour l'étude de l'arabe parlé* (Alger, 1880, in-12, p. 227). Elle a passé de là dans les littératures occidentales. Cf. P. Pâris, *Les aventures de Maître Renart* (Paris, 1861, in-12, ch. xxiii, *Comment Renart eut un songe effrayant et comment il déçut la Corneille*); Eudes de Chariton, fable 77, *De Vulpa* (sic) *fingente se mortuam* (ap. Hervieux, *Les Fabulistes latins*, Paris, 2 v. in-8, t. II, p. 629); dans le *Libro de los Gatos* (P. de Gayangos, *Escritores en prosa anteriores al siglo* xv, Madrid, 1851, in-8, p. 558); Camerarius, *Historia vitæ fabulæque Aesopi* (Leipzig, 1544, in-8, f. 411); Desbillons, *Fabulæ æsopiæ* (Paris, 1778, in-12, l. V, f. 17, *Vulpis et Cervus*). J'ai donné une version berbère de cette fable, en dialecte des K'çour dans mon *Recueil de textes et de documents relatifs à la philologie berbère*, Alger, 1887, in-8, p. 48. Dans certains contes, le Renard (ou le Chacal) emploie aussi cette ruse pour sauver sa vie, mais il est bientôt obligé d'y renoncer : une des plus anciennes versions existe en chinois (cf. Stanislas Julien, *Contes et apologues indiens*, Paris, 1860, 2 v. in-12, t. I, n° xxiii, *Le Chacal prudent*). Cette fable figure dans plusieurs recensions du livre de Sindibâd : en hébreu (Carmoly, *Paraboles de Sendabar sur les ruses des femmes*, Paris, 1849, p. 147); en arabe (*Mille et une nuits*, éd. Habicht et Fleischer, Breslau, 12 v. pet. in-8, 1825-43, t. XII, p. 351); en grec (Eberhardt, *Fabulæ romanenses græce conscriptæ*, Leipzig, 1872, in-12, p. 114-115); en espagnol, dans le *Livre de Patronio* de D. Manuel (P. de Gayangos, *Escritores en prosa*, p. 400, *De lo que contacio a un raposo que se echo en la calle e se fizo muerto*); A. de Puybusque, *Le comte Lucanor*, Paris, 1854, in-8 : Ex. XXIX), et dans le poème de l'Archiprêtre de Hita (Sanchez, *Colleccion de poesias castellanas anteriores al siglo* xv, Paris, 1842, in-8).

1. Racontée à Melika en 1885 par Mabrouk ben Ah'med.

يطسى ايريدس ياتب يڭن ونيل ولاش ديس يڭن سدى وضن اركبن اسارود اناناس ما نين شچين ينا ياسن توغى سمدن نينيلن افنغ سونيليوك سڭ وڭود يوك سى الملكين

Tour' Djoh'a idjour elkhela irgeb s bâid charedh ter'allin iggoud sisent. It't'essi airidis iatef iggen ounil oulach dis iggen. Seddi oudhen (medden) ergeben d asaroud ennan as. Ma nain chetchin? Inna iasen : Tour'i s midden n inilen effer'er' s ounilionok seg ouggoud iouok si lmalakein[1].

III

LE LIÈVRE ET LE CHACAL[2]

—

تايرزيست تماشا مع وشن تنا ياس غرى الحيلت يڭت ينا وشن غرى ٩٩ تحيلين تنا ياس تايرزيست يوشن يا ناتب الغابت انش تبدا تايرزيست تنت تنا ياس يوشن اش شچى يمشان يواحدين ينا ياس وشن بتا تشد تنا ياس اد اشغ اديل جرفن لغابت شن الجاون ينا ياس وشن يتايرزيست ياالله نبغ نجيوان تنا ياس افغ شچ دامفران ينا ياس افغ شم تمزوارت اركب باب نالغابت الو اد يلا ازغار تبغ تايرزيست نتا يفيم اد يمى بنا ياس يتايرزيست دبر غا بى مانچ اغا داجاغ تنا ياس تايرزيست باب نحيلت يڭت ول تدبرغ ب باب ن ٩٩ تحيلين تايرزيست ترول وشن يتوطب سباب نالغابت ينا ياس بتا اش اجاغ يمارو ينا ياس وشن يباب نالغابت اج معى تموسنى ينا ياس تنفاش تموسنى ينا ياس اد ازواغ اد وداغ

1. Cette anecdote existe dans la version turke des plaisanteries de Si Djoh'a (cf. Decourdemanche, *Le sottisier de Nasr eddin Hodja*, Bruxelles, 1878, pet. in-8, n° XXXVII, *Un Mort craintif*), et dans la version arabe (*Naouddir el-Khodja Nas'r eddin*, Boulaq, s. d., pet. in-8, p. 5; *Qis's'ah Djoh'a*, éd. de Beyrout, 1890, in-8, p. 5).

2. Racontée à Melika par Miloud. J'ai publié la traduction de cette fable dans mes *Contes populaires berbères* (1re série), n° II, p. 5.

تروا اد اسغ ينا ياس وشى لعهد يوش اس العهد سعوسس يسب اس يرول وشن

Taierzist temacha md ouchchen tenna ias : R'eri lh'ilt igget. Inna ouchchen : R'eri 99 th'ilin. Tenna ias taierzist iouchchen : Ia natef elr'abet annech. Tebda taierzist tettet tenna ias iouchchen : Ech chetchi imchan iouah'din. Inna ias ouchchen: Batta techched. Tenna ias : Ad echcher' adil. Ferak'en lr'abet. Chchen al djaouan. Inna ias ouchchen itaierzist : Iallah neffer' nedjiouan. Tenna ias : Effer' chetch d amok'ran. Inna ias : Effer' chem tamzouart, ergeb bab n elr'abet alou ad illa azr'ar. Teffer' taierzist, netta ik'k'im ad imi. Inna ias itaierzist : Debber r'a fi manitch a r'a dedjar'. Tenna ias taierzist. Bab n h'ilt igget oul teddeberar' f bab n 99 th'ilin. Taierzist terouel. Ouchchen itsouat't'efs bab n elr'abet inna ias : Batta ach edjar' imarou. Inna ias ouchchen i bab n elr'abet : Edj mdi temousni. Inna ias : Tenr'a ch temousni. nna ias : Ad ezouar' ad ouadar' taroua a d asar'. Inna ias : Ouchii lâhd. Iouch as lâhd s fouses. Issib as irouel ouchchen[1].

1. Cette fable est très répandue chez les Berbères : outre la recension qui est donnée ici, j'en ai recueilli une autre dans le dialecte de l'Oued-Noun; une troisième en zouaoua existe à la Bibliothèque nationale de Paris (fonds berbère, n° 1); j'en ai publié une quatrième en dialecte des Beni Menaçer (*Notes de lexicographie berbère*, 2e série, Paris, 1885, in-8, n° VI, p. 98); enfin on en trouvera plus loin une autre en dialecte de Ouargla (n° II, *Le Hérisson, le Chacal et le Lion*). Cf. une version arabe recueillie chez les Hadjoutes et amplifiée par le colonel Trumelet (*Les Saints de l'Islam*, Paris, 1881, in-12, ch. VII, *Le Chacal et le Hérisson*). Il est probable que c'est à elle que fait allusion un vers d'Archiloque : Πολλ' οἶδ' ἀλώπηξ ἀλλ' ἐχῖνος ἓν μέγα (cf. Leutsch et Schneidewin, *Corpus parœmiographorum græcorum*, I, 147, 68 et notes; II, 47, 69; 619, 60). Cf. la même fable au moyen âge : Jean de Sheppei (n° LVIII, *Vulpes et Catus*, ap. Hervieux, *Les Fabulistes latins*, t. II, p. 777); Eudes de Chariton (n° 76, *De Vulpe qui* (quæ) *dicitur Reynardus obviante Teberto murelego*, ap. Hervieux, *Les Fabulistes latins*, t. II, p. 622); *Romulus* de Marie de France (f. 129, *De Cato et Vulpe*, ap. Hervieux, *Les Fabulistes latins*, t. II, p. 578); le *Romulus* de Munich (n° 31, *De Volpe et Cato*, ap. Hervieux, *Les Fabulistes latins*, t. II, p. 529); cf. aussi Th. Wright, *Latin stories from mss. of the thirteenth and fourteenth centuries*, Londres, 1842, in-8, p. 57. On la retrouve en espagnol : *Expejo de legos*, ouvrage du XIVe siècle (P. de Gayangos, *Escritores en prosa*, p. 445. *La Raposa e el Gato*); en Allemagne (Grimm, *Kinder-und Hausmærchen*, Berlin,

IV

LE SCORPION ET LE KHAMMÈS[1]

—

ياسد باب نالغابت غرس اخماس يمجر يمندي يوياس انجرس يوسد
ايدر نوسوب يخس اد ينكض امان اد يگدع غالغابتس يوبو البكرون
اتغردمت ايدر نوسوب تنو ديس يگت تغردمت تنكض ـيس وسوب
يسرسيت البكرون يدول غل وامـان تغردمت تزواد تغار غل وگد

1883, in-8, n° LXXV : chez les Slaves du sud (Krauss, *Sagen und Mærchen der Süd-Slaven*, Leipzig, 1883-1884, 2 v. in-8, t. I, fab. XIII); en Albanie (von Hahn, *Griechische und albanesische Märchen*, Leipzig, 1864, 2 v. in-8, t. II, n° CXI, p. 103); chez les Finnois (Emmy Schreck, *Finnische Mærchen*, Weimar, 1887, in-8, l. II, ch. I, 5e aventure), et chez les Téleutes de Sibérie (Radloff, *Proben der Volksliteratur der türkischen Stæmme Süd-Sibiriens*, Saint-Pétersbourg, 6 v. in-4, 1886, t. I, p. 219). Le même sujet fut traité par Rollenhagen, *Froschmäuseler*, l. I, IIe partie, ch. VI, p. 93-101 et Regnier (*Apologii Phædrii*, Dijon, 1643, in-8, pars I, f. XXVIII, *Catus agrestis et Vulpes*). La Fontaine l'a emprunté à ce dernier (l. XI, fable 5, *Le Chat et le Renard*). Dans toutes ces recensions, le nombre des ruses dont se vante le Renard (ou le Chacal) diffère, mais le dénouement est le même. La seconde partie du conte nous montrant les deux animaux s'introduisant dans un cellier et le premier jouant un tour à l'autre se retrouve dans les moralistes du moyen âge : cf. Jacques de Vitry, *Exempla*, éd. Crane, Londres, 1890, in-8, Ex. CLXXIV, p. 74. *Le Renard et le Loup maigre*; Nicole Bozon, *Contes moralisés*, Paris, 1889, in-8, n° 145, *Quod quasi sub virtutis specie diabolus vicia frequenter inducit*); *Ysengrimus*, éd. Voigt, l. III, vers 304; *Roman de Renart*, éd. Martin, 4 v. in-8, Strasbourg, 1885-86, branche I, v. 1050-54 (t. I, p. 30), branche VI, v. 704 et suiv.; br. XIV, v. 647 et suiv. Cf. aussi Hervieux, *Les Fabulistes latins*, t. II, p. 705 (2e addition à Eudes de Chariton citée également avec une variante par E. Du Méril, *Poésies inédites du moyen âge*, Paris, 1854, in-8, p. 134-135, note 4, d'après von Aretin, *Beitræge zur Geschichte und Literatur*, t. IX, p. 241 et reproduite par Voigt, *Kleinere lateinische Denkmæler der Thiersage*, *Odoniana*, f. 8, p. 137); A. Kühn, *Märkische Sagen und Märchen*, Berlin, 1843, in-8, p. 296-297; Schiefner, *Ossetische Thiermærchen*, *Le Renard rusé* (*Mélanges asiatiques de l'Académie impériale de Pétersbourg*, 1864, t. 8, p. 201).

1. La traduction de ce conte, que j'ai recueilli à Melika en 1885, a été publiée dans mes *Contes populaires berbères* (1re série), n° XVIII, p. 37.

تزدايت ارژاز يطس ديس توبو ۏيغر يطوا بتچرومت ورژاز يميس
يرزم يتبجنس مى يچر سيضس ات يش تزوا تغردمت توت ۏيغر اف
تبجنا تسفات سسمس يمت يبد باب نالغابت يرگب يلحاويج و يخلع يسچر
ارژاز سيضس ينا ياس اچر اترگبد بتا يلا يدسچ يچر ورژاز يوگد
يخس اد يرول ينا ياس بابس بتا تجيد اسو غل ربى د اوحدى ينا ياس
اخماس وشيغ بسى وغروم دالنفاچ يگت تمطوت تاوسارت يج يى ربى
ابريد يسلكى ستمتنت لعومر يوك ديجارن

Iased bab n elr'âbet r'ors akhemmas imedjer imendi, ioui as ar'edjeres; ioused aider n ousouf ikhs ad inekedh aman ad igdâ r'el r'abetes, ioufou elfokroun atr'erdemt aider n ousouf. Tennou dis igget ter'ardemt, tenekedh sis ousouf, isersit elfokroun idouel r'el ouaman; ter'ardemt tezouad, ter'ar r'el ouagged tezdait, arjaz it'es dis; toufou fir'er it'oua f tetcheroumt ouerjaz, imis irzem i tabedjenas, mi itcher s idhes a t ich. Tezoua ter'ardemt touou t fir'er af tabedjena tesk'at s semmes, immet. Ibed bab n elr'abet ireggeb i lh'aouaidj ou, ikhlâ, isetcher arjaz s idhes inna ias : Etcher a tergebed batta illa idisetch. Itcher ourjaz iouged ikhes ad irouel. Inna ias babes : Batta teddjid ass ou r'el Rebbi d aouah'di? Inna ias akhemmas : Ouchir' bessi our'eroum d'ennefatch iigget tamet't'out taoussart, iddj ii Rebbi abrid, iseleki s temettant, lâoumour iouok d idjaren[1].

1. Le même miracle est rapporté, avec le ouali Dzou'n-Noun pour témoin, par Abou Moh'ammed 'Abd Allah el-Yafei (*Roudh er-riah'in fi h'ikâyât es-s'alih'in*, Boulaq, 1302 hég. in-4, hist. 231e, p. 132); par Ed-Demiri d'après El-Karkhi (*H'aiat el-H'aiouân*, Boulaq, 1292 hég., 2 v. in-4, t. II, p. 151-152); par El-Ibchihi (*Mostat'ref*, t. II, p. 143) reproduit par Belkassem ben Sedira (*Cours de littérature arabe*, Alger, 1879, in-12, p. 38), enfin par El-Qalyoubi (*Naouâdir*, Boulaq, in-8, 1302 hég., hist. 119, p. 48).

V

LE PARI IMPIE[1]

—

يگن ورجاز يزوا لتاوورت نتمدينت يوڢو ديس مدن افيمن يفبم
معسن يسرس ترشاستس مع ترشاس انسن ينا ياسن اد مرهناغ معون
اد زويغ د تمسژيدا نشيخ سيدى عيسى اديغ جيج داجاد ستمسژيدا
نسيدى عيسى مرهنن يزوا نتا اد يدى جيج الهگان مدن يزوا ارجاز
انى لتمسژيدا سى يوض يدى جيج گتمورت د يخس اد يچر ول يجم
باش يوت ابرنوسيس سجيج يزگا يمدن يمت سوگد

Iggen ourdjaz izoua ltaouourt n temdint, ioufou dis midden, ek'k'imen ik'k'im mdsen, isers tarchastes mâ tirchas ensen. Innaiasen : Ad merahanar' mdoun ad zouir' d tamesjida n Chikh Sidi Aissa addir' djidj dadj ad stamesjida n Sidi Aissa. Merahanen. Izoua netta ad iddi djidj. Elhagan midden. Izoua ardjaz enni ltamesjida, si iouodh iaddi djidj. gtamourt d ikhs ad itcher oul indjem bach iout abernous is s djidj izaga imidden immet s ouged.

VI

LA FEMME AUX DEUX MARIS[2]

—

يگن ورژاز يضيم مع تمطوتس دزاتن تيازيط تو يبد يگن اگليل
ستورت يبغ ورژاز يسگضمت بىد سن يسوگاسن يدول تلگيس يغلى
تمطوتس تملش تمطوتو مع ورژاز ويديضن يگن واس تت مع ورژازس
دزاتن تيازيط تو سلن يگن ورژاز يطلب بودم ربى ينا ياس ورژاز

1. La traduction de ce conte recueilli à Melika en 1885 a paru dans mes *Contes populaires berbères* (1re série), n° xix, p. 39.
2. Dicté à Melika, en 1885, par Miloud.

يتمطوتس شمر تيـازيط توشاست سي تركب تسن ارژازس امزوار
تدول تغرت ينا ياس ورژاز ميمي تغرتد تنا ياس ارژاز و يتوغين يمي
تورت د ارژاز يوك امزوار تنا ياس كع ايسارن فزمان بكرى ينا ياس
ورژازس وخت انى ارژاز و يتمتران د نشى

Iggen ourjaz ik'k'im md tamet't'outis dezzaten taiazit' touou. Ibed iggen agellil s taourt. Iffer' ourjaz isegdhdt. Bdd sen isougga-sen idouel talgis ik'li tamet't'outis. Temlech tamet't'out ou md ourjaz ouididhen. Iggen ouas tett md ourjazis d ezzaten taiazit' touou. Selan iggen ourjaz it'elleb f oucudem Rebbi. Inna ias ourjaz i tamet't'outis : Chemmer taiazit' touchast. Si tergeb tessin arjazes amzouar. Tedouel ter'aret. Inna ias ourjaz: Mimi ter'arted? Tenna ias : Arjaz ou itour'in imi taourt d arjaz iouk amzouar. Tenna ias : Gd a isaren f zeman bekri. Inna ias ourjazis ouokht enni : Arjaz ou itemetran d nechchi[1].

1. La plus ancienne version de ce conte existe en syriaque dans un ouvrage de Bar Hebræus (cf. Morales, *Aus dem Buche der ergötzenden Erzählungen des Bar Hebræus*, ch. XIX, *Zeitschrift der deutschen morgenländischen Gesellschaft*, t. XL, 1886, p. 420, 435); il a passé en arabe : dans El-Ibchihi (*Mostat'ref*, t. I, p. 12, reproduit par Belkassem ben Sedira, *Cours de littérature arabe*, n° 52; Gorguos, *Cours d'arabe vulgaire*, Paris, 2 v. in-12, t. II, n° 55, et Machuel, *Méthode pour l'étude de l'arabe parlé*, p. 232); dans El-Qalyoubi (*Naouddir*, hist. XCVIII, p. 39), reproduit par Wright, *An Arabic reading book*, London, 1870, in-8, ch. II, hist. V, p. 8 (d'après l'édition publiée à Calcutta en 1856 par Nassau Lees) à qui l'ont emprunté H. Derenbourg et Spiro, *Chrestomathie arabe*, Paris, 1885, in-12, p. 8, *Les deux mendiants*); dans Ah'med Ech-Chirouâni El-Yemeni (*Nefh'at el-Yemen*, Boulaq, 1305 hég., pet., in-8, p. 59). Il existe en turk d'abord dans les *Quarante vizirs* (XXXIIe récit de la reine: *La Femme du marchand et le Mendiant*, Behrnauer, *Die vierzig Veziere oder die weisen Meister*, Leipzig, 1851, in-8: le texte manque dans l'édition de Belletête), ensuite dans les anecdotes attribuées à Nasr eddin H'odja (*Sottisier*, trad. Decourdemanche, n° CLXVIII, p. 165, *Leçon donnée aux avares*). Enfin j'en ai recueilli une version dans le dialecte zénaga du Sénégal).

VII

DJOH'A ET LE MAITRE D'UN JARDIN[1]

يكن واس يفغ جحا يد تسنيتس ڢفوسس ديوتڢ تبحيرت سى
يركب ديس ولا يكن يبدا يتاكر سيس ڢڢسناخ دالڢت دبدنجا ديباون
يوتڢ باب الجنان دول يسين ينا ياس ما ناين ويستڢن تسنيت ويلان غچ
يوكود جحا ول يوڢى بتا يسيول يتخمم ساعة دينا ياس يا سيدى توغى
داسات جنانچ ياسد واضو يغلب يفلى دانى ينا ياس باب نالجنان اد يلى
داضو يفليش دانى منااين يتسن الڢت تڢاسناخ د يباون ينا ياس سى
جحا اضو د يغلب يبدا يفلى امو د وامو اطڢوغ شرا ڢوڢوسيوك ينا
ياس باب الجنان اليغ اركغ يمرو سچنيد وى يسرسن خضرت و كتسنيتو
ينا ياس والله نشى سنتورو اليغ اركغ ويسرسن سى توسيد شچ

Iggen ouas iffer' Djoh'a id tisnit es f fouses d ioutef tabh'irt. Si irgeb dis oula iggen ibda itaker sis tfasenakh d elleft d badindja d ibaouen. Ioutef bab eldjenan d oul issin. Inna ias : Ma nain ouis itifin tisnit ou illan r'etch. Iouggoud Djoh'a oul ioufi batta isioul. Itkhammem saât d inna ias : Ia Sidi tour'i dessat djenanetch iasad ouadhou ir'leb ik'li dani. Inna ias bab n eldjenan : Ad ili d adhou ik'li ach dani manain itsen elleft tfasenakh d ibaouen. Inna ias Si Djoh'a: Adhou d ir'leb ibda ik'ellii amou d ouamou et' four' chera foufousiouk. Inna ias bab eldjenan : Ellir' atreker' imarou setchnid oui isersen khedhert ou g tisnit ou. Inna ias : Ouallah nechchi sintourou ellir' ergeber' ouisersen si tousid chetch[2].

1. Dicté à Melika en 1885, par Miloud.

2. On rencontre une version de ce conte en dialecte zouaoua : Si Djoh'a n'est pas nommé (cf. Hanoteau et Letourneux, *La Kabylie et les coutumes kabyles*, Paris, 1873. 3 v. in-8, t. III, p. 233; Belkassem ben Sedira, *Cours de langue kabyle*, Alger, 1887, in-8, n° XVII, *Le Voleur et le Maître du potager*) et une version en arabe vulgaire d'Algérie (Machuel, *Méthode pour l'étude de l'arabe parlé*, p. 239). On le retrouve dans le texte turk (*Sottisier de Nasr eddin H'odja*, n° XXXVIII, *Effet singulier d'un coup de vent*) et dans le texte arabe de Boulaq, p. 5.

VIII

LES DEUX FRÈRES, LA MARMITE ET LE BATON[1]

—

سن واوتن يكّن د افقير يكّن غرس د ايتلى افقير غرس آكزت د
يسيس باب نويتلى لاش غرس تروا افقير ينكض يسغارن يزنوزو تمدينت
يتاويد يترواس تتن يكّن واس يوسد العيد لاش غرس بتا غايش يزوا ينكض
يسغارن تسيول اس يگت تزوگوارت تنا ياس بتا تخسد اسو غرى اليغ بدرغ
دى ربى اسو دالعيد ينا ياس نش الوزغ وشيد بتا غاد اشغامغ امكردغ
تنا ياس اغ تيدورت و تحرص ديس اش تعيش ال تمتد بتا تخسد شرا
تسيولد اس اش توش ايى تخسد يوى تيدورت غل تدارتس يدرن
تت د تمورت يسيول اس ينا ياس وشيد ايتلى تنا ياس يلا ديس يركب
دى تيدورت ايتلى يغلب يسغو اريد يترواس تزوا يليس يعميس تنا ياس
غرنغ تيدورت تشور سويتلى يوسد يواس ينا ياس وشيد تيدورت
تلا غرج ادمود ديس يلضياف ينا ياس وش تشغ اد عاشن ديس
ترواوك ينا ياس بتا و يدتوشد اش انغغ يوگود اس يوشست يفيم يتغررت
ينا ياسن يترواس فيمت بالسلامة اليغ ازويغ اد ساحغ ازغار ول تسينم
ملمى اد اسغ يجغ يفيم ازغار شارض يارن ول ديوسى غلتمدينت يوسد
العيد يزوا غل تزوگوارتس يوياس كدوم يمست يوتت تجغ سيس تمطوت
تسلم غجس تنا ياس ميمى ول توسيد تجيون ينا ياس اليغ وسيغ تيدورت
اى توشيد يتسيت يواوك ول فديرغ غجس يتراى تنا ياس سوجم د يى
تاتجب غلمجاج تيويد تغريت تمغرانت تنا ياس مى تغربد غلتمدينت تبدد
ساغا يلين مدن دى تمسزيدا ارزم يتغريت تيند اس اغ الحفيوك ديوا ييظلمن
يطلب تغريت جبوسس يجور غليمى نتمسزيدا اجغن مدن ستزليت تيج

1. Conté par Miloud à Melika en 1885.

سوبوسس تغريت تبدا تشط مدن من ولا تدول مدن غلتمژديدا انان
يمفرانن يوفا البطل تمدينت يسرس انغ ربى ويس يتواش الحفس اد
ياس است نوش ينـا ياسن يگن ورژاز باب نتغريت يلا ديمى تمسژيدا
يتغررت االناس اى اتب سچنانغ وا اشين الحفيج ينا ياسن ديواوك يوى
تيدورتيوك سوغيل اناس اطلب اينى تخسد ينا ياسن وشتى تيدورتيوك
تزوند ايتلى نيواوك وشتى ازژن نويتلى نش غرى تروا نتا لاش غرس
وشين اينى يخس بدرن ربى ياوى ياسن تجنويت تفوا بتا نصرن الحف[1]

1. Ce conte se retrouve avec ses données essentielles dans presque toutes les littératures populaires : dans l'Inde (cf. Marmier, *Contes populaires de toutes les nations*, t. II, 1888, in-18, *Le Frère avare*; Lal Behari day, *Folk-tales of Bengal*, Londres, 1883, in-8, n° III, *The indigent Brahman*; Maive Stokes, *Indian fairy tales*, Londres, 1880, in-8, n° 7, *The foolish Sakhouni*; Miss Bartle Frere, *Old Deccan days*, Londres, 1868, in-8, p. 166); en Syrie (Prym et Socin, *Der neu-aramæische Dialekt des Tûr-Abdîn*, Gœttingen, 1881, 2 v. in 8, t. II, n° 81); chez les Kalmouks (Jülg, *Kalmükische Märchen des Siddhi Kur*, Leipzig, 1866, in-8, VI° histoire); en Chine (Stanislas Julien, *Contes et apologues indiens*, t. II, n° LXXIV, *La Dispute des deux démons*, extr. de l'Encyclopédie chinoise *Fayouen tchulin*, l. XLV); en Russie (Afanasiev, *Narodnyia rousskiia skazki*, Moscou, 1863, in-8, t. II, n°s 18 et 19; Khoudiakov, *Veliako-rouskiia skazki*, Moscou, 1860-62, 3 v. in-8, t. I, n° 9, t. II, n°s 48, 49; Goldschmidt, *Russische Märchen*, Leipzig, 1883, in-8, p. 61, *Le diablotin sur le chêne*; Erlenwein, *Narodnyia skazki*, Moscou, 1863, in 8, n° XV; Dietrich, *Russische Volksmärchen*, Leipzig, 1831, in-8; Gubernatis, *Zoological mythology*, Londres, 1870, 2 v. in-8, t. II, p. 262); en Lithuanie (Leskien et Brugmann, *Litauische Volkslieder und Märchen*, Strasbourg, 1882, in-8, n° XXX, *Du Pauvre à qui un vieux petit homme donna une petite table, un agneau et un gourdin*. Cf. dans les remarques de Wollner, p. 573, les recensions ruthènes, polonaises, tchèques, slovènes et moraves). Dans les traditions scandinaves, l'épée de Freyr qui agit seule d'après une formule correspond au bâton du conte berbère (cf. Bergmann, *Le message de Skirnir*, Paris, 1871, in-12, note 7, 2, p. 130; Wagner et Macdonald, *Asgards and the Gods*, Londres, 1887, in-8, p. 189). C'est de cette serviette magique qu'il faut rapprocher la nappe dont il est question dans la chanson de geste de *Charles le Chauve* (*Histoire littéraire de la France*, t. XXVI, Paris, 1873, in-4, p. 106), celle que Landri enlève aux nains dans la *Karlamagnus Saga*, histoire fabuleuse de Charlemagne en islandais (G. Pâris, *La Karlamagnus Saga*, ch. II, *Dame Olive et Landri*, *Bibliothèque de l'École des*

Sin oucouaten, iggen d afk'ir, iggen r'orsd aitli afk'ir r'ors okkozet d issis bab n ouitli lach r'ors taroua. Afk'ir inek'edh isr'aren izenouzou tamdint itaouid i tarouas tetten. Iggen ouas ioused lâid lach r'ors batta r'a ich izoua inek'edh isr'aren tesiouel as igget tazouggouart tenna ias : Batta tekhsed assou r'ori ellir' bedrer' di Rebbi assou deldid. Inna ias : Nech ellouzer' ouch i d batta r'a d'echer'ammer' am

Charles, V^e série, t. V, 1864, p. 109); le hanap donné par Obéron à Huon de Bordeaux, après l'avoir reçu en héritage de Jules César qui le tenait de sa mère Brunehaut (*Huon de Bordeaux*, éd. Guessard et Grandmaison, Paris, 1860, in-12, t. V. de la Collection des anciens poètes, v. 3648 et suiv.; A. Graf, *I complementi della chanson d'Huon de Bordeaux*, I. *Auberon*, Halle, 1878, in-4, v. 1330-1340, p. 19); l'escarboucle qui fournissait à son possesseur de quoi boire et manger, donnée par une fée à Renouart au tinel parti à la recherche de son fils Maillefer, dans le roman inédit de *la Bataille Loquifer* qui fait partie du cycle de *Guillaume d'Orange* (Leroux de Lincy, *Le livre des Légendes*. Paris, 1836, in-8, app. V, p. 247). Nous rencontrons encore les données de ce conte en Norwège (Asbjörnsen et Jorgen Moe, *Norwegische Volksmärchen*, tr. Bressemann, Berlin, 1847, in-12, t. I, n° 7, p. 49 . Beauvois, *Contes populaires de la Norwège, de la Finlande et de la Bourgogne*, Paris, 1862, in-18, p. 6); en Allemagne (Grimm, *Kinder- und Hausmärchen*, Berlin, 1880, in-8, n° XXXVI, *Tischchen deck dich, Goldesel und Knüppel aus dem Sack*; A. Dumas, *L'Homme aux contes*, Paris, 1878, in-12, p. 267. *La Chèvre, le Tailleur et ses trois Fils*): en Hongrie (Stier, *Ungarische Sagen und Märchen*, Berlin, 1850, in-16, n° XII, *Le Cadeau du mendiant*); en Autriche (Vernaleken, *Œsterreichische Kinder- und Hausmärchen*, Vienne, 1864, in-8, n° 11); dans le Tyrol (Schneller, *Märchen und Sagen aus Wälschtirol*, Innsbrück, 1867, in-8, n° XV, *Les trois pièces rares*); en Italie (Giambattista Basile, *Pentamerone*, tr. Liebrecht, 2 v. in-12, Breslau, 1846, t. I, Journ. I, *L'Uorco*; Comparetti, *Novelline popolare italiane*, Turin, 1875, n° VII, *Geppone*; Finamore, *Tradizioni popolari abbruzzesi*, Lanciano, 1882, n° XXXVII, *Lei fatte de la mattarelle*; Pitré, *Novelle popolari toscane*, Florence, 1885, in-2, n° XXIX, *La fève*; Gubernatis, *Il novelliere di San Stefano*, n° XXI, *Bastoncrocchia*; Marc Monnier, *Les contes populaires en Italie*, Paris, 1880, in-18 j., ch. VII, p. 114; ch. XV, p. 242; Nerucci, *Sessante novelle popolari*, Florence, 1880, in-12, nov. VII, *Il figliuolo del pecorajo*; Imbriani, *La novellaja fiorentina*, Livourne, 1877, in-12, n° XXVII, *Il figliuolo del pecoraio*, nov. XXXIV, *La scatola che bastona*; nov. XLIII, *Il ciuchino caca-zecchini*; De Nino, *Usi e costume abbruzzesi*, t. III, *Fiabe*, Florence, 1883, n° VI, *Janne*; Pellizzari, *Fiabe e canzone popolari del contado di Maglie*, Maglie, 1881, p. 19, *Lu cuntu de lu Nanni Orcu*; Bernoni, *Fiabe popolari veniziane*, Venise, 1873, in-12, n° IX, *Ari ari caga danari*; en Sicile, Pitré, *Fiabe, novelle e racconti popolari siciliani*, 4 v. in-8, Palerme, 1875, n° XXIX, *Lu Scarpareddu mortu di fami*, n° XXX, *La munachedda*; Gonzenbach. *Sicilianische Mærchen*, Leipzig, 1870, 2 v. in-8

ekerdar'. Tenna ias : Ar' taidourt ou tek'areç dis ach tâich al temetted, batta tekhsed chera tesioueld as, ach touch aini tekhsed. Ioui taidourt r'el taddartis idern tet d tamourt isiouel as inna ias : Ouch i d aitli. Tenna ias : Illa dis. Irgeb di taidourt aitli ir'leb, isr'ou airid i tarouas. Tezoua illis i dmmis tenna ias : R'ernar' taidourt techour s ouitli. Ioused iouas inna ias : Ouch i d taidourt tella r'ortch ademmoud dis i ldhiaf. Inna ias : Ou ch t icher' ad dchen dis tarouaouok. Inna ias : Batta ou i d touchid ach enr'er'. Iougqoud as iouch as t ik'im itr'erret. Inna iasen i tarouas : K'imet besselama ellir' ezouir' ad sah'er' azr'ar oul tesinem melmi ad aser'. Iffer' ik'im azr'ar cha-

t. I, n° III, *La Baguette magique, l'Ane d'or et le petit Gourdin*); en Corse (Ortoli, *Contes populaires de l'île de Corse*, Paris, 1883, pet. in-8, n° XXIII; *Bastuncedu dirida*); en Espagne (J. Caballero, *Cuentos y poesias populares andaluces*. Leipzig, 1866, p. 46); en Catalogne (Maspons y Labros, *La Rondallayre*, Barcelone, in-12, t. III, 1875 p. 31); en Portugal (Braga, *Contos tradicionaes do povo portuguez*, Porto, 2 v. in-12, s. d., t. I, n° XLIX, *Desanda cacheira*; Coelho, *Contos populares portuguezes*, Lisbonne, 1879, in-8, n° XXIV, *A cacheirinha*), d'où il a passé au Brésil (Sylvio Romero, *Contos populares do Brazil*, Lisbonne, 1885, in-12, n° XLI, *O preguiçoso*); en Angleterre (A. C. Fryer, *Book of English fairy tales*, Londres, 1884, in-12, n° IX, *Jack's Luck or the Ass, the Table and the Stick*). Il n'est guère de province de France où on ne le retrouve : « Haute-Bretagne (cf. P. Sébillot, *Contes populaires de la Haute-Bretagne*, 1re série, Paris, 1880, in-18 jés., n° V, *Les cornes enchantées*, n° XII, *La fève*, id., 3e série, *Contes des marins*, Paris, 1882, in-18 jés., n° XXIV, *Norouas*, n° XXV, *Norouas*, n° XXVI, *Surouas*); en Basse-Bretagne (cf. Luzel, *Légendes chrétiennes de la Basse-Bretagne*, Paris, 1881, 2 v. pet. in-8, t. I, p. 123, *Le Diable et la Sainte Vierge parrain et marraine*); dans le Poitou (cf. Lacuve, *L'Arbre qui monte au ciel*, I, *Le P'tit Boun houme Trinquiet*, *Revue des Traditions populaires*, janvier 1888, p. 18-24); dans les Landes (Arnaudin, *Contes populaires de la Grande Lande*, Bordeaux, 1887, in-12, p. 33, 56 et 196-222. *Compay Louisoun é le may dou bén*), dans le Maine (cf. Mme Destriché, *L'arbre qui monte au ciel*, II, *Cosse en cosse*, *Revue des Traditions populaires*, janvier 1888, p. 24-25); en Champagne (P. Sébillot, *Contes des provinces de France*, Paris, 1884, in-18 jés., n° VI, *Histoire du bonhomme Maugréant*; en Picardie (Carnoy, *Littérature orale de la Picardie*, Paris, 1883, petit in-8, p. 308, *Les trois dons du Sorcier et la Fève magique*); en Lorraine (Cosquin, *Contes populaires de Lorraine*, Paris, s. d., 2 v., in-8, t. I, n° IV, *Tapalapantau*; t. II, n° XXXIX, *Jean de la Noix*; n° LVI, *Le pois de Rome*). La présence de ce conte chez les Berbères nous explique comment nous le rencontrons, plus ou moins altéré chez les Akwapims de la côte de Guinée (cf. Petermann, *Mittheilungen*, 1856, p. 467, *Histoire d'Ananse*); et, chez les Serères-Nônes de la Sénégambie, j'ai recueilli un conte renfermant les mêmes éléments : *La Hyène, le Lion et l'Ane*.

8

red iiaren oul d iousi r'el tamdint. Ioused eldid izoua r'el tazouggouartes iouias kadoum imset iout et. Teffer' sis tamet't'out tsellem r'efs tenna ias : Mimi oul tousid tedjiouen. Inna ias : Ellir' ousir' taidourt ai touchid itessiit iouaouok oul k'direr' r'efs inerai. Tenna ias : Soudjem d inni. Tatej r'el djadj tiouid tar'erit temok'rant. Tenna ias : Mi tek'erbed r'el tamdint tbedded sar'a illin midden di tamesjida erzem i tar'erit tinned as : ar' elh'ak'k' iouok d ioua iidholmen. It't'ef tar'erit f fouses idjour r'el imi n tamesjida, effer'en midden s tezallit tebetch s oufouses tar'erit tebda techat' midden men ouala Iedouc! midden r'el tamejdida. Ennan imok'ranen : Iouk'a tbat'el tamdint, isers aner' Rebbi ouis itouach elh'ak'k'es ad ias as et nouch. Inna iasen iggen ourjaz : Bab en tar'erit illa d imi n tamesjida itser'erret. Ennan as : Aï atef setchen anar' oua echin et h'ak'k'etch. Inna iasen : D iou aouok ioui taidourtiouok s our'il. Ennan as : Et't'ob aini tekhsed. Inna iasen : Oucht i taidourt iouok, tezouned aitli n iouaouok oucht i azjen n ouitli, nich r'ori taroua, netta lach r'ores. Ouchin aini ikhs, bedren Rebbi, iaoui iasen tajenouit tek'oua batta naçran elh'ak'k'.

IX

CHANSONS[1]

—

1

ينا ياس يما يزان ور يسين تدارتو نشر
ينا ياس يما تخمريت دايما انژ اخفيوك
ينا ياس يما امان ول فرن يجاون
ور يمندى ور تينى ميمى تزفا

Inna ias : Imma izan our issin taddart ou n charr.
Inna ias : Imma takhmarit daiman ennej akhf iouok.
Inna ias : Imma aman oul farrin idjaouen.
Our imendi our tini, mimi tazek'k'a.

1. Recueillies à Melika en 1885, auprès du khodja 'Abd el-Qâder ben El-'Abbâs.

2

زلت بو محمد اوی يلان يسل
تسلد ما كمّلغ سواچ يعدل
وشيد واچ تسلد ما كمّلغ
تسند انه د الحق د النصح البالغ
ول غری تكركاس ول القول الفرغ
ببنا بالصح ور غری دیس یزل
ويحسن الجنت ايكرا يخدم فلاس كل يوم يطلب ربي ايقبل

Zallet f Oumok'ammed aoui illan isel :
T'esled ma kemmeler' s ououl etch iddel,
Ouch i d ouletch tesled ma kemmeler'
T'esned annaho d elh'ak'k' d enneçah' elbaler'
Oul r'eri tikerkas oul elk'oul elfarer',
Ibna f eççah' our r'eri dis izzel
Oui ikhsen eljennet a ikker a ikhdem fellas koull ioum it'leb Rebbi a ik'bel.

3

اد انشداغ ڢممی باب نتوینست ناوراغ
اد يخدم تيمورا ايد ياوی ايريد ايخسغ
احولی نوسبمبش د ترشاست يضاريوك
اواليوك يجا ڢبو غنيمة ممی
اد ادرغ غدونيت اد عاشغ غيتلی ممی
باب نتفات تزراوت باب تمورت تواحديت

Ad enchedar' f memmi bab n touinest n aourar'
Ad ikhdem timoura a id iaoui airid ai ekhsar'
Ah'ouli n ousbembech d terchast idhar iouk.

Aoualiouk ibh'a f bou r'nima memmi
Ad eddrer' r'eddounit ad âchar' r'aitli memmi.
Bab n ter'allet tazizaoul bab n temourt taouah'dit.

4

اويسن اباب انغ نوژنا
ايتفضد تغوسوينغ
اين يلان وليوك
خسغ كضيد تزبوين دوزلان يضاريوك
توهليل يدمارنيوك
تسغدرين يغلنيوك

A ouissen a bab enner' n oujenna
Ai tek'dhed tir'aousiouin ner'
Ain illan oulionk
Khser' kedhid n tzibaouin d ouzlan idhariouk
Touahlil idmaren iouk
Tisar'drin ir'allenionk.

X

LE ROI, L'ARABE ET LE MONSTRE[1]

—

دنيت تمزوارت يوفع يگن وژليد نات تبرشانت تمدينتس سگود ورير تبغاسن يگت الهيشت تمفرانت والو توتبع غبس تمدينت السن دجيض تجو مدنس د الجلت تعمر تمدينت انسن تغيم ديس الفرن يگن واس تلوز تبغ غل وزغار توبو ديس اعربن انخامينسن د تخيوينسن دتبوناسنسن د تغالنسن ديلمانسن توضا غبسن دجيض تشين د الجلت تزد تمورت تملالت تدول غل تمدينتس يرول سيسن يگن ورژاز تغلقس

1. Conté par Miloud en 1885.

تواحديت يوضا يگت تمدينت نات تبرشانت يزو يتمترا يلوز ينا ياس اژليد نات تبرشانت جيج سمانى توسد تمديتتنغ تبدرد بابا نمدن و اغن تسبند ديد ماناين نشنى دات تبرشانت بتا تخسد اتدول ال وبريد نغ اش نوش اتشد ينا ياس وعراب وشيد اد اشغ اش وشغ يگت نصيحت توحديت يوتب غل تدارتس يوشاس يمونسو يسستنت ينا ياس وعراب تبغ دژنغ الهيشت تمفرانت تشانغ الجملت اش سجننغ تمديتتس ديس سن تورا يگت سضهرت ديگت سالگبلت ينا ياس وژليد ال غبشا يجر سيضس اين بتفلينسن زوان مع وبريد ال يمى نتمدينت نالهيشت ارگبن د دولن ينا ياس وژليد بتا غاس نج ينا ياس وعراب اسنج تراشا تمفرانت بالفد نيمى تمدينت ستاورت تفبليت د تاورت تضهراويت اس نسرس الكبريت اوراغ اكر نتمروين د البغل تشمرن انرزم ديس تباوت نرول فالبعيد نرگب متا غا نسر ديس ينا ياس وژليد رابج د اوحدى زوان غل تمدينت نوژليد اد امرن بيحدادن اد اجن تراشا د برضن الكبريت دى رعيتس سى جرون يبسيونسن شمرن ازوان غل اين تمدينت مدان تراشا غبب تاورت تفبليت سرسن الكبريت يمى نتساورت تضهراويت ارزمن ديس تباوت اورلن د البعيد اد بورجن يجر الدخان يغلب يوتب غل دژاژ تبغ الهيشت ستاورت تفبليت تسيبر اجنس مع تراشا سجرن غبس تراشا تزونيت يجنان حملن يغزران سيدامن د الگيح اتبن تمدينت نالهيشت وبين ديس الحزين د امفران شمرن غل تمدينت نات تبرشانت تامت تمروين د اگاى اتبن تدارت نوژليد ينا ياس تليد د الخليبتيوك ايتليوك د ويتليج ديگن فيمن مونسون يجاسس وژليد السم ساگود وبوسس و شوبرگبت وعراب ينا ياس اژديد و سمانى يشمر وداى تجناس يدرناس وعراب تزيوا يسرس السم دسات وژليد ول يسين تحيلتس يشو السم يمت يمارو يزوا وعراب غل تاورت نتمدينت ينا ياسن يمدن نشى

دازليدون تليم وبوسيوك وايسى ول يتبى غل وبريديوك اد انقضغ
تجناس ادولن كاع بوبريدس ديسلمن عادن تزلالن دزومان

Dounit tamezouart iouk'd iggen oujellid n At teberchant tamdint es soggoud ourir. Teffer' asen igget elhaichet tamok'rant oualou toutef r'efsen tamdint ensen. Dedjidh tetchou middenes d eldjoumlet; tâmer tamdint ensen tek'im dis elk'orn. Iggen ouas tellouz teffer' r'el ouzr'ar toufou dis Adreben a tikhaminsen d tikhsiouinsen d tefounasensen d tir'allinsen d ilmansen. Toudha r'efsen dedjidh techin d el djoumlet tej ed tamourt tamellalt tedouel r'el tamdintes. Irouel sisen iggen ourjaz tar'elletes taouah'dit. Ioudha igget tamdint n At taberchant izoua itemetra illouz. Inna ias ajellid n At taberchant: Tchetch smani tousid tamdint ennar' tebedred baba n midden ou ar'en tesined did manain? Nechni d At taberchant batta tekhsed a tedouel at oubrid ennar' ach nouch a teched. Inna ias oudrab: Ouchid ad echer' ach oucher' igget neçih'et taouah'dit. Ioutef r'el taddartes iouch as imounsou isestent. Inna ias oudrab: Teffer' dejner' elhaichet tamok'rant techaner' eldjoumlet ach esetchner' tamdintes dis sen touiru igget s dhaheret digget selgeblet. Inna ias oujellid al r'ebechcha. Itcher s idhes ennin f tir'allinsen zouan mâ oubrid al imi n temdint n elhaichet. Ergeben d douelen. Inna ias oujellid: Batta r'as nedj? Inna ias oudrab: As nedj terachcha tamok'rant f el k'odd n imi n temdint s taourt tak'eblit d taourt tadhaharaouit as nesers elkebrit aourar' okkoz n temrouin d'elbr'el techemren anerzem dis tfaout nerouel r'el bâid nergeb matta r'a nsar dis. Inna ias oujellid: Raitch d aouah'di. Zouan r'el tamdint n oujellid ad ameren f ik'addaden ad edjen terachcha d ferdhen elkebrit di râites. Si djerouen ibsiouensen chemren azouan r'el ain temdint. Medan terachcha r'ef taourt tak'eblit sersen elkebrit imi n taourt tadhaharaouit erzemen dis tfaout. Erouelen d elbâid ad fourdjen. Itcher eddoukhan ir'leb ioutef r'el dejaj teffer'elhaichet s taourt tak'eblit tsiffer' adjen nes mâ terachcha essetcheren r'efs terachcha tzounit idjenan. H'emlen ir'ezran s idamen d elgih'. Atefin tamdint n elhaichet oufin dis elkhezin d amok'ran. Chemren r'el tamdint n At taberchant tamet temrouin d aggai. Atefen taddart n oujellid inna ias: tellid d elkhalifatiouok aitliouok d ouitlitch d iggen. K'imen mounsoun idjas as oujellid essemm s oggoud oufouses ouchou. Irgebet oudrab inna ias: Ajeddid ou semmani. Ichemmer Oudai tabedjnas idern as oudrab tziona isers essem dessat oujellid oul issin tik'iltes ichou essem immet imar ou. Izoua oudrab r'el taourt n temdint inna iasen imidden : Nechchi d ajellidouen tellim oufousiouok ouaisi oul itebdi r'el oubridiouok ad enkedher' tabedjenas. Edouelen gâ f oubrides d imeselmen dden tzallan d zouman.

XI

LE VOLEUR ET SES DEUX FEMMES[1]

—

يكن ورزاز يملش تمطوت نتا يمانس د امكراض مامي يوكر يتاويد
غرسن ايتلي نتوكرضا اتسكرن تمطوتس تموت تمطوتس يخساد بنغا يمانس
يحمق تسل داس تمطوت تديضيت تنا ياس ميمي امخلوف تغرتد امو تموت تمطوتچ
اچ ملشاغ اش اجاغ غمنجا تمطوتچ تمزوارت يواجبيت ارژازو تنا ياس رح
اكر ديمارو يزوا الغابت يكر د احولي يشمرت سوامان ال تدارتس تطفت
تمطوتس غرس تجت داج نتيدورت تمسل غمس يكوني ترزم تفاوت
اسند مدن نتمدينت لتدارت انسن اناناس يورژاز توكرضد اني ينا ياسن
اتفت فلبت وتبن فلبن ول وبن ولا چرا باب نتدارت يغار تمطوتو
توژر تناد

Iggen ourjaz imlech tamet't'out nettai manes d amekradh. Melmi iouker itaouid r'ersen aitli n toukerdha a tsekren tamet't'outis. Temmout tamet't'outis. Ikhsa ad inr'a imanis iah'mak'. Tesel d as tamet't'out tididhit tenna ias : Mimi amekhlouk' ter'arted amou temmout tamet't'outch : A tch melchar' a ch edjar' r'imendja tamet't'outitch tamzouart. Iouadjbit arjaz ou. Tenna ias : Rouh' aker d imarou. Izoua lr'abet iker d ah'ouli ichmer t souaman al taddartis. Tet't'eft tamet't'outis r'ers tedjit dadj n taiddourt temsel r'efs igouni terzem tfaout. Asen d midden n temdint lteddart ensen ennan as iourjaz : Toukerdhed ani. Inna iasen. Ateft k'elbet. Outfen k'elben oul oufin oula tchera Bab n taddart ik'k'ar : Tamet't'out ou toujer tinnad.

1. Recueilli à Melika en 1885.

XII

PLAINTES DE L'ORPHELIN[1]

—

لو غرى بابا د مما اداردداغ ابرنوس د احولى
ارداغ تشبرت نتكشاد بشماق ابرشان تشوشيت تنلى
ادوشن يردن د ودى يغس ويجدن
اداراغ يسمورا اد اناغ تغلين
اد تملش تيزيوت توحديت
سى اموتن والديينيوك اژينى د تحوژغ يما د يما
سحقاغ اشاغ داسواغ
اتطسغ يغولاد اشينى تلشين
اطلباغ باب اناغ ايرزق سالكونس والديينيوك

Lou r'eri baba d mamma ad erdar' abernous d ak'ouli;
Erdar' tichbert n tegechchu d bachmuk' aberchan tichouchait tnelli,
Ad ouchen irden d oudi ir'es ouitcheden,
Ad erdar' isemmoura ad enar' tir'allin,
Ad temlech taiziout taouah'dit.
Si emmouten oualideiniouok ejini d tak'ouijar' ima d ima,
Sh'ak'k'ar' echar' d esouar',
A tet'ser' ir'oulad echin i tilchin.
A t'elbar' bab ennar' a ierzek' s elkounes oualideiniouok.

XIII

LES DEUX FEMMES[2]

—

بزمان امزوار زوانت تسنت تسدنان يكت تيسبيت يكت توحديت

1. Recueilli à Melika en 1885.
2. Recueilli à Melika en 1885.

سستنت اموسنى والدين انسنت ينا ياسنت ماتا تجمت دنيتونت يكت تنا ياس طمغ يوالدينيوك تشغ النعج تنا ياس تديضت تكراغ سكود ورژازيوك ينا ياس لاش غرم ارازن غر ربى يسوسم غفسنت اموسنى و اسنت يسيول بعد ينا ياسنت ا تنسمت غالمقبرت نسيدى عيسى كل يكت اتطسمت انيل اتزلمت مراو نيت قل الله اطسنت توحديتنسنت يوسد يكن د اوحدى يجاس وشو فترژت ينا ياس ترگبد الغابتيوك توفو تينى تژديد ول يلى ديزمانس دوديل ديمشان دتبرقوق دوارمون دوملون د بدنجا ينا ياس ول توگودد ربى يخسم تديضت يففاس ازغور دابرشان ينا ياس و ام يخس ربى تاسدد غرى نش اليغ ديگن العادب دابرشان عصيغ ربى ندنيت وكراغ ايتلى نمدن نغيغ تجرومين يوزن ام ربى غرى وام يخس يوتت نمت دينى تجر توحديت سيضس تسچر تديضت تفيت تموت تاسد دى اموسنى تنا ياس اينى ترگب ينا ياس اچر سالخير ربى يخسام كمل تچلى توحديت

F zeman amzouar zouant tsenet tisednan igget taisebbit igget taouah'dit sestent amousni f eddin ensent. Inna iasent : Mata tadjemt dounitouent? Igget tenna ias : T'âr' ioualideiniouok tichcher' ennefedj. Tenna ias tididhet : Tekrar' soggoud ourjaziouok. Inna ias : Lach r'erem arrazen r'er Rebbi. Isousem r'efsent amousni ou asent isioul. Bâd inna iasent : A tensemt r'el mak'barat n Sidi Aisa koull igget a tet'semt anila tzallemt meraou nit : Qoul Allahou. Et't'essent. Taouah'dit ensent ioused iggen d aouah'di idjas ouchchou f tirjet inna ias : Tergebed elr'abetiouk. Toufou tini tajedid oul illi di zemanes d oudil d imechchan d therk'ouk' d ouarmoun d oumeloun d badindja : Inna ias : Oul touggouded Rebbi ikhsam. Tididhet iffer'as azr'our d aberchan inna ias : Ou am ikhs Rebbi tasedd r'ori nech ellir' d iggen el âdib d aberchan âçir' Rebbi n dounit oukerar' aitli n midden nr'ir'. tidjrounin iouzen am Rebbi r'eri ou am ikhs. Ioutet temmet dinni. Tetcher taouah'dit s idhes tsetcher tididhet tafit temmout tased di amousni tenna ias aini tergeb. Inna ias : Etcher s elkhir, Rebbi ikhs am, kemmel titchli taouah'dit.

XIV

LE LION, LE CHACAL, LA HYÈNE ET LE MULET[1]

يزرو وشن د وار د يجيس د البغل تفاين بتا اشن ول وين تهزين
تزرست وتهن يكن وغار اتكرمن ديس فيمن ديس سا وسان الوزن
يحرفن الشر اناناس يوژليد نالوحوش دبر غالوز ينا ياسن ويترين سجون
اناناس انزام البغل ينا ياس ياارى تكفضا ينا ياس افغ ال وزغار دانى يكرز
تاريغ سى دارنيوك دبر يوت جار تطاوين يودا تمورت يرول البغل ينا
ياسن دوار ارخيغ يودا غبسن وشن يتاغرد ياسد يجيس يسونود اس تنلى
ينااياس اوى اناغ يكن ولوم اش داوغ سوژلايس سلخان الوم انى ينا
ياسن اغرت اتشم يسوم تليم تلوزوم اناناس نلا نشغل اسج ول تفلبد
بوشو ينا ياسن د وار يزر سون اژليم سوضنت ديس يژنين غبس ينا
ياسن تطاوينت دلينت اناناس اصبر مانشا اتراحد زوان اتتن ايسوم
نولوم سكضعن اسن شارد وسان بتشن غبس افنت يموت يطب وشن
اژليم نوار يزوا يسوگود سيس يوارن يملاگا مع يوارن اناناس بتا تشمرد
يا مكرد ينا ياسن وين يمزرن غبون بتا تزوريم الومشان وا يبلانى اتمم كم
اناناس وى ينغين وعميتاغ ينا ياسن يكن وصياد يوعر والو ارولن[2]

1. Recueilli à Melika en 1885.

2. La première partie de ce conte est une variante de la fable bien connue : *Le Loup, le Renard et le Cheval* : une version en dialecte zouaoua a été traduite par le P. Rivière : *Contes populaires de la Kabylie du Jurjura*, Paris, 1882, in-18, p. 141, *Le Mulet, le Cheval et le Lion.* Elle a passé sans doute aux Berbères par l'intermédiaire des Arabes. Cf. *Fables ésopiques*, éd. Halm (Leipzig, 1872, in-12, n°s 334 et 334 *b*, *L'Ane et le Loup*); Gabrias, *Quatrains* (éd. Laprade, Paris, 1863, in-12, n° 38, *Le Loup et l'Ane*) ; Babrios, *Fables* (éd. Schneidewin, Leipzig, 1880, in-12, f. 122, *L'Ane et le Loup*) ; Romulus, *Fables*, l. III, f. 2 (ap. Hervieux, *Les Fabulistes latins*, t. II, *Le Lion et le Cheval*) ; Romulus de Vienne I (*ibid.*), f. 40, *Le Lion et le Cheval* ; Romulus de Vienne II (*ibid.*), f. 41, *Le Lion et le Cheval* ; Romulus de Berlin (*ibid.*), f. 41,

Ijerou ouchchen d ouar d ifis d elber'el tk'elleben batta achchen oul oufin thazin tajerest. Outefen iggen our'ar at karamen dis. K'imen dis sa oussan. Ellouzen ik'arrek'en echcharr. Ennan as ioujellid n elouk'ouch : Debber r' allouz. Inna iasen : Ouitterin sedj ouen. Ennan as : Anazam lber'el. Inna ias : Ia arii tker'dha. Inna ias : Effer' al ouzr'ar dani ikerrez tarir' si darenionk deffer. Iououl

Le Cheval et le Lion ; Romulus d'Oxford (*ibid.*), f. 32, *Le Lion et le Cheval* ; *Phædrianæ fabulæ* (mss. de Wissembourg (*ibid.*), l. III, f. 2, *Le Lion et le Cheval* ; Romulus de Nilant (*ibid.*), l. II, f. 9, *Le Lion trompé et gravement blessé par le Cheval* ; Al. Neckam, *Novus Aesopus* (ap. E. Duméril, *Poésies inédites du moyen âge*), f. 24, *Le Lion et le Cheval* ; Aphthonios, *Apologi seu fabulæ æsopicæ* (Hanovre, 1603, in-8), f. 9, *L'Ane* ; Jacques de Vitry, *Exempla*, n° CLII, p. 67. *Le Lion et le Cheval* ; Voigt, *Ysengrimus*, p. LXXIII ; *Roman de Renart* (éd. Martin, branche XIX, t. II, p. 248-250) ; Ruiz de Hita, copla 288, *Enxiemplo del Leon i del Caballo* ; *Lyoner Ysopet* (éd. Fœrster, Heilbronn, 1882, in-8), f. 44, *Le Lion et le Cheval* ; Pierre Alphonse, *Disciplina clericalis*, ch. v. ; Burckhard Waldis, *Æsopus* (éd. Kurz, Leipzig, 1862, 2 v. in-12), l. I, f. 32, *Le Cheval et le Lion* ; Steinhöwel, *Æsop* (éd. Oesterley, Stuttgard, 1874, in-8, f. 64 *b*, *von den fartzenden Wolff*) ; Hans Sachs (éd. Keller et Gœtze, Stuttgard, 1870-1886), IV, 3, 224, *Le Loup orgueilleux* ; Boner, *Der Edelstein* (Berlin, 1816, in-8, f. 50, *Le Loup et le Cheval*) ; Hagedorn, l. II, f. 26, *Le Loup et le Cheval* ; Mone, *Anzeiger*, V, 452, *Le Renard et la Mule* ; Le Noble, *Contes et Fables*, Amsterdam, 1699, 2 v. in-8, I, 71, *Du Cheval et du Loup* ; G. Biaggi, *Le Novelle antiche* (Gualteruzzi, n° 94, *Borghiniane*, n° 91, *Le Renard et le Mulet*, p. 125, 126) ; La Fontaine, l. V, f. 6, *Le Cheval et le Loup* ; l. XII, f. 17, *Le Renard, le Loup et le Cheval* ; Regnier, *Œuvres*, Paris, *s. d.*, petit in-12, *Satires*, l. III ; Desbillons, *Fabulæ æsopiæ*, Paris, 1778, in-12, l. V, f. 21, *Le Loup et le Mulet* ; Le Jay, *Bibliotheca rhetorum*, Paris, 1725, in-8, II, p. 148 ; Ménage, f. V ; Robert, *Fables inédites des* XII°-XIII° *et* XIV° *siècles*, Paris, 1825, 2 v. in-8, t. I, p. 319 ; Kirchhof, *Wendunmuth* (éd. Oesterley, VII, 43) ; Léger, *Contes slaves* (Paris, 1882, in-18, n° XVIII, *Le Loup niguaud*, conte petit-russien) ; Hins, *La Russie dévoilée au moyen âge par sa littérature populaire* (Paris, 1883, in-12, p. 48, *Le Loup pauvre*) ; Krauss, *Sagen und Märchen der Süd-Slaven*, t. I, conte 1. *Le Loup devenu romain* (ermite) ; Hahn, *Griechische und albanesische Märchen*, t. II, n° XCII, *Le Loup, la Renarde et l'Ane* ; Haltrich, *Deutsche Volksmärchen aus dem Sachsenlande in Siebenbürgen*, n° 106, *Le Loup et la Jument* ; Haupt et Schmaler, *Wendische Volkslieder*, II, 161, *Le Loup et la Jument* ; A. Kühn, *Märkische Sagen und Märchen*, p. 299, *Le sot Loup* ; Dunlop-Liebrecht, *Geschichte des Prosa-Dichtung* (in-4, 1851, p. 254, 539) ; Loys Brueyre, *Contes populaires de la Grande-Bretagne* (Paris, in-8), CXIV, *Le Pot de beurre*, II.

djar tit'aouin iouda tamourt ierouel elber'el. Inna iasen d ouar : Erkhir'. Iouda r'efs ouchchen itar'red. Iased ifis issounoud as tinelli. Inna ias : Aoui anar' iggen ouloum ach daouer' soujellimes. Selkhan aloum enni. Inna iasen : Ar'eret a tchemma isoum tellim tlouzoum. Ennanas : Nella necher'el essetch oul tekellebed f ouchchou. Inna iasen d ouar : izzer soun ajlim. Soudhoun t dis ijennin r'efs. Inna iasen : Tit'aouin dlint : Ennan as : Açber ma n cha a trah'ad. Zouan a tetten aisoum n ouloum. Segdhàn asen chared oussaṇ fettechen r'efs afen t immout. It't'ef ouchchen ajlim n ouar izoua issougoud sis iouaren. Imlaga mà iouaren ennan as : Batta tchemmered ia makred? Inna iasen : Iouin imzeren r'efouen batta tzourim al oumchan oua ifoullani a temetam gâ. Ennanas : Oui inr'in ouàmmitnar'. Inna iasen : Iggen ouçiad iouir oualou. Erouelen.

XV

LA POMME DE JEUNESSE[1]

—

يوفع يكن وژليد وبزمان امزوار غرس سمس تمزيوين ولاش غرس اضجلي زلكنت يسيس يقلب بوملش انسنت ول يخس اد يوش يدباب تمدينت يـاـسد يكن وضجلي سيكت تمدينت تبعد يفيم سكود البرجس الدار غجس يليس نوژليد تركب الزينس تخست تيزيوت تنا ياس يباباس ول تتاغ المعاش اليغ ارخيغ ينا ياس يني مانى يوغن تنا ياس تيزيوت نشنين زلكغ ربى يخاف انسا يدكر بتا تموتد وماشغ انزويد يجهنمة ينا ياس باباس ول وبيغ يرجازن يوحدين لش د اژايد ول وبيغ يعدل تنا ياس اليغ اركباغ يكن ومخلوف يعجبي ينا ياس اويت يد اتسستاغ تناياس اشا اد ياس ياسد وضجلي تسكرن يخديمن ساكود تدارت وژليد اطجنت ستجنت غل تدارت تمنكـاس تيزيوت تاويت غل تزفاس ترا ياس يودمس تنا ياس فيم تمورت انش اركباغ اخسغ املاشيج ينا ياس وضجلي نج دامنترو وش يى د اغروم اد اشاغ تنا ياس بتا ول تملشد معى اد

1. Conté par Miloud à Melika.

ينفضع تبژاج بابا تنا ياس يخدم اقغ تودف وضعلى ينا ياس نش وملشاغ
ال د ياس بابا نيم تكا غبب تزفا تژيت تدول لوفت نيضس توبى يفيم تنا ياس
بتا وايج ينا ياس اشا اد املشاغ تنا ياس تيزيوت يني شچ مانى ينا ياس
نثى داميس نوژليد تنا ياس دبر غبى يستماوك تمفرانين ول املشنت
نش اد املشاغ ينا ياس عيض بابا نم ياسد وژليد ينا ياس الحمد لله سى
ترضيد غبناغ ينا ياس يوژليد وش يليش اتملش ينا ياس دبر غبى شچ
ينا ياس روح الغابشا يچارو سيضس ينا ياس يوژليد سوقغ مدن ستمدينت
تبد يد يعزابن ين يمى نالباب زين يسيچ اد اختارنت يرجازن يمان
انسنت بدان اتهن مدن غل تمدينت يليس تمفرانت توت ارجازس
سدباح بيدمـارن انان مدن بلانة تملش انان مبروك تملش تديضت
نولتماس بدانت داكز تغيم تمزيانت مع ورجازس ول دوبير ارا اتهن
تدارت وژليد ينسيينس اناناس يوژليد بتا تخسد غرناغ اش نوش ينا
ياسن وژليد اد اركباغ يسى بتا اخسنت ينا ياسن ساوسان تاسمد اس انى
دوسين تسدنان انسن ينا ياسن وژليد اد اطلبغ غرون يگت الحاژت
تلا تتوادكر غى اناناس ين اناغ نلا نحار ينا ياسن دباح اينى يبوح ادير
اوسر د امزيان اناناس ونى يبعد ونسين مانى يلا ينا ياسن بتا ول تيويم
الحاژتو ول اون تشغ يسى يوك سوسمن سيولن يبعض بعض ينا ياسن
ومزيان تبدشت بيگن وال اغا تفبلم اژليد اناناس يومزيان دبر غبناغ شچ ينا
ياس وضبلى يوژليد اشا اناوى الحاژتو اناناس يوضبلى افغد اشا اتملكا
ازغار ملاگان ازغار دى سمس اناناس يوضبلى شچ دبر دى الحاژتو
امغ اش ننغ ينـا ياسن انفضعت يضودانون يبدا ومزوار ينفـضع
ضادس يجيت لجيرت يكمل اسن ينفضعتن دى اكز ينا ياسن سوجت
ساگود تمدينت الا داسغ يزوا الخلا يوض ساگود تمدينت نـالغول
يالى غل اورير يلكا يوبو الغول تزاد ياساس زدبير يطض يبس ينا ياس

اطضغ يب نعيسى د موسى اى تسشند دواح انى يهوح اد ير الروح اوسر
د امزيان تنا ياس شتاين شج سلاصل ناغوال انى يزب سويس نوژليد
ناغوال مى تيوتهد غل جاج نالجنان افلى يزب انى غتباوت اتابد سجرت
تكسد سيس سمس نالحبت ساغا تكسد ول تساول تدولد دبر ول
تساول الحبت تمزيانت ديس الحكمت ياويتن ياسد ياوض يديسن لتمدينت
يلكا سيمدوچال انس يسكرن الدباح نالحكمت غل جيبس يديضنين
يوش اسن يكن ييكن اتهن غل وژليد يهراح سيسن يوش اسن الكراسا
افيمن ينا ياسن تيويم امغ وهو اناتاس نيويد ينا ياسن يغفران اوى شج
د امزوار يطب تيسيت يهوسس ازلماد يجى دواح غل تزارس يهوحيت
و اس يجى ولا الحية يسرسيت يتمورت وشن اس يديضنين د اكز ينا
ياسن تغارم غبى و تژ الحاجت اون انيغ ينا ياس يومزيان اوى دالدواحج
ينا ياس ومزيان نج ول احيغ باب نتمدينت و اش تشغ الحبتيوك نشى
ستورو ولاش غرى ينا ياس اوى اد اركبغ يوشا ست ينا ياس اطب
تيسيت يهوسج اطب دواح يهوسج اوساى يجيت غل تزارس يركب
غل تمارتس تدول تبرشانت افغتتاس تغماس تملالين يدول د امزيان ينا
ياس يوضبلى شج اد مميوك ينا ياس يرعيس بتا اموتغ يلا د اخليفتيوك
د اژليد يفيم بسى مع وژليد يمت وژليد محكم امجانس اژليد واسن
يوشى يبدوچالس تيزيوين[1]

Iouk'à iggen oujellid fi zeman amzouar r'eres semmes timzioun oulach r'eres adhefli. Zalekent issis ik'eleb f oumelach ensent. Oul ikhs ad iouch idbab n temdint. Iased iggen oudhefli s igget temdint tebàd ik'K'im s oggoud elbordjis eddar r'efs illis n oujellid. Tergeb ezzines tekhset taizziout tenna ias ibabas : Oul tettar' lmâcha ellir' erkhir'. Inna ias babas : In ii mani iour'en. Tenna ias taizziout : Nechnin zaleker' Rebbi ikhlak' tensa idekker batta temouted ou mlechar' a

1. Les éléments de ce conte sont très répandus : dans le conte zouaoua du *Chasseur* (Hanoteau, *Grammaire kabyle*, p. 274), le principal person-

tezouid idjehennama. Inna ias babas : Oul oufir' irdjazen iouah'dien. Nech d ajellid oul oufir' iàdel. Tenna ias : Ellir' ergebar' iggen oumakhlouk' iàdjebi. Inna ias : Aouit id a tsestenar'. Tenna ias : Achcha ad ias. Iased oudhefli teskeren ikhdimen s oggoud taddart oujellid : et't'efen t sitfen t r'el taddart tâneg as taizziout taoui t r'el tazek'k'as tera ias ioudemes. Tenna ias : K'im tamourt ach ergebar' ekhser' amelachetch. Inna ias oudhefli : Netch d amentrou ouch ii d ar'eroum ad echar'. Tenna ias : Batta oul temleched mâi ad ink'edhâ tabejnatch baba. Tenna ias iikhdim : Effer'. Ioudef oudhefli inna ias : Nech ou mlechar' al d ias baba nem. Tekka r'ef tazek'k'a tejjit tedouel louok't n idhes toufi ik'k'im tenna ias : Batta raitch. Inna ias : Achcha ad emlechar'. Tenna ias taizziout : Ini chetch mani. Inna ias : Nechchi d emmis n oujellid. Tenna ias : Debber r'efi isetmaouk timek'ranin oul emlechent nech ad emlechar'. Inna ias : Âidh baba nem. Iased oujellid inna ias : Elh'amdou lillah si terdhid r'efnar'. Inna ias ioujellid : Ouch illitch a temlech. Inna ias : Debber r'ef i chetch. Inna ias : Rouh' al r'abechcha. Itcharou s idhes. Inna ias ioujellid : Soufer' midden s temdint tebbed id iàzzaben in imi n elbab zeiin issitch ad ekhtarent irdjazen iman ensent. Bdan atfen midden r'el temdint : illis tamek'k'erant taonout ardjazes s defah' fidmaren. Ennan midden : Flana temlech. Ennan : Mabrouk. Tem-

nage est envoyé par sa femme qui conspire contre lui avec un ogre, à la recherche de la pomme qui rajeunit et de l'eau qui ressuscite. La pomme qui rend la santé ou la jeunesse existe dans une foule de contes appartenant à d'autres cycles : ainsi au Tyrol (Schueller, *Märchen und Sagen aus Wälschtirol*, nº XIV, *Les trois Amoureux*) ; chez les Arabes (*Mille et une Nuits*, trad. Galland, éd. du *Panthéon littéraire*, p. 610, *Histoire du prince Ahmed et de la fée Pari Banou*) ; en islandais (Poestion, *Isländische Mærchen*, Vienne, 1884, in-8, nº XIV, *Les trois Fils du roi*). Dans le *Sinhâsanadvâtrincikâ*, il s'agit d'une pomme qui procure l'immortalité et qui, passant de main en main, finit par revenir au roi Bhartrihari, lequel apprend ainsi l'infidélité de la reine Anangasena, cf. Weber, *Ueber die Sinhâsanadvâtrincikâ* (*Indische Studien*, t. XV, Leipzig, 1878, p. 212-215) ; *Der Vetalapančavinsati*, übers. v. Lüber, Goritz, 1875, p. 15 (d'après la recension de Çividâsa) ; *Baital pachisi* (version hindie), trad. Oesterley, Leipzig, 1873, in-8, p. 73-75 ; *Batris Sinhasan, les trente-deux récits du trône* (version bengalie), trad. par Feer, Paris, 1883, in-18, p. 11-13. Cette même légende se trouve appliquée à des personnages d'époque byzantine : Théodose le jeune, Eudoxie et le comte Paulin, cf. *Chronicon paschale*, éd. Dindorf, Bonn, 1832, in-8, p. 584-585 ; Theophanes, *Chronographia*, éd. Classen, Bonn, 1839, in-8, t. I, p. 153 ; J. Malala, éd. Dindorf, Bonn, in-8, p. 356 ; Jean d'Antioche, ap. C. Müller,

lech tididhet n oultmas bdant d okkoz. Tek'k'im tamezziant ma ourdjazes. Oul deffir ara atfen taddart oujellid insibenes ennan as ioujellid : Batta tekhsed r'ernar' ach nouch. Inna iasen oujellid : Ad ergebar' issi batta ekhsent. Inna iasen : Sa oussan tasem d. Ass enni d ousin tisednan ensen inna iasen oujellid : Ad et'lebar' r'erouen igget elh'ajet tella tetouadker r'i. Ennan as : In anar' nella nh'ar. Inna iasen : Deffah' aini ifouh' ad irr aousser d amezzian. Ennan as : Ounni ibâd ou nessin mani illa. Inna iasen : Batta oul tiouim elh'ajet ou oul aouen ticher' issiiouk : Sousemen sioulen ibâdh bâdh. Inna iasen oumezzian : Tefettecht f iggen oual ar'a tak'belem ajellid. Ennan as ioumezzian : Debber r'efnar' chetch. Inna ias oudhefli ioujellid : Achcha a naoui lh'ajet ou. Ennan as ioudhefli : Effer' d achcha a nemlaga azr'ar. Melagan azr'ar di semmes. Ennan as ioudhefli : Chetch debber di l'hajet ou emmer' ach nenr'. Inna iasen : Enk'edhât idhoudanouen. Ibda oumezouar ink'edhâ dhades idjit ldjebirat ikemmel asen ink'edhà ten di okkoz. Inna iasen : Soudjemet s oggoud temdint ala d aser'. Izoua lkhela iouodh s oggoud temdint n elr'oul iali r'el aouririlga ioufou elr'oul tetezzad. Iasas zdeffir it't'edh ifes inna ias : Et't'edher' if n Aissa d Mousa ai tsechened deffah' enni ifouh' ad irr erroh' aousser d amezziani. Tenna

Fragmenta historicorum græcorum, t. IV, Paris, in-4, p. 535 ; Georges Cedrenus, éd. Bekker, Bonn, 1838, in-8, t. I, p. 591-601 ; Glycas ; Constantin Manassé ; Zonaras, *Annales*, éd. Dindorf, Leipzig, 5 v. in-12, t. III, 1870, l. XIII, ch. XXIII). Mais, chez les écrivains byzantins, la pomme est devenue simplement un fruit d'une grosseur extraordinaire, et cette transformation de la légende au point de vue rationaliste me paraît prouver que la version indienne est la plus ancienne, contrairement à l'opinion de M. Weber (*op. laud.*, p. 214). Un conte toscan remplace la pomme par un raisin (Nerucci, *Sessanta novelle populari montalese*, Florence, 1880, in-12, nouv. XL, *Les trois Princes*). Ailleurs c'est l'eau de la vie ou de la jeunesse qu'il s'agit de conquérir, ainsi dans un conte suédois (Stephens et Cavallius, *Old Norse fairy tales*, Londres, s. d., in-8, p. 164, *Le pays des fées* ; Marmier, *Contes populaires de différents pays*, 1re série, p. 225) ; en Lorraine (Cosquin, *Contes populaires de Lorraine*, I, n° XIX, *Le petit bossu*) ; en Haute-Bretagne (P. Sébillot, *Contes populaires de la Haute-Bretagne*, 3e série, *Contes des marins*, n° XV, *Le grand Coquelicu* ; n° XXI, *Jean le soldat*). Un conte arabe d'Égypte se rapproche de très près, pour les détails, du conte kabyle cité plus haut (Dulac, *Contes arabes en dialecte de la Haute-Egypte*, *Journal asiatique*, janvier 1885) ; en Allemagne (Grimm, *Kinder- und Hausmärchen*, n° XCVII, *L'eau de la vie*). On sait que cette tradition de l'eau de la jeunesse (ou eau de Jouvence) reçue par les Espagnols

ias : Chtain chetch s elaçel n ar'oual[1] *: ebbi izef s ouiis n oujellid n ar'oual mi toutefed r'eldjadj n el djenan ek'li izef enni r'tfaout. a tafed sedjert teksed sis semmes n elh'abbet sar'a teksed oul*

des Orientaux (Cf. Migne, *Dictionnaire des légendes du Christianisme*, Paris, 1855, in-4° col., 745-746; D'Herbelot, *Bibliothèque orientale*, Leyde, 1777-1779, 4 v. in-4° t. I, p. 79, s. v° *Ab-zendeghian*) les poussa sous la conduite de Ponce de Léon à une désastreuse expédition en Floride. Cf. P. Martyr d'Anghiéra, *De rebus Oceanicis et novo orbe, Decades tres*, Cologne, 1574, in-12, p. 202; Garcilasso de la Vega, *Histoire de la conquête de la Floride*, Richelet, Paris, 1709, 2 v. in-12, t. I, l. I. p 6; G. Cardenas, *Ensaya chronologico para la Historia de la Florida*, Madrid, 1733, in-f., p. 1 ; Herrera, *Decades*, I, l. IX, ch. v ; Oviedo, l. XVI, ch. II ; Robertson, *Histoire d'Amérique*, l. III (*Œuvres complètes*, éd. du *Panthéon littéraire*, Paris, 1865, 2 v. gr. in-8, t. II, p. 498-499) ; Gaffarel, *Histoire de la Floride française*, Paris, 1876, in-8, ch. I, p. 11. Cette légende de l'eau de la vie joue un rôle important dans les versions musulmanes de la légende d'Alexandre, cf. Weismann, *Alexander, Gedicht des zwölften Jahrhunderts*, Frankfurt-am-Main, 1850, 2 v. in-16, t. II, p. 135 ; P. Meyer, *Alexandre le Grand dans la littérature française au moyen âge*, Paris, 1886, 2 v. in-12, t. II, p. 175-176, 183; Vogelstein, *Animadversiones quædam ex litteris orientalibus petitæ ad fabulas quæ de Alexandro Magno circumferuntur*, Breslau, 1865, in-8 ; Ethé, *Alexander's Zug zur Lebensquelle in Land der Fisterniss*, Munich, 1871, in-8; Firdousi, *Chah-Nameh* ; Nizami, *Iskender-Nameh*. Il en est question également parmi les merveilles citées dans la lettre du Prêtre Jean (cf. Zarncke, *Der Priester Johannes*) et dans la chanson de geste de *Huon de Bordeaux* (éd. Guessard, p. 165-166). Dans un conte de la Haute-Bretagne l'eau de la jeunesse est remplacée par un merle blanc (P. Sébillot, *Contes populaires de la Haute-Bretagne*, 1re série, n° I, *Le petit roi Jeannot*), et dans le roman de *Blancandin*, par un arbre (*Blancandin ou l'orgueilleuse d'amour*, éd. Michelant, Paris, 1867, pet. in-8, p. 87, v. 2595-2601).

1. Nous trouvons ici une allusion à une ancienne forme d'adoption employée chez les Berbères et que pratiqua, dit-on, la Kahina, envers l'Arabe Khalid ben Yezid ; cf. Ibn Ad'ari, *Baydn el-Maghreb*, Leyde, 2 v. in-8, 1848-51, éd. Dozy, t. I, p. 21 ; El-Aïachi et Moula Ahmed, *Voyages dans le sud de l'Algérie*, tr. Berbrugger, p. 235). On trouve des détails semblables dans deux autres contes kabyles (*Le Chasseur*, ap. Hanoteau, *Grammaire kabyle*, p. 274) et *Les Trois Frères* (P. Rivière, *Contes populaires de la Kabylie du Jurjura*, p. 235). De nos jours, l'adoption existe encore dans le droit coutumier des Kabyles du Jurjura, mais le simulacre a disparu et est remplacé par une simple déclaration (Hanoteau et Letourneux, *La Kabylie et les coutumes kabyles*, Paris, 1873, 3 v. in-8, t. II, p. 189). Ce trait est mentionné dans un conte populaire arabe d'Égypte (Spitta-bey, *Contes arabes modernes*, Leyde, 1883, in-8, hist. II, *Ours de cuisine*) où il est

tsaouel tedouled deffir oul tsaouel. El K'abbet tamezziant dis elh'oukmet. Iaoui ten iased iaouodh idisen ltemdint ilaga s imedoutchal ennes isekren eddeffah' n elh'oukmet r'eljibes. Ididhnin iouch asen iggen iiggen. Atfen r'el oujellid iferah' sisen iouchasen lkerasa. Ek'k'imen. Inna iasen : Tiouim ammer' ouhou. Ennan as : Nioui d. Inna iasen imok'k'eran : Aoui chetch d amzouar. It't'ef tisit ifouses azelmad idji deffah' r'el tinzares ifouh'it ou as idji oula lh'aia isers it itamourt. Ouchen as ididlnin d okkoz. Inna ias : ter'arem r'efi oul tiji lh'ajet a ouen ennir'. Inna ias ioumezzian : Aoui d eddefah'etch. Inna ias oumezzian : Nitch oul edjir' bab n temdint ou uch ticher' lh'abt iouk. Nechchi s intourou oulach r'eri. Inna ias : Aoui ad ergebar'. Iouch as t inna ias : Et't'ef tisit i fousetch, et't'ef deffah' i fousetch afousai Idji t r'el tinzares irgeb r'el temartes tedouel taberchant. Effer'ent as tir'mas timellalin idouel d amezzian. Inna ias ioudhefli : Chetch ad memmiouk. Inna iasen irdis : Batta emmouter' illa d akhelift iouk d ajellid. Ik'k'im bessi ma oujellid. Iemmet oujellid iah'kem amtchancs ajellid ou asen iouchi iimeddoutchales tiizziouin.

XVI

L'ANNEAU MERVEILLEUX[1]

—

يموت باباس يجاس د اصياد د وموش دويژديد مماس تزار تدار نتا
د يتحاوس ازغار يعيش سبسيونس مى يوبو اغردا ودغاغ يرزم اس

passé peut-être des Berbères : un bas-relief de Thèbes nous montre, en effet, un chef des Machouach (Libyens) de la XXIIe dynastie, Chechoncq, allaité (et adopté ?) par la déesse Hathor (Lenormant d'après Lepsius, *Histoire ancienne de l'Orient*, t. II, Paris, 1887, in-4, p. 338). Il convient cependant de rappeler que ce trait se rencontre dans un conte moghol d'origine indienne (cf. Kuhnert, *Midas in Sage und Kunst, Zeitschrift der deutschen morgenlændischen Gesellschaft*, t. XL, 1886, p. 549) où un jeune homme devient le frère de lait du prince qu'il est chargé de raser (cf. Jülg, *Siddhi Kür, mongolische Märchensammlung*, Innsbrück, 1868, in-8, conte XXII). Des Moghols, il passa en Russie, où on le trouve appliqué à un khan de Polovets, Kholodivoï Bouniak, sorte de vampire et allié de l'ataman Bogdan Khmielnicki (cf. Mérimée, *Les Cosaques d'autrefois*, d'après Kostomarov, Paris, 1865, in-18 jés., p. 57).

1. Conté par Miloud à Melika en 1885.

د وموش مى يرگب يززر يرزم اس د اصياد مى يرگب يژديدن ناژنا
يرزم غبسن د اژديدس يگواس يزوا غل يگواغزو ياڢ ديس و توفرت
ينا ياس اش اريغ بوسچ يور ياس بوسس يفلى اس لبحورتباوت ينا ياس
اضل تطاوينچ ينا ياس سغا تليد اداى اطب المفلچ تاويد المال ازون
ياڢ وطبل ديس اكز تغيمين يرگب تخاتمت جار تغيمين تچ ام يترى
يجيت ضادس يبغامت اديس تسيولاس تخاتمت تنا ياس اينى تخسد اد
ياس ژار يباسنچ ينا ياس سوسم يزگا يوداى سيلى ياليد ينا ياس و توبرت
بتا يلا المال يت تيويد ينا ياس وطبلى ول طباغ لعفليوك يوى يبسيونس
يفطع يزوا غل تمدينتس يفيم ازغار يبغم تخاتمت بوسس ينا ياس خسغ يس
داوحدى دايريد دوحدى ژار يباسنيوك تنا ياس اضل تطاوينچ ياڢ
يمانس داژ ويس مانچ اس يلا ياتب ال غرسن تخلع مماس تنا ياس شچ ماناين
ينا ياس نشين مميم تبرح ينا ياس يمماس يناس يوژليد ايوش يليس تنا ياس
امى ول تجمغ اد فبلاغ اژليد ينا ياس رح اينى يطلب موجود اول
توگد تزوا غل وژليد اوتنت العساس تدولد تغرد تنا ياس امى تحالد ينا
ياس ادول د ما توگد بتا وتنام زگا ام يسل وژليد تزوا اوتنت تغرد
يسلاس وژليد ينا ياسن اجيت اتاتب تنا ياس اياژليد خسغ اى توشد يليچ
يمميوك ينا ياس ول تنژمد بشروطيوك تنا ياس امرى يحاضر ينا ياس
اج البرج الى وراغ ازغار نتمديمنت تنا ياس يمميس شتو د ايطلب وژليد
يبغ امى انتمزراوت غل وزغار يحرچ تخاتمت يامر بالبرج تنا ياس تخاتمت
اضل تطاوينچ يرزم تطاوينس ياڢ البرج امشان يخس يازد غل مماس
اد تدول غل وژليد يناس البرج يوجد يالى وژليد غل انچ يرگب
البرج مانچ يطلب ينا ياس كمل داكز تمراوين يشمژان شمرن وراغ
د وزرب تازد د ام وشاغ يليوك تدول غل مميس يازن ديشمژان شمرن
وراغ دوزرب ينا وژليد يرعيتس اشا الى اتملچ اتردم د اوحدى اتبشم

د اوحدى اتسيوضم الى البرج وراغ سيوضن ديس ياسد ورژازس ينسو ديس غبچا يجر سيدس يزوا ديصيد ياسد و توبرت الوكود البرج غرس تندومت تخوتام تركبت يليس نوژليد سولون تنا ياس مانش تزنوزود تخوتام ينا ياس وام زنوزوغ تلا يكت غر ورژاز انم تنا ياس ارژازيوك د اكديد واى يت يش ينا ياس د وداى ينـاس ام تيوش ام وشاغ تديضت اشا الغبشا ياسد و توبرت ينا ياس اوى د اد اركباغ تخاتمت ام يوش وام وشاغ تديضت تواطا ترزم تاورت ينا ياس سرست مع تخوتام يدرناست يوشاست تديضت ينا ياس اكس تاورت انم يى تخاتمت و توبرت يبغم تبوسوسس يطلب تسيرت يالى غل ژنوان يزوا غل يكت تمدينت تبعضت بويدر وامان يزيزاون يرس ديس يبغم تخاتمتس ياتب لبرجس يدول امى تمزراوت على البرجس يابى دين د ييرشا ير يليس نوژليد يباياس يدرن غبس البلك ياوى داژديدس دوموش دوصيادس يسابر غل يكت تمدينت تبضعت يتفلب بوتوب انس يوتب تمدينت ام الجزاير يسستون د مدن ويكن البرج سوراغ ول يوبى يازن اژديدس ينا ياس الى اژنا ما تا تركبد يكن يترى ديكت تمورت تبعضت يناى يدول وژديدس ياسد سوژنا مع دجيد ينا ياس الغ اركباغ يكن شرا يسى دى يكت تمورت تبعضت بويدر وامان يزبزاون يزوا يسفا ايسوم يوژديدس ينا ياس ژون اعديـچ اشا اتسابرد اشا يسابر وژديدس ينا ياس اش اجاغ شارد وسان اتدولد ينـا ياس اد اويغ مى موش ياوى معس موش الين اژنا ارسن تدزيرت نژوامان نسين ديس غلواشا الين اژنا اركبن البرج يضرب غرسن ارسن تمديت نيغرداين انان ياسن يغرداين ماتا تخسم توسيم غل تمورت اناغ ياسد وموش يمى نتمدينت يغرداين يطس ديس كسن تويرا نتمدينت اناناس امر وناغ ماتا تخسد ينـا ياسن اى توشم اكز مدن د يوحيدين ديدباب وغيل اناناس تسدناناغ فلينت اعديس

وگودنت سيج ينا ياسن اى تاويم يگت الحاجت تلا لبرجو اناناس يالله
ابفن اس اكو مدن حبرن سگود نلبرج وتبن ديس وبن وتوبرت يطس
فلبن يضودانس ول وبين تخاتمت ادولن غل وزغار اناناس يوموش
ول نوبى ينا ياسن اويت د يمزران انون ينا ياسن يگن تلا بتنزارس تكرون
ادولن عل البرج اجن تسواتنسن دى تى يرفن اجن بلابل تدى دكن
تنزارس ينزوتبغ تخاتمت يبيت وغردا يبانس يبغ سيس الوزغار يوشاست
يوموش يجيت يميس موش ينا ياس وژديد يالله انزوا نيويت تغاوساناغ ينو
تغرديس الين غل وژنا وسين د يگت تمدينت امان يزيزاون نسن ديس ينا
ياس اژديد يوموش نش اش سيوضاغ دانى وش بى تخاتمت ات اجاغ يميوك
ينا ياس واش تشاغ توضا ياسن امان يزيزاون توتب تمزوغت نيگت الهيشت
ابفن موش دوژديد سوامان يزيزاون ياسد وموش يتج تسوا يتحكا يژدى
تنا ياس يگت الهيشت ماتا تليد تجد ينا ياس اد اسكراغ غبون امـان
يزيزاون اتقديمت سودنيت تنا ياس شمر بوسيج يناناغ بتا تخسد ينا ياسنت
وشتيد تخاتمتيوك تنا ياس يمارو اش دولاغ تاتب امان يزيزاون تسجر لبرج
اداى جرون غبس مدن يغلب تنـا ياس يگت انستن بلان اتزلوفت
دنيت تنـا ياس اس اناض يوضا شرا تمزوغتيوك فلبت ديس وتبنت
تمزوغتس ابنت تخـاتمت تبرحانت وشنت است يوموش يبت وموش
يصلاح مع وژديد اوينت غل بابانسن ياويت يدول ال تمورتس ير البرج
مانج توغ تدولاس اليس نوژليد يمت وژليد يدول وژليد امشانس[1]

1. Ce conte est évidemment une version de celui d'Aladin, transmis par voie orale et augmenté de traits étrangers. Il en existe une recension plus développée en dialecte de Bougie, à la Bibl. Nation., fonds berbère, n° 17, p. 103. L'épisode de la souris chatouillant avec sa queue le nez d'un dormeur pour en faire sortir une bague qu'il y a cachée, se retrouve dans un conte russe, cf. Gubernatis, *Mythologie zoologique*, t. II, p. 59 et Cosquin, *Contes populaires de Lorraine*, t. I, préface p. XI, et dans un conte nouba, cf. Reinisch, *Die Nuba-Sprache*, Vienne, 1879, 2 v. in-8, t. I, p. 229. La manière dont l'anneau est enlevé par un sorcier est la même que dans un

Immout babas idjas d açiad d oumouch d oujedid mammas tzar tiddar ; netta d ith'aous azr'ar iiich s ibessiounes. Mi ioufou ar'erda oudr'ar', irezzem as d oumouch ; mi irgeb izerzer, irezzem as d açiad ; mi irgeb ijediden n ajenna irezzem r'efsen d ajedides. Iggouas izouar r'el iggouar'zou iaf dis ou toufret inna ias : Ach arir' fousetch. Iourias fouses ik'li as lbek'our tfaout. Inna ias : Adhel tit'aouinetch. Inna ias : Sar'a tellid addai at'ef el âk'letch taouid elmal anzoun. Iaf out'fel dis okkoz tar'imin irgeb tkhatemt djar tar'imin tedj am itri idjit dhadis ibr'amt eddis. Tesioul as tkhatemt tenna ias : Aini tekhsed ad ias jar ifassenetch. Inna ias : Sousem. Izagga ioudai : Silä. Ialid d. Inna ias ou toufret : Batta illa lmal it tiouid? Inna ias out'efli : Oul teffar' lâk'liouk. Ioui ibessiounes ik't'â izoua r'el temdintes. Ik'k'im azr'ar ibr'am tkhatemt fouses. Inna ias : Khsar' iis daouak'di d airid daouak'di jar ifasseniouk. Tenna ias : Adhel tit'aouin etch. Iaf imanes d enj ouis manetch as inna. Iatef al r'ersen tekhlâ mammas tenna ias : Chetch manain? Inna ias ; Nechchin memmim. Tefrah'. Inna ias imammas : In as ioujellid a iouch illis. Tenna ias : A memmi oul tnedjemer' ad k'abelar ajellid. Inna ias : Rouh' aini it'leb moudjoud a oul tougged. Tezoua r'el oujellid aoutent elâssas. Tedouel d tr'ared tenna ias : A mem-

conte de Ghat (Krause, *Proben der Sprache von Ghat in der Sahara*, Leipzig, 1884, in-8, hist. I, *Djok'a et sa femme*, p. 31-51), dans un conte arabe d'Algérie (cf. Cherbonneau, *Leçons de lecture arabe*, Paris, 1864, in-12, p. 26, 29, 54-61, *Histoire d'un bûcheron de Tafilalet*), et dans un conte de la Haute-Bretagne où une bague enlevée par un géant à l'aide d'un stratagème analogue est reprise comme ici par un chat et rendue au capitaine (cf. Sébillot, *Contes populaires de la Haute-Bretagne*, IIIe série, *Contes des Marins*, Paris, 1882, in-jesus, no XXI, *Le Grand Géant Grand Sourcil*. Peut-être est-ce à ce conte qu'il est fait allusion par Galland qui l'aurait entendu conter à Constantinople (cf. *Journal d'Antoine Galland pendant son séjour à Constantinople*, éd. Schefer, Paris, 1881, 2 v. in-8). L'épisode où le poisson, arrivé en retard à la réunion des siens, rapporte l'anneau, se retrouve dans un conte lorrain (cf. Cosquin, *Contes populaires de Lorraine*, t. I, no III, *Le roi d'Angleterre*, p. 41-42 et notes p. 48-49). Ce conte peut être rapproché d'un autre d'Albanie, (cf. Dozon *Contes albanais*, Paris, 1881, in-12, *Le Serpent reconnaissant*), d'un conte arabe (cf. Kirby, *The new Arabian Nights*, London, in-12, s. d., p. 1-124, *The Fisherman's son*). Sur celui d'Aladin, d'où le nôtre a été imité, cf. *Mille et une Nuits*, éd. du *Panthéon littéraire*; Zotenberg, *Histoire d'Ala eddin*, Paris, 1888, in-4, et le second chapitre de mes *Contes arabes et orientaux* (*Revue des traditions populaires*, novembre 1888).

mi tsik'ald. Inna ias : Edouel d ma tougged, batta aoutenam zagga am isel oujellid. Tezoua aoutent ter'ared isel as oujellid inna iasen : Edjit a tatef. Tenna ias : Ai ajellid khsar'a ii touched illitch imemmiouok. Inna ias : Oul tnedjemed f chrout'iouk. Tenna ias : Amr ii ik'adher. Inna ias : Edj elbordj elli ourar' azr'ar n temdint. Tenna ias imemmis : Chtou d a it'leb oujellid. Iffer' emmi n temezraout r'el ouzr'ar ik'arretch tekhatemt iamer f elbordj. Tenna ias tekhatemt : Adhel tit'aouinetch. Irzem tit'aouines, iaf elbordj amchan iekhs. Iazed r'el mammas ad tedouel r'el oujellid : in as elbordj ioudjed. Iali oujellid r'el ennedj irgeb elbordj manetch it'leb. Inna ias : Kemmel d okkoz temraouin ichemjan chemmeren ourar' d ouzerf, tazded am ouchar' illiouk. Tedouel r'el memmis iazen d ichemjan chemmeren ourar' d ouzerf. Inna oujellid iràiatis : Acha illi a temmeltch a terdem d aouak'di a tebechchem d aouak'di a tsioudhem illi elbordj ourar'. Sioudhen dis, iased ourjazes ieusou dis. R'abecha itcher si eddis izoua d içiad. Iased ou toufret alouaggoud elbordj r'ers tandoumt tekhoutam. Tergeb t illis n oujel'id s oulloun. Tenna ias : Manich tezounzoud tekhoutam. Inna ias : Ou am zenouzour' tella igget r'er ourjazennem. Tenna ias : Arjaziouk d ageddid ou ai t ich. Inna ias d Oudai : In as am t iouch, am ouchar' tididhet achcha. Al r'abechcha iased ou toufret inna ias : Aoui d ad ergebar' tekhatemt am iouch, ou am ouchar' tididhet. Touat'a terzem tamourt Inna ias : Sers it mâ tekhoutam. Idern as t iouchast tididhet. Inna ias : Akkes taouourt ennem. Ibbi tekhatemt ou toufret ibr'am tfousouses it'leb tasirt iali r'el jenouan izoua r'el igget temdint tebàdht f ouider ouaman izizaoun. Iers dis ibr'am tkhatemtes iatef lbordjes. Idouel emmi n temezraout àla lbordjes iafi din d ibercha. Ierr illis n oujellid ibabas. Ideren r'efs elfelek iaoui d ajedides d oumouch d ouçiades isafer r'el igget temdint tebàdht. Itk'elleb f outouf ennes ioutef temdint am Dzair. Isestoun d midden f iggen elbordj s ourar' oul ioufi. Iazen ajedides inna ias : Ali ajennz ma ta tergebed iggen itri di igget tamourt tebàdht in ai. Idouel oujedides iased s oujenna mâ dedjid. Inna ias : Ellir' ergebar' iggen chera isissi di igget tamourt tebàdht f ouider ouaman izizaoun. Izoua isr'a aisoum ioujedides inna ias : Jaoun aâdisetch achcha a tsafered. Achcha isafer oujedides inna ias : Ach edjar' chared oussan a tedoueld. Inna ias : Ad aouir' mài mouch. Iaoui mås mouch alin ajenna. Ersen tadzirt nej ouaman. Nsin dis. R'al ouachcha alin ajenna ergeben elbordj ik'erreb r'ersen. Ersin tamdint n ir'erdain. Ennan iasen ir'erdain : Mata tekhsem tousim r'el temourt ennar'. Iased oumouch imi ntemdint ir'erdain it't'es dis. Kosen tiouira n temdint. Ennan as : Amer f nar' mata tekhsed. Inna iasen : Ai touchem okkoz midden d iouak'idin d idbad our'il. Ennan as : Tisednanar' k'lint addis ouggoudent sitch. Inna iasen : Ai taouim igget elk'adjet tella lbordjou. Ennan as : Iallah. Effer'en as okkoz midden : H'aferen s oggoud n elbordj outefen dis. Oufen ou toufret it't'es k'elleben idhoudanes oul oufin tekhatemt. Eddoulen r'el ouzr'ar. Ennan as ioumouch. Oul noufi. Inna iasen : Aouit ed imezran ennouen. Inna iasen iggen : Tella f tinzares tekroun. Eddoulen al elbordj edjen tisouatinsen di tenni irek'k'en edjen felfel teddi dekken tinzares; inzou, teffer' tekhatemt. Ibbit our'erda iimanis. Iffer' sis al ouzr'ar iouch as t ioumouch. Idji t imis mouch. Inna ias oujedid : Iallah anzoua niouit tr'aousennar'. Innou tir'ardines alin r'el oujenna. Ousin d igget temdint aman izizaoun nsin dis. Inna ias ajedid ioumouch : Nich ach sioudhar' dani ouch ii tikhatemt a t edjar' imiouk. Inna ias : Ou ach tichchar'. Toudha iasen aman izizaoun toutef tamezzour't n igget elhaichet. Effer'en mouch d oujedid s ouaman izizaoun. Iased oumouch itedj tasoua ith'okka ijedi. Tenna ias igget elhaichet : Ma ta tellid tidjed. Inna ias : Ad eskerar' r'ef ouen aman izizaoun a tek'dimt s oudounit. Tenna ias : Chemmer fousetch in anar' batta tekhsed. Inna iasent : Oucht id tekhatemtiouk. Tenna ias : Imar ou ach daoular'. Tatef aman izizaoun tesetcher lbrik' addai. Djeroun r'efs midden ir'leb. Tenna ias igget : A nesesten felan a tazalouk't dounit. Tenna ias : As ennadh ioudha chera tamezzour'tiouk k'ellebet dis. Outfent tamezzour'tis afent tekhatemt. Tfark'ant ouchent as t ioumouch. Ibbit oumouch içelah' mà oujedid. Aouint r'el baba n sen. Iaoui t idouel al temourtes irr elbordj manetch tour'. Tedouel as illis n oujellid. Immet oujellid, idouel oujellid amchanes.

B. — OUARGLA

I

LA TORTUE ET LA GRENOUILLE[1]

—

دى الزمان افتن يسد البكرون يملك تجروت يسرحيت دكّض غبش
تهض تجروت يفغ البكرون امفلا د يفيم امنحتوبايت يمكب بلاس يزيض

1. Communiqué à Ouargla par El-H'âdj Salah' : j'ai conservé l'orthographe du rédacteur indigène.

ينياس يلهكرون تكّد تمطوت تمبركت ينياس الهكرون دكّض تسد تسلت غبشا تنهض ينياس يزيض سوكّ اد ازويغ اكتدرا يزوى يزيض التجروت سيوض يلا يتكشكوش اخيمس تنياس تجروت ماموا اتكشكوشن اخيمو ينياس د با بام يزيض تنياس اكّور اتشد ازان كّما يدول احشم ينياس يلهكرون امدوكلو اتعيرى يسد اغيول ينياس يامكرون تلد تكّد تمطوت تمبركت ينياس الهكرون دكّض (تسد) تسلت غبش تنهض ينياس اد ازويغ اكّتدويا يزوى سكّ ايوض يكشكش اخيمس تنياس تجروت ماموا اتكشكوشن اخيمو اتم تطس ترزتكرومتس ينياس نش دبابام اغيول تنياس اكّور اتشد ازان تخربنين يدول احشم ينيايس يلهكرون اتعيرى يسد الم ينياس تكّد تمطوت تمبركت ينياس دكّض (تسد) تسلت غبشا تنهض ينياس سكّا اد ازويغ اكّتدرا يزوى الم سيوض يكشكش اخيمس تنياس مامو اتكشكشن اخيمو ينا ياس د با بام الم ايا اذهبد اطرد اركّزم تنياس ينوغ مى ينى تطوينم تزيورين ايم د اوسع ادرنم دمبركين ينياس الم ايا اكّور التنوبا متى بنيام اموا اناس متى تطوينو تزيورين سكر لهجر متى اميو دوساع سالمسواك متى ادرنو د مبركين ستروا انكنيون تنياس معليه يسليتد تكرمينس ياوتد لركّزس غي توض تلا تفراس متى تطونو تزورين سكر الهجر متى امو د اوسع سالمسواك متى ادرنيو دمبركين ستروا نكنون ينياس الم شمن تكبولت غي انغام اولن تليد تفرد ستن وتطهد اولم الدزويغ اينى المتى ينوغ امعام يخبضت الم ستكرمفس ادحست اسدارس ينياس يالهكرون اكّور اخاب تمطوت ييمنك يزوا الم اشغلس متى د الهكرون يزوى يخاب تمطوت تضدت ايفيم اشغلس[1]

اهى اكّدجيغ ديس ايفبر ربى

1. J'ai recueilli une variante du même conte chez les Beni Menacer et on en trouvera une autre très altérée en zouaoua (cf. Belkassem b. Sedira, *Cours de langue kabyle*, n° CLXXX, *Thamk'erk'ourth laok d'oumk'erk'our*,

Di zeman ifaten ioused elfekroun imelek tadjerout iserk'it deg idh. R'abechcha tenhadh tadjerout. Iffer' elfekroun imer'lad ik'im imi n ch'toubaten idgeb fellas izidh inna ias ilfekroun : Tigid tamet't'out tembarekt. Inna ias lfekroun : Deg idh toused taselt r'abechcha tenhadh. Inna ias izidh : Soug ad ezouir' ak t id erra. Izoua iezidh ltadjerout. Si ioudh illa itkechkouch akhiames. Tenna ias tadjerout : Mamou itkechkouchen akhiamiou. Inna ias : D babam iezidh. Tenna ias : Agour a tched izzan g ouma. Idouel ik'achchem inna ias ilfekroun : Amdoukeliou itâiri. Ioused ar'ioul inna ias ilfekroun : Tellid tigid tamet't'out tembarekt. Inna ias lfekroun : Deg idh (toused) taselt r'abechcha tenhadh. Inna ias : Ad ezouir' ak t ed aouia. Izoua seg ioudh ikechkech akhiames. Tenna ias tadjerout : Mamou itkechkouchen akhiamiou, tâma tit'es terz takroumtes. Inna ias : Nech d babam ar'ioul. Tenna ias : Agour a tched izzan tikherbinin. Idouel ik'achchem inna ias ilfekroun : A tâiri i. Ioused alem inna ias : Tigid tamet't'out tembarekt. Inna ias : Deg idh (toused) taselt, r'abechcha tenhadh. Inna ias : Soug ad ezouir' ak t id erra. Izoua alem si ioudh ikechkech akhiam es. Tenna ias : Mamou itkechkechen akhiamiou. Inna ias : D babam alem aia edheb d it'er ed argazam. Tenna ias : Inour' mâi inna ii : Tit'aouinem tiziouarin imim d aousâ idarenem d imferkin. Inna ias alem : Aia agour al tnouba; mata inna iam amou inas : Mata tit'aouin iou tiziouarin si ikker lfedjer; mata imiou d aousâ si lmisouak; mata idareniou d imferkin si taroua n aknioun. Tenna ias : Mâlih. Isilit ed tikermines iaouit ed lourgazes. R'ii touedh tella tek'k'aras : Mata tit'aouiniou tiziouarin si ikker lfedjer; mata imiou d aousâ silmisouak; mata idareniou d imferkin si taroua n aknioun. Inna ias alem : Chemmin takkelboult r'ii ennir'am ioualen tellid tek'k'ared as ten ou tet't'efed oulem al d ezouir'. Ini lmatta inour' madm. Ikhabdhit alem s tikermines idah'sit s dares inna ias ilfekroun : Agour ekhlef tamet't'out f iman ek. Izoua alem i char'lis mata d elfekroun izoua ikhlef tamet't'out tididhet ik'im i char'lis[1].

A heni ag d edjir' dis a ir'fer Rebbi.

p. 228-229) et une troisième en dialecté arabe d'Algérie dans Delphin, *Recueil de textes pour l'étude de l'arabe parlé*, n° XXX, p. 113, *La Grenouille et la Tortue*.

1. Un vers d'une chanson populaire des Zouaouas semble faire allusion à ce conte :

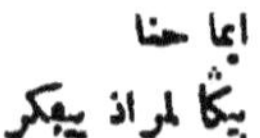

II

LE HÉRISSON, LE CHACAL ET LE LION[1]

—

دی زمان اواتن یسد اوشن انیاس اینس ایا انزوی الیغ ازدیغ اغرور
انزالم انشار ادننا اسیس انیاس منشت نغرك انحیل انیاس اوشن
نغری امیا انحل د الحلت تشیط انیاس انسی نش نغری الحیلت اد
وزگن ازوان اتهن امغرور الان تتن انسی اد ش کح یزوی اجرب
امنس ادزر ادفغ این اهو ستصنبط اس اشورن ادنس الفدام لدفغ
ستصنبط یترك اشا متی دوشن یدرا خبس انت اسگ اشورن ادنس
امتمعدورت اسوگ اد یوسو باب امغرور یزری انسی انیاس ایوشن
شمر امنك باب امغرور یسد یبغ انس یرول متی دوشن ویزمیر ادفغ
ستصنبط انیاس انسی ایا اوغد انیس اوشن ولزمیر ادفغ انیاس انسی
مایلنت تحیلاك وكبكنت انیاس اوشن حالدك[2] اعمی سابید ازگن انحیلتك
انیاس انسی اطس تمورت تكد امانك تموتد تارد امیك تزلد ادارنك
د بسنك تنغد امنك ادمن اد یین باب امغرور تموتد اکرزود امغلد ملم

A immu h'anna
Igan lmerad'i ifker

O ma tendre mère,
Qui as fait ce qu'a voulu la tortue.

(Hanoteau, *Poésies populaires du Jurjura*, Paris, 1867, in-8, p. 400). Il s'agit d'une femme qui se plaint de son mari.

1. Communiqué à Ouargla par Moh'ammed ben Ah'med ben Sa'demou : j'ai conservé l'orthographe du rédacteur. Cf. sur les différents épisodes de ce conte les notes du conte III en dialecte du M'zab, p. 104-105, auxquelles il faut ajouter Le Noble, *Contes et Fables*, Paris, 1700, 2 vol. in-12, f. XXIV, p. 91, *Du Chat et du Renard*; A. Certeux, *Le Chacal et le Hérisson*, *Revue des Traditions populaires*, juillet 1888, p. 388-396; Emmy Schreck, *Finnische Märchen*, l. II, ch. VIII, *L'Ours juge*.

2. Abréviation pour یرحك الله والدیك

اكزرود امغلد ترولد يزوى انسى اشغلس يطس اوشن ابمكسن انسى اسد يوض باب امغرورنت دميس اتجن امغرور افند اوشن يمكر ينيس اميس اشتى اوشن يموت انياس بابس يشورد دنس اتزابم اسيموت يبدا اجيد ينياس يميس اوى اطبت يزوى اميس يبي تدري يكم اوشن ككوضس انياس اوشن اخ ككى بسى كل شى ديس ايرار اتغنمت لاشى ديس ايرار يزوى اكشيس اتزل امباباس ينياس يلا يفربي تغنمت اتغنمت يسد باباس يسكلب اوشن نت ينغوامنس اداءن انياس ايميس فارتندى الايدر انياس اميس غادى دصح انياس اوى اطب امان اترك الجيجت يدول انجيادس يدول اكشيشن الوشن يكمـاس تدرى دح ينياس اوشن امسمتن يدول اكشيش امباباس ينياس لا يفارى دح امسمتن ينياس بباس اوى الهه اطب امان يداف يلد سى اجباد اشمرشن ستز نضتس يزرود امغلا ديكر اوشن يتزل يزرودس اتريجيت يبت اوشن يكت دارس يزوى يكور اسيملفا نتاد والصيد انياس اصيد متى ترحتو اعمى انياس وشن وتسيند اعمى نشين د ملاخ باباو د ملاخ عميو د ملاخ للا وتملاخت اما د ملاخ وتما تملاخت امتى تكشيشت اتلول نغرن غي ضكيد تملاخت ينياس اصيد ويتملخد اعمى انياس اوشن اكملاخ اكور اويد سنت طلمين تشطرين استتكس الملختنسنت اكماخ سيدس د وحدى يزوا اصيد يويسد سنت طلمين تشطرين ينياس اوشن تى تمهزال اكور خامد تضدنتين يزوا اصيد يود سنت طلمين تمهزال انياس اوشن تى تشطرين يساخسنت الملختنسنت يبد تدريوين تزيورين نمرسيد الا اسلوى الملخت ادارنس يديس تدروين ينياس اصيد اح ينياس اوشن مامو اخسن الشباح ويفيراح ينياس اصيد هبرك اعمى ينياس اوشن اكتك منواذ الصيد منواذ اتماك الاباقى اسلويس الملخت اتديس تدروين اسيوض اجادنس ينياس اصيد هبركيا اعمى مامك اكوا ملخوا ينياس اوشن سوسم اعمى منوا د صيد منوا د اتماك

منوا د اسراويل سيوض الحزامس ينياس اصيد مامك آگوا املخوا ينياس
اوشن منو د صبيد منو د اتماگ منو د اسراويل منوتكبرت اسو گا استصيوض
الايريس ينياس اوشن افيم ذابي التفار الملخت امتولى اتبويت فبل نغرس
امتولى تزيرى فبل نغرس ينياس اصيد ما اعليه اوشن يزوى اصيد يغيم
يتگ ابمامك اسنا اوشن اسى اوبن ادارنس تغار الملخت ولاسن ويزمير
اذكر اسد يسوا اوشن ينياس يصيد ممك تليد اعمى ينياس اصيد متى
اليغ يلملعون ايميس انملعون تغشدبي اياايا اكوصيغ انتزواو يگحز نفرس
يطبى ستزنضيتس ينتز امنس اوشن تنكض تزنضيتس امصيد ينياس
اصيد يوشن اشتيو اتليد تباند دوار تزنضيت امى احلان ادارنو اكطبا
اكشا يزوى اوشن اعيض نتعميس ينيسن ايات ازوا انشر ادنىا امزاليم
السيغ ازريخت آگگا امغرور ازوان نتين ادس سى اوضن يغنسن
تزنضضنسن تزرين انموتين يحزگ گسنتت د اوحد اناس امتى ايتفند
تزنضد نا ينياسن او يزوى اگن فلب اگن التشرم اد ننكم د اوحدى متى
تزريم بب امغرور يسد انترت امنكم ترولم اشتى اولانش افن تزنضيتو
امشكنم يغنت تبريت ازاليم اسد يوسد بباب امغرور نتين ازوينت
اگورد نترن امنسن انكضنت گاع تزنضدنسن افنتد تزرين متى دون
اتفنن غي يزروابب امغرور ينتب تبريت ازاليم يرول د مزار متى
ذ اصيد سى احلان ادرنس يزوى يحوس يملفا نت دواحييس اوشن
يطبت اصيد ينياس اطبغك اميس ان الملعون ينياس اوشن مات اگيغ
اعمى ينياس اصيد تددبى تدروين ايسوميو تندى ملخغك دملخ امرو
اماك اگا ينياس اوشن ويگى نش اعمى ينياس اصيد اشك تزنضيتك تنكض
ينياس اوشن الان اتعميو يغلب ذ دوار تزنضاد تزنضادنسن انكضنت امنش
ينياس اصيد تسكركوسد ايبه ينياس اوشن سوگ ادعضى نغرنسن
انتزرد ينياس اصيد عيض يعيض ازوند اوشن تزلن يزرتن اصيد گاع

د دوار تزنضاد ينياس اصيد د مامو سكدنكم ايملخن ازنتن اناس كاع
وكي نشنين ينياسن اصيد ايات اكويا ان ۏامل اتشم ون اتان سكدنكم
اح اين انتا اناس اوشنن اكور يوتن ان ۏامل الان تتن اسحيرك احيبس
اسملخن يلا يغراس اوصيدنش اعمى ولفيرا اح ولاسيد بلحلح ولا
اسفر الدبوح ياۏسن ازوان الشغلنسن ۏمنسن

Di zeman ifaten ioused ouchchen inna ias iinsi : Aia nzoua, ellir' zrir' ar'rour n zalim anechchar adanna sis. Inna ias : Manecht ner'rek n th'ila. Inna ias ouchchen : Ner'ri mia n th'ila d h'ilet tchit'. Inna ias insi : Nech ner'ri lh'ilet ad ouzgen. Zouan atfen m ar'rour ellan tetten. Insi ad ichikah' izoua ijerreb imanes ad izer ad iffar' in ouhou s teçenbet' as ichchouren adan es lgadd ammala d iffer' s teçenbet' itrek ichcha. Mata d ouchchen iouder ikhfes itett asougga ichouren adanes am tamâddourt asougga ad iousou bab emr'erour. Izri (t) insi inna ias iouchchen : Chemmer imanek, bab em r'erour ioused. Iffor' insi irouel. Mata d ouchchen ou izmir ad iffor' s taçenbet. Inna ias insi : Aia effor' d. Inna ias ouchchen : Oul zmira ad effor'(er'). Inna ias insi : Ma ilant th'ilak ou ak fakent. Inna ias ouchchen : H'ammaldik a âmmi selfi id azgen n th'iltek. Inna ias insi : At's tamourt tegid imanek temouted tard imik tezeld idarenek d ifasenek tenr'ed imanek idamen ad ini bab emr'erour temouted ak izeroud imar'lad; melmiak izeroud imar'lad terouled. Izoua insi ichar'lis. It'es ouchchen f mak as inna insi. As d ioudh bab emr'erour netta d emmis atfen emr'erour oufin d ouchchen iemmeger. Inna ias emmis : Chtai ouchchen immout. Inna ias babis : Ichoured adanes n zalim as immout. Bed, ejbed. Inna ias emmis : Oua. It't'ef t izoua emmis ibbi tadri ioukem iouchchen g oggoudhis. Inna ias ouchchen : Akh kikki bessi koul chi dis irar tr'animt, lach dis irar. Izoua ak'chich itazzel em babas inna ias : Illa ik'k'ar ii tar'nimt tar'nimt. Ioused babas isegleb ouchchen netta inr'ou imanes idamen. Inna ias i memmis : Kara tennid ii illa idder. Inna ias emmis R'adi d eççah'. Inna ias : Iaou et'ef aman etrek eldjifet. Idouel injebed as idouel ak'chich enni l ouchchen ioukemas tidri dah'. Inna ias ouchchen : Am sât en. Idouel ak'chich m babasinna ias : Ala ik'k'ar ii dah' : am sât en. Inna ias babas : aou elhah at'efaman. Idak' iali d. Si ijbed ichemmer ouchchen s tezandhint es izeroud em r'alad. Ikker ouchchen itazzel izroud as trih'it. Ibbi t ouchchen iggit dares izoua. Ig-

gour as imlak'a netta d ouçaid. Inna ias ouçaid : Mata trih'it ou âmmi. Inna ias ouchchen : Ou tesined âmmi? nechchin d amelakh, baba ou d amelakh, âmmiou d amelakh, lalla ou tamelakht, ouma d amelakh, outma tamelakht, amata tak'chicht a teloul ner'arna r'idh agi d tamelakht. Inna ias ouçaid : Ouii tamelakhd âmmi. Inna ias ouchchen : Ak mellakha agour aouid senat tilemin tichet't'arin asent eksa lmelakht ensent, ak melakha s ides d ouah'di. Izoua ouçaid iaoui as d senat tilemin tichet't'arin. Inna ias ouchchen : Tini timehzal agour khelfed tididhentin. Izoua ouçaid iaoui d senat tilemin timehzal. Inna ias ouchchen : Tini tichet't'arin. Islekh asent elmelakht ensent ibbi d tadriouin tizioarin n oumersid. Illa isloui lmelakht idaren es iddi as tadriouin. Inna ias ouçaid : Ah'! Inna ias ouchchen : Mamou ikhsen echchebah' ou ik'k'ir ah'. Inna ias ouçaid : Ha barka âmmi. Inna ias ouchchen : Ak tega mennou d eççebaid mennou ad temag illa bak'i. Isloui as elmelakht itted ias tadriouin as ioudh ifadenes. Inna ias ouçaid : Ha barka ia âmmi mamek agou amelakh ou. Inna ias ouchchen : Sousem âmmi mennou d eççebaid mennou ad temag mennou ad seraouil. Si ioudh i lh'azames inna ias ouçaid : Mamek agou amelakh ou. Inna ias ouchchen : Mennou d eççebaid mennou ad temag mennou ad seraouil mennou tikbert asougga as t isioudh l iris. Inna ias ouchchen : Ek'k'im daia al tek'k'or elmelakht immi touli tefouit k'abel ner'res immi toulit taziri k'abel ner'res. Inna ias ouçaid : Ma âleih. Ouchchen izoua. Ouçaid ik'k'im iteg f mamek as inna ouchchen. Asi oufen idarenes tek'k'or elmelakht fellasen ou izmir ad ikker. As ed iousou ouchchen inna ias iouçaid : Mamek tellid âmmi? Inna ias ouçaid : Ma ta ellir', ai ameldoun emmis n ameldoun ter'ached ii aia, aia, a k ouaçir n terouaou. Igh'az ner'res, it'fit s tazendhides! Inter imanes ouchchen, tenkedh tezindhides em ouçaid inna ias ouçaid iouchchen : Chtai tellid tebaned douar tizendhid, mi ah'lan idareniou a k et't'efa a k echcha. Izoua ouchchen iâidh en tâmmis. Inna iasen : Aiat a nezoua anechchar adanna m zalim ellir' zrikht g iggen amar'rour. Ezouan neznin ides. Si aoudhen ik'en asen tezendhad ensen tizribin n temoutin ih'azga gisentent d aouah'di. Ennan as : Mata ain ittak'en d tizendhadna? Inna iasen : Ou izoua iggen k'eleb iggen al tcharem adanenkoum d aouah'di mata tezrim bab oumar'rour ioused, enteret imanenkoum teroulem, chtai oula nech ak'k'ena tazendhidiou am chekmin. Ik'k'en it tifrit n zalim. Asi d ioused bab oumar'rour netnin zerin t iggour ed, enterin imanensen enk'edhent gaâ tizendhad ensen, ek'k'iment tizribin mata douen itenak'k'enin. R'i izra ou bab oumar'rour ientef tefrit n zalim irouel d amizzar. Mata d ouçaid si ah'lan idarenes izoua ithaous imlak'a netta d ouah'bibis ouchchen. It't'eft ouçaid inna ias : Et'fer' ak a immis n elmeldoun. Inna ias ouchchen : Mata gir' âmmi. Inna ias ouçaid : Teddid ii tadrouin aisoum iou, tennid ii : Melakhar' ak d amelakh; imarou ma k agga. Inna ias ouchchen : Ou igi nech âmmi. Inna ias ouçaid : Chek tezendhidek tenkedh. Inna ias ouchchen : Ellan at âmmi ou ir'leb did ouar tezendhad, tezendhad ensen enkedhent am nech. Inna ias ouçaid : Teskerkoused ai sefah. Inna ias ouchchen : Souga ad âdha nr'ersen a ten tezred. Inna ias ouçaid : Aidh. Ididh, ezouan d ouchchanen tazzelen. Izeri te.: ouçaid gaâ did ouar tezendhad. Inna ias ouçaid : D mamou sgidenkoum a imelakhan azinten? Ennan as gaâ : Ougi nechnin. Inna iasen ouçaid : Aiat a kem aouia en felfel a techchem ouin innan sgidenkoum : Ah' ain netta. Ennan as ouchchanen : Agour. Iouiten n felfel. Ellan tetten as ih'arrek ah'bibis s imellakhen. Illa ik'k'ar as iouçaid : Nech âmmi oul ek'k'ira : Ah'. Oula Sidi belah'lah' oula asr'ar eddifouah' Ilfasen, ezouan i char'lensen f iman ensen.

III

LE FRÈRE ABSENT[1]

—

حاحاى مو حاح
ابرناسك د معمر اسن تنين

حاحاى موماح
ماتا فنين سحانية بخيط السرى
الحويك تغنمين يسو د امة
تغماس املولو

حاحاى مو حاح
حسه كليل وغرام كثير

1. Communiqué à Ouargla par El-H'adj Salah' dont l'orthographe a été conservée.

ماتا يزوا الواد مزاب
شك اواد مزاب تها الله گومه
اسوياس تعمرانيت
اوياسد ايوما سميد د يودى
اوياسد ايوما امان تمناهين

حاحاى موا حاح
يمين اما غسميد املال
انى دوما ماتراح ما يوگر
انى دوما عين المرابطين د تزگرارت
ماتا يوما يولى لشيخ المونير
شك يا الشيخ المونير تها لله گومه

حاحاى يوما حاح
السوياس تعمرانيت
وشاسا ايوما المحشى يوجزيون
شك شيخ براهيم تالله گومه

حاحاى يوما حاح
اسوياس تعمرانيت
شك اما تها لله گومه

حاحاى مو حاح
شك يوما ما يراح مانى يوگر
ماتا يولى لشيخ بو حبص
شك يا شيخ بو حبص نتها لله گومه

حاحای مو حاح
یا ربی سیدی واش تسلمت لعبادك ضامونی
ومعتاك یا راسی قابی بو محاین
حاحای مو حاح

H'ah'ai mou h'ah'
Ibernasek di mâmer sen tenin

H'ah'ai mou h'ah'
Mata k'anin s k'ania b khit' esseri
Ou lk'ouiak tir'animin iasou d ama
Tir'mas am loulou

H'ah'ai mou h'ah'
Hassou gelil ou r'aram kethir
Mata izoua l Ouadi Mezab
Chek a Ouadi Mezab tah Allah g ouma
Esioui as tâmranit
Aoui as d iouma semid di oudi
Aoui as d iouma aman timmenahin

H'ah'ai mou h'ah'
Imi n ouma r'i semid amellal
Ani d ouma mani irah' ma iougour
Ani d ouma? Ain l merabt'in d Tazegraret.
Mata iouma iouli l cheikh el mounir
Chek ia cheikh el mounir tah Allah g ouma

H'ah'ai iouma h'ah'
Esioui as tâmranit
Ouch as iouma elmok'chi iouajzioun
Chek cheikh Ibrahim tah Allah g ouma

H'ah'ai iouma h'ah'
Esioui as tâmranit
Chek ouma tah Allah g ouma

H'ah'ai mou h'ah'
Chek iouma ma irah' mani iougour

Mata iouli lcheikh Bou H'afç[1]
Chek ia cheikh Bou H'afç ntah Allah g ouma

H'ah'ai mou h'ah'
Ia Rebbi, Sidi! ouach teslemt (i) lâbadek, dhallemouni
Oumdtak ia rasi, k'albi bou meh'ain
H'ah'ai mou h'ah'

IV

LES HUIT FRÈRES, LA JEUNE FILLE ET L'OGRE[2]

—

گزمان ابتن يسد اركاز يملك تمطوت ارون سبع تزون اتيزوت
اكت اكن اماس تزر تيزوتن تزوين ازونت لباي انتسكين سزغار تنياس
يللاس اد ازويغ امعسنت تنياس اگور تزوا سوضنت النت تينت تسكين
تب تيزوتن امرود تيت تكي الكمس ازونتد اگورنت متا تزوتن تغمد
اندبر و تزمير اتكور سمرودن يزا بلاس تكر گاع تسكين تجد غي
امرود تفار د مرود نتاد امزا يگ اهنس دمرود تكور اكح سمرودن
امنس وتزمير اتكور تلا تكر ويغيس اديوضا سلكمس يسول امرودن
ينياس اوشيد العهد غي اتدولد نغري ننكنتو تشاس العهد يوضا سالكمس
تمورت تزوا تزل ستوض غرسن تفيم اشغاس وتدول نغرس يسد امزين
اتبع الجورتس اسد يوض غرسن ابد لحتبات ينياسن يرحم الولدنكم
اوشتيد اكح انتمس تنياس للاس اكر اوشاس تمسى تبكد تيزوتن نتات اسمس
ممزا تنياس يماس اكر ايما اوشاس ينياس امزين امام ايى امزا ازليد
تمسى تنياس اكر ابا ازلاس ينياس امزا بابام ايى امزا ازليد تمسى تنياس
اكر انا ازلاس ينياس امزا نانم اينى امز ازليد تمسى ينياس بابس اد نناس
اكر ازلاس سيخس دشمن ابى تبا تزگرارت تزلد است سبعيد نتين

1. Il existe à Metlili des Cha'anba une qoubbah consacrée à Cheïkh Bou H'afç.

2. Communiqué à Ouargla, en 1885, par Moh'ammed b. Ah'med b. Sa'demou dont j'ai conservé l'orthographe.

ولسين دامزا تكر تشعل تمسى تزلاست نتا يفراس اكحزد نغر بوسو دفزول تكحز نغرس اخطبيت يرول سدس ينا ياس بباتسن يكن سى تزواس اكر برا ابرس الوتماك يزوا يتبع الجبورتس اسيوض تدارت نمزا يبتد ديس تنياس متى اكدوين اكش امزا ينياس اوسفد نغرم تنياس ايا اكحيغ تحبات سديوسو امزا ينياس اتيزوتن اكيغ اضوا يريحت انبوندم تتبوح تنياس لاش اولا ادحد غى نش متا تخسد دشاو اشي ينياس ومتا اولا متى ديكن سلهلم سبفتد وتتا تكر تسبفد اماس يوشاس اشو يسوو ينياس امزا يماس انتيزوتن اكر انزوا انحوس اتزرد تكماو ازوان سبفن استدارت يدول امزا التزوتن ينياس متى تزرد يكرد اضود املال سنكل اتكد المسواك اتبرحد ون دمام يموت متى تزرد يكرد اضوا دازكاغ شار اخبم نجدى تسد اكژدور ون نش اموتا يزوا امزا نتا دماس نتيزوتن اكورن اسى اوضن ازغار ينياس امزا ايا انمزوض ابدان اتمزوضن ينا امزا اماس انتيزوتن يشى يكرد اضو د املال اتطرو تيزوتن يغلب تنا ودوما يموت تسبض امطرونس تسنكل اتك المسواك يميس تغيم تكد او اس يى ميغا و تكيد ماك امنبغ سى اديوسو يوبتد اتكوا ماك اسنا متى د الاهل نتيزوتن سيطى امتسن اناس يماس وضدن اكر اكور الحك اماك ابرست انوتماك يزوا يتبع الجبورتس نماس اسى يوض تدارت نمزا يبد وتماس ديس تنياس متى اكدوين ايما اكش امزا اماك ينياس د المكتوب ان رب تنياس ايا اكحيغ تحبات سى ديوسو امزا ينياس ام تكلت تميزارت تسبفستد يكاس كاع اماس امزار يسد وضدن يكاس اميتماس اسى ادوسن سبع نتين يشى تن كاع يملك تزوتن يغيم نتا ادس متى د الاهل انتيزوتن اتان ترويونا يشيتن امزا اكن اماس تطلب للتسن ربى يا رب اوشيد اولا د محى تمتاع يوشاس ربى ايزو دفزول يكوا اغب امغيول تسمات مجتمتاع اكن اماس تبغ للاس امغلاد

تبرس ماموا اسد شر امان اتزال ينياس اميس مجتمتاع ادزويغ امد شرا انش يزوا سيوض تلا يهد توسارت تشرا امان ينياس مجتمتاع يتوسارت سوكا اد شرا انش تزار يلا يتوغا معاس تنياس توسارت اكور اكاس امو يمزا اكشين ايتماك سبع نتين تمانيه سوتماك سيسوو امان يزوا سيوض للاس ينياس الحمة تكبضي اكر اكي اكح نحربيد تكر تكاس احربيد بنياس ابى تدونتن اسبوسم تكد يتت اميوتك بوسس استبي يزاس بوسس احربيد تنياس حركا ينياس ايتملد تنبوست نيتما ادوتما تنياس اكلا يلكاس ابوسس تملاس ستمزارت التكروت ينياس اكي العوين اد زويغ نمزا اشن ايتما اييش اني انغيغت يزوا نحداد ينياس اكي الدبوز امزال يكست يزوا لمزا سيوض تدرتس يوت تورت تنياس وتماس شك اد ماموا ينياس نش دمام تنياس نش لاش نغرى اما ينياس نش د مام يملاس كاع اكلان تنياس متى اكدوين اكش امزا اميتماك اشتن سبع نتين تحبات سديوس امزا ينياس ابن ادم يتبوح تنياس لاش او لادحد ينياس مجتمتاع يمزا الغ دا يهغد يسلم ولاس امزا يسبغاسد اشا ينياس و لغيسا ينياس امزا اكر اتزوا اتزرد تكماو يوصى تمطوتس امتمزارت ابغن ازوان سوضن ازغار ينياس امزا المجتمتاع ايا انمزوض الان تمزوضن اشمر مجتمتاع الدبوز يوت امزا اخمس يوضا ينياس امزا المجتمتاع انى تيتى تضدت ينياس ولك تنيغ تيتى النويد ايتما سبع نتين مايلان ينياس انكض تبدنتيو تكشيشت ينكضاس تبدنتس افغد اسيس ايتماس سبع نتين ينياس تيتى يمت امزا يكر اضو د ازكاغ تبرح و تمنسن تسليلو يزو اد مجتمتاع نتاد يتماس سبع نتين نتا تمانيه شمرن ايتلى نمزا كاع ازوان نتين دوتمتسن نمزدغنسن سوضن برحن الاهانسن يبرح اجليد نمزدغنسن سيكو مجتمتاع يسد اجليد يك مجتمتاع دوزيرس وينك اشرا غى سدس اكدجيغ د يس ايغبر رب[1]

1. Ce conte est identique, pour la plupart des détails, avec la première

G ezzeman ifaten ioused ourgaz imlek temet't'out. Arouen sebâ n izioun a taiziout igget. Iggen emmas tezrou taiziout en tiziouin ezouant t ibbai n teskin s azr'ar. Tenna ias ilallas : Ad ezouir' mâsent. Tenna ias : Agour. Tezoua. Si oudhent ellant tebbint tiskin toufa taiziout en amroud tebbi t teggi lkommes. Ezouan t id agourent mata taiziout en tek'im d en deffer ou tezmir a tegour s amroud en iaza fellas. Teger gad tiskin tedjed r'i amroud. Tek'k'ar d amroud netta d amza ig imanes d amroud. Tegour akh'a s amroud en imanes ou tezmir a tegour tella teger ou ir'is ad ioudha s elkommes. Isioul amroud en inna ias : Ouch iid elâhd r'i a tedoueld ner'ri n ounkant ou. Touchas elâhd ioudha s elkommes tamourt. Tezoua tazel si tououdh r'ersen tek'im i char'lis ou tedouel nr'eres. Iased amza in itbâ eldjourtes as d ioudh r'ersen. Ibda t h'otbat inna iasen : Irh'em el oualidin enkoum oucht id akh'a n temsi. Tenna ias lallas : Ekker ouch as temsi. Toggoud taiziout en nettat ismis Mamza tenna ias ioumas : Ekker a iouma ouch as. Inna ias amza in : Oumam ioumi a Mamza azel ii d temsi. Tenna ias : Ekker aba azel as. Inna ias amza : Babam a ibai a Mamza azel iid temsi. Tenna ias : Ekker anna azel as. Inna ias amza : Nannam ai nanni a Mamza azel ii d temsi. Inna ias babas ad nannas : Ekker azel as si ickhs d chemmin ebbi toufa tazegraret tazel d as t sbâid. Netnin oul essinen d amza. Tekker techâl temsi tazel as t netta ik'k'aras : Agah'zi d nr'eri fousiou d ak'ezzoul. Tegh'az ner'res ikht'ef it irouel sides. Inna ias babatsen iiggen si terouas : Ekker barra ebres al outmak. Izoua itbâ ldjourtes. As ioudh taddart n oumza iaft dis. Tenna ias : Mata k id iouin ak ichchi amza. Inna ias : Ousir' d ner'rem. Tenna ias : Aia ak h'abir'. Tek'bat. Si d iousou amza inna ias itaiziout en : Ak'ir adhou rih'it n boun Adam tetfouh'. Tenna ias : Lach oula d h'ad r'i nech, mata tekhsed d ichchou, echch i. Inna ias : Ou am tetta oula mata d iggen sel ahlem soufer' t id ou tetta. Tekker tesoufer' d oumas iouchas ichchou isouou inna ias amza ioumas n taiziout en. Ekker a nzoua a nh'aous a tezred tigamma ou. Ezouan si four'en s taddart idouel amza itaiziout en inna ias : Mata tezred ikker d adhou d

partie d'un conte slave : *Grain de poivre*; dans ce dernier, il n'y a que trois frères au lieu de sept : l'ogre est remplacé par un géant et n'emploie pas la ruse pour s'emparer de la jeune fille (cf. Marmier, *Contes populaires de différents pays*, 1re série, p. 51-55). Une version plus différente existe en zouaoua (cf. Belkassem ben Sedira, *Cours de langue kabyle*, n° 192, p. 260-265, *Moh'and ben essebaâ*), et une autre, plus abrégée et privée de la plupart des épisodes, en nouba (cf. Rochemonteix, *Quelques contes nubiens*, Le Qaire, 1888, in-4, p. 11).

amellal sengel a teged el mesouak a tferh'ed ouen d ouma m imout; mata tezred ikker d adhou d azeggar' char ikhfem n ajdi tsased (tech-chated) agejdour ouen nech emmouta. Izoua amza netta d oumas n taiziout en. Agouren si oudhen azr'ar inna ias amza : Aia nemzaoudh. Ebdan a temzaoudhen ina amza oumas n taiziout en ichi t. Ikker d adhou d amellal tet'raou taiziout en ir'leb tenna : Ou d ouma immout. Tesefdh imet'raouenes tsengel tega el misouak iimis tek'im taggod aou as ini : Mair'a ou tegid mak am ennir'? — Si d iousou iouf t id a tegou mak as inna. Mata d elahl n taiziout en si ibt'a emmitsen ennan as ioumas oudhiden : Ekker agour el'hag oumak ebres t an outma k. Izoua itbâ t djourtes noumas. Si iououdh taddart n oumza iaf d outma s dis. Tenna ias : Mata ak d iouin a iouma? Ak ichi amza am oumak. Inna ias : D el mektoub en Rebbi. Tenna ias : Aia a k h'abir'. Tak'ba t. Si d iousou amza inna ias am tikelt tamizart tesfour' as t ded igas gad am oumas amizar. Ioused oudhiden igas am aitmas si d ousen sebâ netnin ichi(ten) gaâ. Imlek taiziout en ik'im netta ides. Mata d elahl en taiziout en ennan tarouaouin enna ichi ten amza. Iggen emmâs tet'leb lallatsen Rebbi : Ia Rebbi ouch ii d oula d madji tâtâ. Iouchas Rebbi aiziou d ak'ezzoul igou am ikhfm ar'ioul tesemmat Madjitâtâ. Iggen emmas teffor' lallas em ar'lad tebres mammou as d icher aman a tzal. Inna ias emmis Madjitâtâ : Ad ezouir' am d chera nech. Izoua. Si iououdh tala ioufa d taousart techer aman. Inna ias Madjitâtâ itaousart : Souga ad chera nech tezzar. Illa itnour'a mâs tenna ias taousart : Agour eg as amou ioumza ak ichin aitmak sebâ netnin temania s outmak. Si isouou aman izoua. Si iououdh lallas inna ias : Lk'amma tegbedh ii ekker ag ii ak'ha n h'arbid. Tekker teg as h'arbid. Inna ias : Ebbi tadount en s oufous im. Teged itett iimmi ou. Teg fouses as t tebbi ibzas fouses ih'arbid. Tenna ias : H'arka. Inna ias : A ii temlid tanfoust en aitma d outma. Tenna ias : Ak mela. Ilkas afouses temlas s tamizart al taneggarout. Inna ias : Ag ii eldouin ad ezouir' n oumza ichin aitma a ichii ani enr'irt. Izoua n h'addad inna ias : Ag ii eddebouz em ouzzal. Igast. Izoua loumza si iououdh taddart is iouet taourt. Tenna ias outmas : Chek ad mammou? Inna ias : Nech d oumam. Tenna ias : Nech lach ner'ri ouma. Inna ias : Nech d oumam. Imlas gad ag ellan. Tenna ias : Mata ak d iouin ak ichi amza am aitmak ichi ten sebâ netnin. Tek'ba t. Si d iousou amza inna ias : Boun Adam itfouh'. Tenna ias : Lach oula d h'ad. Inna ias Madjitâtâ ioumza : Ellir' da. Iffour'd. Isellem fellas. Amza isfour as d acha inna ias : Ouli r'isâ. Inna ias amza : Ekker a nezoua a tezred tigamma ou. Iouçi tamet't'oules am tamizart. Effour'en ezouan si oudhen azr'ar inna ias amza i Madjitâtâ : Aia a nemzaoudh. Ellan temzoudhen ichmar Madjitâtâ eddebouz iouet amza iikhfis. Ioudha. Inna ias amza i Madjitâtâ : Enii tiiti tididhets[1]*. Inna ias : Ou k tenir' tiiti al taouid aitma sebâ netnin, ma illan? Inna ias : Enkedh tafodent iou takchicht. Inkedh as tafodentes. Effour'en d sis aitmas sebâ netnin. Inna ias : Tiiti. Immet amza. Ikker adhou d azeggar' tefrah' outmatsen taslilou. Izoua d Madjitâtâ netta d aitmas sebâ netnin netta temania. Chemeren aitli n oumza gad. Ezouan netnin d outmatsent n oumezdar'ensen. Si oudhen ferh'an elahl ensen iferah' adjellid n oumezdar' ensen si igou Madjitâtâ. Ioused adjellid igou Madjitâtâ d ouzires ou iteg chera r'i sides.*

Ag edjir' dis a ii ir'four Rebbi.

V

LE PARTAGE

—

كالزمان ابتن يسد اوشن ينياس ينعجت اكر انخدم الحبات نش ادم تنياس النعجت اكور ازون اخدمن الحبات النعجت تجيد اوشن اتطب امان يتغنا سوضنت الحبات مجرتنت اد نتنت زويتنت ينياس اوشن ينعجت اكور او دمنى اتكد السمم تنياس زون اد كا السمو تمورت يلا يتزونا يبدا يترض يمنس د مزار يبدا يحسب اكت سنت شرط ربع خمس ستة سبع يوشن اكت ينعجت تخس توى مو تغيس ينا الله لاتوى ان شا الله تنياس النعجت سكا اد زويغ اد ويا تغرار تزوا نسلوكي تنياس اكترا اعمى ينياس اسلوكي متى تخسد تنياس اخسا تزويد ايتسكدد اوشن ايديوش الحفيو نخدم الحبات نش اد نتا نش جبدا نتا اتطب امان سنلا تتزون يكيي تحريميت نتا اد يزض سبع يمنس نش يتزضي اكت ينياس اسلوكي اكي تغرارت تكي تغرارت تشمر ستوض تسرس تغرارت تنياس النعجت

1. Il s'agit ici d'un trait fréquent dans les contes de ce genre. L'être surhumain, abattu d'un seul coup par le héros, reviendra à la vie si celui-ci se laisse tromper et le frappe une seconde fois : cf. entre autres le conte gallois de *Pwyll, prince de Dyvet* (d'Arbois de Jubainville et Loth, *Cours de littérature celtique*, t. III, *Les Mabinogion*, 1re partie, p. 27-63, Paris, 1887, in-8).

يوشن زون يكاس ام تكلت تمزارت سبع انتا اكت ينعجت تنياس النعجت
ماك اكو ازونيو نش جبدا شك تطبد امان ينياس اوشن نش جبدا
شم تطبد امان متى تخسد انسول مدن تنياس اكر ازوان ينياسن اوشن
يمدن امو تسلم يتغنا اناس مدن نسل اشك ايوشن تغنيد ينياسن يتغنا
دوجبدن انى دوتطبن امان اناس ميدن (مدن) يتغنا دوجبدن ينياس
اوشن ينعجت سل اكور ازوا ازون الحباتنا ازوان سوضن يبد وشن
يترض سبع انتا ينياس ينعجت اخا اكت متى تخسد متى و تغسد الله لا تويد
تنياس النعجت يوشن اكور اوار الخير التغرارت اش تينى اوغكتد يزوا
اوشن يار تغرارت يبد ديس اسلوكى يدول يتزل ينياس ينعجت نش
غى تورا امعام تزويد تويد يد عمى اود تغرارتم يبدا يترض اكت سنت
شرط ربع خمس ستة سبع يللاو النعجت اكت يوشن ميخس يوى انى
الله لا يوى ان شا الله تطوين الحف بتنت اسلوكى يفيم ينكد ديس اوشن
غى يترثرثى اسى يفدا ازونى تسرحل النعجت الحباتس اوشن يوى
غي اد روس يزوا ماك اكن فيانس[1]

G zeman ifaten ioused ouchchen inna ias inâdjet : Ekker a nekhdem elh'ebat nech idam. Tenna ias ennâdjet : Agour. Ezouan khedmen elh'ebat. En nâdjet tejbed ouchchen itet't'ef aman itr'anna. Si oudhent elh'ebat majerentent adentent zouintent. Inna ias ouchchen inâdjet : Agour aoui d mani a tegid essamam. Tenna ias : Zoun ad ega essamiou tamourt. Illa itzoun ibda itzedh iimanis d amizar. Ibda ih'seb igget, sent, charet', rebâ, khamsa, setta, sebâ iouchchen, iget inâdjet tekhs taoui mi ou ter'is inna Allah la taoui in cha Allah. Tenna ias ennâdjet : Souga ad ezouir' ad aouia ter'rar. Tezoua n slougi tenna ias : Ak tera admmi. Inna ias slougi. Mata tekhsed? Tenna ias : Ekhsa tezouid ai tsougouded ouchchen ai d iouch elh'ak'k'iou nekhdem elh'ebat nech ad netta, nech jebda, netta itet't'ef aman si nella ntezoun igi i tah'ramit netta ad izedh sebâ iimanes, nech itzedh ii igget. Inna ias slougi : Ag ii tar'rart. Tegi tar'rart techem-

1. Communiqué à Ouargla, en 1885, par Moh'ammed ben Ah'med b. Abou Bekr ben Sa'demou, dont l'orthographe a été conservée.

mer. Si toououdh tsers tar'rart. Tenna ias enndâdjet iouchchen : Zoun. Igas am tikelt tamizart sebâ inetta iget indâdjet. Tenna ias enndâdjet : Mak igou azoun iou, nech jebda chek tet't'efd aman. Inna ias ouchchen : Nech jebda chem tet't'efd aman, mata tekhsed a nsioul midden. Tenna ias : Ekker. Ezouan inna iasen ouchchen i midden : Imammou teslim itr'anna? Ennan as midden : Nsel a chek aï ouchchen ter'nûl. Inna iasen : Itr'anna d ou ijbeden ani d ou itet't'efen aman? Ennan as midden : Itr'anna d ou ijbeden. Inna ias ouchchen indâdjet : Sel agour anzoua a nzoun elk'ebatna. Ezouan. Si oudhen ibda ouchchen itezedh sebâ inetta. Inna ias indâdjet : Akha igget mata tekhsed mata ou ter'sed Allah la taouid. Tenna ias enndâdjet iouchchen : Agour, aouar elkheir, iter'rart echi tini aouir' ak t ed. Izoua ouchcheni arou tar'rart iafed dis slougi. Idouel itazzel inna ias indâdjet : Nech r'i tirara madm, tezouid taouid id ômmi aoui d tar'rart am. Ibda itezedh : Igge, sent, charet', rebâ, khamsa, setta, sebâ ilallaou enndâdjet, igget iouchchen mi iekhs ioui ani Allah la ioui in cha Allah. Tit'aouin elk'ak'k' banent islougi. Ik'im inked dis ouchchen r'i iterjiji. Asi ik'da azoun enni tserh'el enndâdjet elk'ebates, ouchchen ioui r'i adrous izoua maka iggen f imanes[1].

1. Le conte du partage dérive de la même donnée qu'une des branches du roman de Renart qui ne nous est parvenue que dans le dialecte franco-italien de la Haute-Italie. Cf. *Le roman de Renart*, éd. Martin, t. II, p. 358-380 ; cf. aussi la première branche de *Renart le contrefait* ap. Rothe, *Les romans du Renard*, Paris, 1845, in-8, p. 475 ; le conte du *Loup, de la Chèvre et des deux Chiens* ap. Bartsch, *Chrestomathie de l'ancien français*, Leipzig, 1884, in-8, col. 359-362. Un trait semblable, mais où la chèvre est remplacée par l'homme, et le cheval par le renard, existe dans les contes slaves : Afanasiev, Народныя русскія сказки (*Contes populaires russes*, t. I, n° I ; *Le Renard*, t. II, n° XXXII, *Le Paysan, l'Ours et le Renard* ; t. III, n° 4, *Le Renard et le Broc*, n° III, *L'Ours et le Semeur de navets* ; Roudchenko, Народныя южнорусскія сказки (*Contes populaires de la Petite-Russie*, Kiev, 1869-70, 2 v. in-8), t. I, ch. III, p. 17, *Le Renard, l'Ours et le Paysan* ; en Finlande, E. Schreck, *Finnische Mærchen*, av. XVI ; en Lithuanie, Leskien et Brugmann, *Litauische Volkslieder und Märchen*, Strasbourg, 1882, in-8, conte I, p. 252, *L'Homme et le Renard* ; Schleicher, *Litauische Märchen*, Weimar, 1857, in-8, p. 8-9, *Le Renard* ; en Grèce ; Hahn, *Griechische und albanesische Märchen*, t. II, n° LXXXXIV, p. 106-109, *L'Ourse, le Paysan et le Renard*, cf. le même épisode dans un conte kabyle des Beni Menacer, dont j'ai donné le texte dans mes *Notes de lexicographie berbère*, Paris, 1885, in-8, p. 102-105 et la traduction dans mes *Contes populaires berbères*, p. 7-11. Une version existe chez les Arabes d'Algérie, cf

VI

LE HÉRISSON, LE CHACAL ET LE LÉVRIER

—

گالزمان افتن يملقا اوشن نتا د ينسى ازوان اگورن برسن متى اد
شن افن اكوس ندريمن تمورت ينياس اوشن ينسى آگور اتزوا انسرح
انلغلم اسنوش ادريمنوا ينـد يوش اگت ننعجت اتنش ازوان نسرح
اوشناس اكوس ندريمى اناس اوشنغد اگت النعجت ينياسن اگورت الشا
ادفرنا اگت النـعجت نزعلوكت اكمتسهيغ ازوان اوشن دينسى يكر
السراح يفرس النعجت يگزراس اكلمس يرد است يسلوگى يفناس غان
اريس سيصبح غبشا يسـد اوشن دينسى اناس يسرح اوشنغد النعجت
يشسن اسلوگى ازوان تگودنت اسوضن ابعيد فى السرح بدن ينياس
اوشن ينسى سگا اتما اد سنا تشطارت انى تمهزول يميتت ينياس تشطارت
ينياس انسى يوشن اعمى تضوفت تضوفت ننعجت ادرن ددرن نعمو
اسلوگى ينياس اوشن د نعجت ينياس ينسى اخا اطفى اتزرا يطفى اوش
انسى يتلياس يكزى سدرنس اتزنضتس يسن د اسلوگى ينياس يوشن
سگمى اد ازويغ اد سوا امان افودا اد دولا اتنش ينياس اوشن اگور
ولبطـا ينياس انـى ولبطغ يزوا انسى يرول يجبا امنس وداى ناگت
الشجرت اوشن يسگوم ديس سيطا يكز اوشن يرول فلاس انسى يغيم
اوشن يوحل يتخمم ماك اد يگو و يوفى يافاس يسلوگى يرول اوشن
ايزوا اسلوگى يترل دفرس اس تطب يخرك يدول اسلوگى لسرح[1]

G ezzeman ifaten imlak'a ouchchen netta d insi. E'zouan agouren

Delphin, *Textes pour servir à l'étude de l'arabe parlé*, nº XXVIII, *La Brebis et le Chacal*. Cf. le conte suivant, et celui de l'Oued-Rir', également intitulé *La Brebis et le Chacal*.

1. Communiqué à Ouargla, en 1885, par Moh'ammed ben Ah'med b. Abou Bekr ben Sa'demou, dont l'orthographe a été conservée.

bersen mata ad echin. Oufen akmous n idrimen tamourt. Inna ias ouchchen iinsi : Agour a nzoua nserrah' n elr'alem as nouch idrimen oua : na d iouch igget n ennâdjet a t nechi. Ezouan n serrah' ouchen as akmous n idrimen ennan as : Ouch anar' d igget ennâdjet. Inna iasen : Agourel alechcha ad efrena igget ennâdjet tazâloukt akoum t sehiir'. Ezouan ouchchen d insi. Ikker esserrah' ir'ers ennâdjet igzer as aglimes ierd as t iouslougi ik'en as r'an iiris. Si içbah' r'abechcha ioused ouchchen d insi ennan as iserrah' : Ouch anar' d ennâdjet. Iouch asen aslougi. Ezouan tegouden t si oudhen bâid f esserah' beddan. Inna ias ouchchen iinsi : Souga a temia ad sina techt'art ani tamehzoul. Imi tet inna ias : Techt'art. Inna ias insi iouchchen : Ammi tedhouft tedhouft n ennâdjet, idaren d idaren n âmmiou aslougi. Inna ias ouchchen : D ennâdjet. Inna ias insi. Akha at't'ef i a t ezra. It't'ef i ouchchen insi itli as ikez s idarenes a tezendhites issen d aslougi. Inna ias iouchchen : Sougami ad ezouir' ad soua aman effouda ed daoula a t nechi. Inna ias ouchchen : Agour oul bet'a. Inna ias insi : Oul bet'ir'. Izoua insi irouel ih'ba imanes ouddai n igget echchedjart. Ouchchen isegoum dis si ibt'a ikez ouchchen irouel fellas in.' Ik'im ouchchen iouh'al itkhemmem mak d igou ou ioufi. Ilfas iouslougi. Irouel ouchchen izoua aslougi itazzel deffires asi t it't'ef ikharki(t). Idouel aslougi lserrah'.

VI

LE LANGAGE DES BÊTES[1]

—

كالزمان ابتن اگن امر گاز نغرس ايتلى يغلب يگن اماس يزوا نتگرارت
يسد اگن نسلوگى يتت اخسن يشاس اگزار تيتى يزعكى ارگزن ينكد
د يس يفدا اولس بسلوگين يسغ ازگن انضار اميسوم بگزار يگراست
يسلوگى يشمر يزوا نتسا اسلوگين د ميس نژليد وداى تمورت متى
درگرن يدول بلاس الزمان يبغ ايتليس گاع يدول يسراد امدن اگن
اماس يزوا يسرد اد شر ايبسرتن اجدى ملال ادفرن اس دفغ الجربوع

1. Communiqué à Ouargla, en 1885, par Moh'ammed ben Ah'med b. Abou Bakr ben Sa'demou, dont l'orthographe a été conservée.

تعلاڭت تمجتس يكر يتزل امعاس يطبى يغرسى يجبا : لاڭت يسوض
تمسى يصم الجربوع يثى تليد تمطوت ستمورت تطب اركزن تنياس
وتزريد ايزيو دا تعلاڭت تمجتس ينياس ولزريغ ايزيو ازريغ د الجربوع
تملاڭت تمجتس تنياس ون د مى تسهودى انوداى تمورت تنياس
شك تشدى امى تبرفدت بلا اولانش اكبرفا ابتر واك ايخدمد انكان
نمى يزرى ون آڭين امنس د سلوڭى ازنتن ينياس يركزن شك اد ون
اسغين ايسوم يسلوڭى تكرد است ينياس انش ينياس ويڭى اسلوڭى
انش ينياس مامواكدوين اندا ينياس تمطوت يملاس ڭاع اڭصارن بلاس
مع تمطوتن ينياس اڭور اشكا سدس اژليد نش د ميس ثرليد اد زويغ
اسينيغ اركزوا يڭو اڭد الخير ماك انا اڭور انخزنت شمر الزمرد
ندرمن اناس ولغيسا اخسا ايتسبسد اميو د البركت ماك انا مامو اكنان
اناس اولا د حد يزوا اركزن لژليد يشكا ستمطوت اعيظاس اژليد
يمطوتن ينياس ميغا اتويد و وتحبست دا تنياس يثى د مى ينياس اژليد
ميغا يڭو اميم امنس د الجربوع استشو نتين نغرسن امزين الجربوع
اتطبن اشنت ينياس اژليد يركزن اوشاس تعلاڭت نميس يوشاست
ينياس اژليد يمطوتن اڭور ار اميس امدن نكان اتويد اسيس ينياس
اميس امژليد ابباس و واڭو الخير اڭدى كبات سالخير ينياس اژليد
يركزن اڭور انخزنت شمر الزمرد ندرمن ينياس وليغسا ادرمن اخسا
سبسى اميو د البركت ينياس مامواكنان ينياس او لاد حد ينياس اژليد
وتزمرد يتكبسيو ينياس ادزمرا ينياس اژليد ماك سبسا اميك اتسند
اوال نهويش د ژوضاد امى اسولن اتسند متى اانان شك امى استمليد
امدن اتمد ينياس وللا يسبساس اميس يسرحى ينياس يمطوتن اڭور
سوضى ننكان اتوبيد ديس تزوا تسوضى ننكانس يلى ابتغيولتس
يزوا نتدارتس يفن تغيولتس يزوا يسوض ادشرا امدن يدول يلى

افتغيولتس اد يوى تغورى يبدا احجر تغورى اسى اسل لغراب يغار اجنا احجر امداى سى اتغنيد متى يغنياك رب يسن متى ينا يحجر امداى اسى توض الكنز امورا يشارتغنت امورا يگاس اكح نتغورى سڑناس يسوض نغرسن يدول باقى يتسد يتوح اكت تكلت تملغا تغيولتس مع البغل يِنياس البغل يتغيولت سديغ تليد تحدمد تنياس بباو يمو ايتلى يلا يسرحلتيد يِنيـاس البغل امى توضد اماس مدن زعبض تكرداس تغنت تمورت ادزرن مدن اد كشب امسريح نتا يسلا متى افرن يزوا يشر تغنت غى نتغورى وحدس سيوض اماس امدن تزعبض تغيولت تكر تغنت تمورت يوتيت اسى تحيون تينا يدول يسرحل ايتليس اسى بغد يدول د المركنتى د زعلوك نغرس يزضن تدارت اتيدت اكن اماس يتبع تترفا تتبع تيزيط تنت الحبـات يِنياس يزيض يتيزيط اويدكح تنياس ايا اش امنك يغيم بباتسن ادص تنياس تمطوتس متى اكصصن يِنياس اولاد شرا تنياس تدصد بلا يِنياس ولصيغ بلام تنياس لازم اتجملد بمتى تدصد يِنياس مملغ اد متا تنياس اتجملد تمتد يِنياس الدكيض يكر يسبغد امندى يِنياس يتمطوتس اكر اك المعروف يعيض امدن اشن افغن مدن يشمر اشو يتيدت وتغيس اتش يسد ايدى نالجارنسن يلا كل يوم يتسد ينت مع تيدت ازنتن يسد يبعد اوشو يِنياس ايدى يتيدت ايا انش تنياس ولغيسا يِنياس ميفا تنياس بباو يسل يزضن اسولن بص تنياس للاو امليد بمتى تدصد يِنياس مملغ اد متا تنياس اتجمليد تمتد اشتيو يكو المعروف باش اسمل امسلوا ادمت وتيبا تمو ايكن امنتا يِنيـاس ايدى يتيدت متى ادسن لنالنا اد بى ترطا يوشاس التجون يشات يغراس اشتيو بمتى دصا اشتيو بمتى دصا المتى تنياس و يمال نتا يلا يتسلا متا افرن ايدان كمننسن يكر اوجد ترطا ازوان اطسن اكتنسن تنياس امليد يكر يجبد ترطا يشات يغراس اشتيو بمتـا دصا اسى تلا تغراس ويمال ويمال ويمال يتركيت

سسلن ايدان تنياس ويمال برحن غى تزلن اجنا انتدارت تررن اشن
اوشونسن سى وزين وستى امليد شرا افيمن هنان[1]
اكد جيغ ديس ايغبر رب

G ezzeman ifaten iggen emargaz ner'res aitli ir'leb iggen emmas izoua n tagzart iased iggen n aslougi itett ikhsan. Iouchas agezzar titi izdki. Argaz en inked dis ik'd oulis f aslougi in isar' azgen andhar em aisoum f ougezzar iger as t islougi ichemmeri izoua.

1. On reconnaît ici une version du conte de l'*Ane, du Taureau et du Fermier*, qui se trouve au commencement des *Mille et une Nuits* (éd. de Boulaq, 4 v. in-8, 1302 hégire, t. I, p. 5-6; éd. de Habicht, 12 v. in-12, Breslau, 1825-1843, t. I, p. 19-32; éd. de Beyrout, 5 v. in-8, 1889-98, t. I, p. 4; tr. Galland, éd. du *Panthéon littéraire*, Paris, 1840, grand in-8, p. 9-12; tr. de Lane, *Arabian Nights*, Londres, 1889, 3 v. in-8, t. I, p. 10-13), et reproduit par Ah'med ech-Chirouâni, *Nefh'at el-Yemen*, Le Caire, 1305 hég., petit in-4, cité d'après l'édition de Calcutta, par Arnold, *Chrestomathia arabica*, Halle, 1853, 2 v. in-8, t. I, p. 50. Comme l'a démontré Benfey, *Ein Märchen von der Thiersprache, Quelle und Verbreitung* (*Orient und Occident*, t. II, Gœttingen, 1864, in-8, p. 133-171), c'est dans l'Inde qu'il faut chercher l'origine de ce conte; nous le rencontrons dans le *Harivansa*, complément du *Mahabharata*, dans le *Ramayana* (cf. W. de Schlegel, *Essais littéraires et historiques*, Bonn, 1842, in-8, p. 544, et Weber, *Indische Studien*, III, p. 157), et dans la version tamoule du *Vedala Cadai*, tr. Babington, Londres, *s. d.*, in-8, p. 56. Dans les *Mille et une Nuits* on trouve un épisode qui manque dans presque toutes les versions de ce conte, mais qui existe isolé dans une fable ésopique, *La Chèvre et l'Ane* (Furia, *Fabulæ æsopicæ*, Leipzig, 1810, in-8, n° 262, p. 188, Rochefort; *Notice d'un manuscrit grec de la Bibliothèque du Roi, Notices et Extraits*, t. II, 1789, p. 699-700, fable 3; *Fabularum Babrianarum paraphrasis Bodleiana*, fable 3), et dont il reste une trace dans le conte berbère : épisode du *Mulet* et de l'*Anesse*. Celui-ci renferme encore un autre trait qui manque à l'arabe et la version bornoue (cf. Kœlle, *African native literature*, Londres, 1854, in-8, p. 24-26 du texte, 143-145 de la traduction), mais qui existe dans la plupart des versions occidentales, surtout turco-slaves : la reconnaissance de l'animal (le roi des serpents dans presque tous les contes, le lévrier en berbère) : dans la version turke du *Touti Nameh*, éd. de Boulaq, 1264 hég., in-4, p. 182; tr. Rosen, Leipzig, 1858, 2 v. in-12, t. II, p. 236; tr. Wickerhauser, Leipzig, 1858, in-8, p. 275; dans une recension des *Gesta Romanorum* (cf. Keller, *Li Romans des Sept Sages*, Tubingen, 1836, in-8, p. cxxii); en Hongrie, cf. Jones et Kropf, *The folk-tales of the Magyars*, Londres, 1889, in-8, p. 301, *La curio-*

Netta salougi m d emmis n oujellid ouddai n temourt. Mata d argaz en idouel fellas ezzeman ifour' aitlis gad. Idouel isarad imidden. Iggen emas izoua isarad d chera ifser ten ijedi mellal ad ek'oren. Asi

sité féminine; chez les Serbes, cf. Naake, *Slavonic tales*, *La langue des animaux*; Wuk Stephanowitch Karadjitch cité par Benfey, *op. laud.*, p. 165; Krauss, *Sagen und Märchen der Süd-Slaven*, t. I, Leipzig, 1883, in-8, n° 97, p. 439-444; chez les Bulgares, Léger, *Contes populaires slaves*, Paris, 1882, in-18, n° XI, *Le langage des animaux*; Marmier, *Contes populaires de différents pays*, 1re série, p. 11; chez les Slovaques : Wenzig, *Westslawische Märchentchatz*, Leipzig, 1867, in-8, p. 116, *Le Berger et le Dragon*, en Russie, Afanasiev, *op. laud.*, t. VI, c. 47; en Bohême, cf. Léger, op. *laud.*, n° XV, *La montre enchantée*; en Albanie, Dozon, *Contes populaires albanais*, Paris, 1882, in-18, n° X, *Le Serpent reconnaissant et la Botte merveilleuse*. Le même conte, mais sans l'épisode de l'animal reconnaissant, existe dans le recueil de Morlini, *Novellæ, fabulæ, comœdiæ*, Paris, 1855, in-16, nov. LXXI, *De Puteolano qui animalium loquelam intelligebat*, p. 129, d'où il a été emprunté par Straparole : *Les facétieuses nuits*, tr. Louveau et Larivey, Paris, 1857, 2 v. in-12, t. II, p. 326, nuit XII, fable 3 : *Federic du Petit Puits* (Pouzzoles), *lequel entendoit le langage de tous les animaux, bat estrangement sa femme, qui le vouloit forcer luy déclarer un secret*. La dernière partie du conte est identique à la version des *Mille et une Nuits* et à la version berbère.

Quant à la manière dont le marchand apprend le langage des bêtes lorsque le roi des animaux lui crache dans la bouche, c'est un trait commun aux peuples les plus divers, entre autres les Bulgares et les Slaves du sud (cf. Léger, *Contes populaires slaves*, n° XI; Krauss, *Sagen und Mærchen der Süd-Slaven*, t. I, n° 97). Apollodore (*Bibliothèque*, l. I, ch. XIX) rapporte que le devin Melampous, fils d'Amythaon de Pylos, en l'honneur de qui Hésiode composa une *Mélampodie*, éleva de petits serpents qui se tenaient sur son épaule et lui nettoyaient les oreilles avec leurs langues; grâce à cette opération, il connut le langage des animaux, et, de la sorte, prédit l'avenir et devint célèbre comme augure. D'ordinaire, c'est le cœur ou le foie d'un dragon qui, mangé même par mégarde, donne cette précieuse qualité. Pline l'Ancien (*Histoire naturelle*, l. XXVIII) rapporte une tradition de ce genre en l'attribuant à Démocrite; Aulu-Gelle (*Nuits attiques*, l. X, ch. XII) défend le philosophe grec contre cette superstition. Le poème alexandrin des *Pierres*, attribué faussement à Orphée, nous donne la recette pour arriver à ce but : On doit brûler de l'agate, ce qui attire les serpents : trois enfants saisissent le reptile le plus proche de l'autel; le sacrificateur le divise en neuf parties qu'il offre à Hélios, à la Terre et à Athénè : il les fait cuire avec de l'huile, du vin, du safran et du sel. Après des libations de miel et de lait, on mange les chairs du serpent, et en revenant du sacrifice, nul ne doit parler avant d'avoir brûlé des aromates dans son foyer. Celui qui s'est acquitté de cette

ad ifour' eldjarboud dllagt tamejitis. Ikker itazel mdas it't'efi ir'ersi ih'ba tdllagt isoudh timsi içam eldjarboud ichi. Talid tamet't'out s tamourt tet't'ef argaz en tenna ias : Ou tezrid aiziou d a tdllagt tamejitis? Inna ias : Oul zrir' aiziou zrir' d eldjarboud tdllagt tamejitis. Tenna ias : Ouin d emmi. Teshoudi n oueddai n temourt tenna ias : Chek techid emmi teferk'ed t fella oulu nech ak ferk'a f taroua k ai tekhdemd ankan n emmi. Izeri ouin igin imanes d aslougi azen tin inna ias iourgaz en : Chek ad ouin isasr'in aisoum islougi tegerd as t. Inna ias : Nech. Inna ias ouigi : Aslougi nech. Inna ias : Mammou ak d iouin anda? Inna ias : Tamet't'out. Imel as

cérémonie comprend le langage de tous les animaux. Au dire de Philostrate (*Vie d'Apollonios de Tyane*, l. III, § 9), les habitants de Paraca, ville située au delà du Caucase indien, arrivaient à comprendre les cris des dragons en leur mangeant soit le foie, soit le cœur. Les *Eddas* renferment une tradition analogue : Sigurd, faisant rôtir pour Regin le cœur du dragon Fafnir, goûte par mégarde le sang qui en découlait et comprend le langage de deux aigles qui lui prédisent la trahison de son compagnon (E. de Laveleye, *La Saga des Nibelungen dans l'Edda et le Nord scandinave*, Paris, 1866, in-18 jés., p. 200). La substitution de personnes existe aussi dans un conte gallois, mais la conclusion est toute différente et se rapproche du conte égyptien des *Deux Frères*, du conte slave d'*Ivan, le fils du sacristain*, et d'un épisode des aventures du second calender, dans les *Mille et une Nuits* : La fée Koridwen, la déesse de la nature, avait confié pour un an et un jour la surveillance de la chaudière de la science qui bouillonnait au petit Gwion et à l'aveugle Morda. Trois gouttes tombent sur le doigt du premier qui le porte inconsciemment à ses lèvres; aussitôt la science se révèle à lui (Erny, *Voyage dans le pays de Galles*, § 5, *Tour du Monde*, t. XV, 1867, n° 383, p. 274). Un conte gascon nous représente le jeune homme qui tue « la Grand'bête à tête d'homme », lui enlevant le cœur qu'il fait manger tout cru à sa maîtresse le soir même de leurs noces : elle doit lui donner trois garçons et quatre filles : ces dernières, belles comme le jour, comprendront ce que chantent les oiseaux. Cf. aussi le conte tchèque, *Les Cheveux d'or* (Marmier, *Contes populaires de différents pays*, 2e série, Paris, 1888, in-18 jés., p. 55). Cette tradition exista de bonne heure chez les Arabes, car, d'après Philostrate (*Vie d'Apollonios de Tyane*, l. I, § 20), ce peuple acquérait le talent de comprendre le langage des animaux en mangeant, selon les uns le cœur, suivant les autres le foie d'un dragon. Cf. aussi dans le conte chelh'a du Sous, la manière dont Sidi Abd er-Rah'man b. Medjdoub acquiert la science (R. Basset, *Recueil de textes et de documents relatifs à la philologie berbère*, Alger, 1887, in-8, p. 65-67). Une version zouaoua du conte arabe des *Mille et une Nuits*, a été publiée par M. Belkassem b. Sedira, *Cours de langue kabyle*, n° CLXXIV, p. 217.

gad ag eçaren fellas mâ tamet't'out en. Inna ias : Agour echka sides ioujellid, nech d emmis n oujellid ad ezouir' as inir' : Argaz ou igou agdi elkheir; mak inna : Agour n khaznet chemmer al tezmered n idrimen, inas : Oul r'isa ekhsa ai tesefsed iimiou d elbarakat mak inna : Mammou ak innan? inas : Oula d h'ad. Izoua argaz en l oujellid ichka s tamet't'out, iâidh ias oujellid itamet't'out en inna ias : Mair'a a taouid ou tah'bas(ed) t da? Tenna ias : Ichi d emmi. Inna ias oujellid : Mair'a igou emmim imanes d eldjerboud asi t ichou. Netnin nr'ersen am ezrin eldjerboud a t et't'efen echin t. Inna ias oujellid iourgaz en : Ouch as tâllagt n emmis. Iouch as t. Inna ias oujellid itamet't'out en : Agour err emmis medden n ounkan a t taouid sis. Inna ias emmis em oujellid ibabas : Ou igou lkheir agdi kefat s elkheir. Inna ias oujellid iourgaz en : Agour n khaznet chemmer al tezmered n idrimen. Inna ias : Oul r'isa idrimen : ekhsa sefsi iimiou d elbarakat. Inna ias : Mammou ak innan. Inna ias : Oula d h'ad. Inna ias oujellid : Ou tezmered itkefsiou. Inna ias : Ad ezmera. Inna ias oujellid : Ma k sefsa iimik a tesined aoual n haouich d ijoudadh mi saoulen a tesined mata ennan chek mi asi temlid imidden a temetted. Inna ias : Oul mela. Isefs as iimis iserh'i inna ias itamet't'out en : Agour sioudhi n ounkan a t toufid dis. Tezoua tesioudhi n ounkanes. Iali f tar'ioultes izoua n taddartes. Iak'k'en tar'ioultes izoua isioudh ad chera imidden. Idouel iali f tar'ioultes ad ioui tar'ouri. Ibda ih'fer tar'ouri si isel lr'orab ik'k'ar ajenna : Ah'fer m ouddai si a ter'ennid mata ir'enni ek Rebbi. Issen mata inna ih'fer m ouddai si ioudh el kenz m oura ichar tar'ent m oura igas akh'a n tar'ouri s oujennas isioudh ner'ersen idouel bak'i itased itouh'. Igget tikelt temlak'a tar'ioultes mâ elber'el. Inna ias elber'el itar'ioult : Seddir' tellid tekhdemd. Tenna ias : Baba ou ioufou aitli illa iserh'al t id. Inna ias elber'el : Mi tioudhed ammas midden zâbadh tegerd as tar'ent temourt ad ezrin midden ad ikchef am iserik'. Netta isla mata ek'k'aren izoua ichar tar'ent r'i n tar'ouri ouah'des. Si ioudh ammas midden tazâbadh tar'ioult teger tar'ent temourt. Ioutit asi tedjiouan tita. Idouel iserh'et aitlis. Si igda idouel d elmerkanti d azâlouk. Ner'res izidhan taddart a taidit. Iggen emas ioutef n tazek'k'a toutef taizit' tetett elh'ebat. Inna ias izidh itaizit' : Aoui d akh'a. Tenna ias : Aia ech imanek. Ik'k'im babatsen idç. Tenna ias tamet't'outes : Mata ak isedçen? Inna ias : Oula d chera. Tenna ias : Tedçed fella. Inna ias : Oul edçir' fellam. Tenna ias : Lazem ai temlid f mata tedçed. Inna ias : Mi melir' ad metta. Tenna ias : Ai temlid temetted. Inna ias : Al degidh. Ikker isefour' d imendi inna ias itamet't'outes : Ekker ag elmârouf. Idâidh imidden echin effou-r'en midden. Ichemmer ouchchou itaidit ou ter'is a tech. Iased aidi n eldjar ensen illa koull ioum itased itett mâ taidit. Azen ten iased iaf d ouchchou inna ias aidi itaidit : Aia nechi. Tenna ias : Oulr'isa. Inna ias : Mair'a. Tenna ias : Baba ou isel izidhan sioulen idç : tenna ias lallaou : Amel ii d f mata tedçed; inna ias : mi melir', ad metta; tenna ias : Ai temlid temetted; achtiou igou lmdrouf bach as imel, mi as imel, ouaou ad immet : Ou tifa mammou a igin am netta. Inna ias aidi itaidit : Mata ad issen aoualna ad ibbi tart'a iouch as al tedjiouan ichcha t ik'k'ar as : achtiou f mata edça, achtiou f mata edça, al mata tenna ias : ou ai mal. Netta illa itsela mata ek'k'aren idan g iman ensen. Ikker ioujed tart'a. Ezouan et't'e-sen ag tensen. Tenna ias : Amel ii d. Ikker ijbed tart'a ichcha t ik'k'ar as : Achtiou f mata edça, asi tella tekkar as : Ou ai mal, ou ai mal, ou ai mal. Iterk it. Si selan iidan tenna ias : Ou ai mal, fer-k'an r'i tazelen ajenna n taddart tiraren echchin ouchchounsen. Si ouzin ou as tenna : Amel ii d chera. Ek'k'imen hennan.

Ag d ejjir' dis a ir'fer Rebbi.

VIII

LA QUESTION D'AGE

—

اشن اسم امنس احمد ينسى اسم امنس مسعود ينيس اشن ينسى يالله ارمك نشيك ينيس انسى منشت نغرك ان حلا ايوشن ينيس اشن نغرى اميات حيلت د الحيلت دوازكن ينيس ينسى نغرى حيلت دوازكن ازوان سنتين اسك اوبن اينو د ساتنسن يبت اشن ينيس انسى سكنتد ينيس اشن او هو ينيس ينسى امفرنا اكدنا اتش منشت نغرك العمرك ايشن ينيس اشن نغرى اثمانين عام ينيس اكيس ينسى نغرى سبع (تسع؟) او تسعين عام نشين د مفارنا بلاك يسد يثى بلاس انسى ازوان دح سنتين تسد د ساتنسن اتس يبتت دح اشن ينيس ينسى اتب(ت) اكثيس اكد نا اتش ينيس ينسى ايشن منشت نغرك العمرك ايشن ينيس اشن نغرى اسو ثلاث ايام ينيس ينسو، نشن غين اماروا اكد لولا نش د اكشيش

وِلك يسد دح يشت بلس يسد اشن يغضب ولاس ازوان دح ستتين[1]

Ouchchen ism imanes Moh'ammed, insi ism imanes Masoûd. Inna ias ouchchen iinsi : Iallah a refig nechik. Inna ias insi : Manicht ner'erek en h'ila ai ouchchen? Inna ias ouchchen : Ner'ri miat h'ilet d elh'ilet d ouzgen. Inna ias insi : Ner'ri h'ilet d ouzgen. Ezouan sen netnin sgi oufan ainou dessat ensen. Ibbi t ouchchen. Inna ias insi : Sekn et id. Inna ias ouchchen : Ou hou. Inna ias insi : Amek'k'eran agedna a t ichi; manicht ner'rek eldmrek ai ouchchen? Inna ias ouchchen : Ner'ri temanin âm. Inna ias akis insi : Ner'ri sebd (tesd)[2] ou tesdin nechchin d amek'k'eran fellak. Ioused ichi fellas insi. Ezouan dah' sen netnin toused dessat ensen tasa. Ibbi tet dah' ouchchen inna ias i insi : A t ibbi ak'chich agidna a t ichi. Inna ias insi iouchchen : Manicht ner'rek lâmrek ai ouchchen? Inna ias ouchchen : Ner'ri ass ou tlat iam. Inna ias insi : Nechchin r'in imar ou aged loula nech d ak'chich fellak. Ioused dah' ichi t fellas. Ioused ouchchen ir'dheb fellas ezouan dah' sin netnin[3].

IX

LA JARRE DE GRAISSE[4]

—

ازوان سنتين اشن د ينس يسد اشن اطول ولاس تكلى على خاطر
يش ينسى ولاس اينو د تس يسد ينسى ينيس ايوشن اخويا تكلى اطول
ولنا اشتيو نبود ينيس اشن لشن اليغ النوم سوابريد لا اكت النوبت

1. Communiqué à Ouargla en 1885, par Moh'ammed ben Ah'med b. Abou Bekr b. Sa'demou, dont l'orthographe a été conservée.

2. Le texte porte bien clairement سبع : cependant dans les contes de ce genre, on rencontre plutôt le chiffre 99 que 97 : il est possible que par inadvertance Moh'ammed b. Sa'demou ait écrit un nombre pour l'autre (تسع pour سبع).

3. Cf. un épisode semblable dans un conte zouaoua : Belkassem b. Sedira, *Cours de langue kabyle*, p. CCXXIII, *Le Hérisson et le Chacal*, et une version des Arabes d'Algérie, A. Certeux, *Le Chacal et le Hérisson* (*Revue des Traditions populaires*, juin 1888, p. 317).

4. Communiqué à Ouargla en 1885 par Moh'ammed b. Ah'med b. Abou Bekr b. Sa'demou, dont l'orthographe a été conservée.

فبل واسو اوسفد مع ابريدوا اسكن اد اوويغ اركزن اخزن الزير نودى
انسو سيس لاكن الزيروا لا يقرب ازوان اكورن اسك اوضن الزير
يسد اشن يزل اخبس يسو واما دينسى ويزمر اد يسو على خاطر د
افزول ينيس ايوشن اخوى وردى ينيس اكس اشن ها سو وحدك
ميتوغن اتس تشيتت وحدك يسد ينسى ينكز وحدس الزير يسوا ينيس
ها سلى اخويا ينيس اشن وكليا ينيس ينسى ايوشن سلى سالزير ينيس
اشن وكلى سالزيز ينيس ينسى اودى سلى سالزير ياك شكن د احبيبو
ينيس اشن بالصاح د احبيك لاكن النيت لاش بيق اد بيلك افم دين
الاد يس باب نالزير اد ملك سكدك الحفود الحفك ينيس اينسى ايوشن
اويد ينيس اشن ينسى افم بالسلام ينيس ينسى ايوشن اين اكوصيغ المنت
اليغ خزنخنت اكيكن امنكان شمرت اسيس اكتنبع سمتا ايسان اشن المنت
يدولد نفرس بنيس ينسى ايوشن اود تمجتك اكنيغ ايو (او) يسل حد
يوسس اشن تمجتس ايكمش ديس ينسى يسد اشن ايشمر اخبس سالزير
اسك اد يمو ينسى يلسف ديس ينفض اخبس يسد ينسى اصار ابعيد
ينيس ينسى يوشن ها ما يتلى ماية حيلك شتى الحيلت ايكث تنفلت[1]

Ezouan sin netnin ouchchen d insi : ioused ouchchen it'oul fellas tikli dla khat'er ichi insi fellas ainou d tasa. Ioused insi inna ias iouchchen : A khouia tikli it'oul fellana achtiou neffoud. Inna ias ouchchen : Nechchin ellir' ennoum(a) s oubrid la igget ennoubet k'bal ou assou ousir' d mâ oubrid ou syi ad oufir' irgazen ikhazn(en) ezzir n oudi a nesou sis lakin ezzir ou la ik'reb. Ezouan agouren.

1. Sur la ruse qui tire d'affaire le hérisson, cf. un détail semblable dans une fable de Marie de France, *Poésies*, éd. Roquefort, Paris, 1820, 2 v. in-8, t. II, p. 263, fable 62, *La compengnie dou Lou et dou Hirechon*, dans un conte de Nicole Bozon (*Contes moralisés*, n° XLII, fable 58 : *Quod mali adquisitum relinquitur sed precium remanebit* ; Romulus de Bruxelles (ap. Hervieux, *op. laud.*, t. II), fable 62, p. 542, *De Lupo et Herinacio*. On peut aussi en rapprocher un conte zouaoua : *Le Renard et le Hérisson* (Belkassem b. Sedira, *Cours de langue kabyle*, n° CXCVI, p. 281).

Sgi oudhen ezzir ioused ouchchen izzel ikhfis isoua ou amma d insi ou izmer ad isou dla khat'er d agezzoul. Inna ias iouchchen : A khouia ourradi. Inna ias akis ouchchen : Ha sou ouah'dek ma itour'en tasa techitet ouah'dek. Ioused insi ingez ouah'des ezzir isoua. Inna ias : Ha sili a khouia. Inna ias ouchchen : Ou ak silia. Inna ias insi iouchchen : Sili sezzir. Inna ias ouchchen : Ou ak silia sezzir. Inna ias insi. Ou di (t)esi li(t) sezzir iak chekin d ah'bib iou. Inna ias ouchchen : Beççah' d ah'bibek lakin enniat lachi bini ad binek ek'-k'im dinna ala d ias bab n ezzir ad isilik sgidek elh'ak'oud ilh'ak'ek. Inna ias insi : Ai ouchchen, aoui d. Inna ias ouchchen iinsi : Ek'k'im b esselam. Inna ias insi : Ai ouchchen ain ak ouçir' lamanat ellir' khaznakh tet g iggen em ankan chemmer t sis ak tenfd. Saût a izlan ouchchen elamanat idouel d ner'res. Inna ias insi : Ai ouchchen aoui d tamejitek ak inir' ai ou isel k'ad. Iousas ouchchen tamejites a ikmech dis insi. Ioused ouchchen a ichmer ikhfes s ezzir. Sgi ad ioufou insi ilsak' dis ink'edh ikhfes ioused insi içar bdid. Inna ias insi iouchchen : Ha ma itli mia h'ilek achtiou elh'ilet igget tendhent.

X

L'AGNEAU ET LE CHACAL[1]

—

وشن يملكا اعلوش ينا ياس وشن ماتا تكيد يخبك ينـا ياس اكدس
اعلوش اعمى يمـاتا اى تتد زيى الشا امكانتو الا اسكاس ينغ شارض
نيارن ينغ اربعة ينغ خمسة ينغ ستة اد اكا تدونت اشدرا اعمى ينا ياس
اكدس وشن تليد اتشدرد تكيد تدونت اتاسد د المعبريت ينا ياس اعلوش
اكوشا لمهد ولا د غراغ يكن يشرا يزوا دوشن افضان يارن يوسد ينا
ياس اكوسيغد ينا ياس اعلوش ماتا نتكا سدك ماتا تخسد ينا ياس وشن
وسيغد مانى اوالك ينا ياس اعلوش و تسليغد نش اسو اليغ تكيغ اشاون
ينـا ياس وشن ايمى نتودايت اتخد اوال وما نسيول نشين يدك ينا
ياس اعلوش اوى سات مو نسيول نشى د يدك ينا ياس وشن اليغ اخسا
سكدك شريعت ينا ياس اكدس اعلوش الله يبـارك الشا الغبشا اد اسا

1. Dicté à Ouargla en 1885 par El-H'adj Salah'.

غرك يزوا اعلوش د كيض لوسلوكي ينا ياس شتاى ماتا يسارن اسو يني
وين وشن ينا ياس وسلوكي اشا ابي د يكت نسنيت تكيد تسنيت كيديس
تبردت ستامورت تدفند بي د يس ازي داى امكان يميود يماسنيو وتن
دبن تنض اس يوشن ما كود يوسد غبشا يوسد وشن ينا ياس اعمى
نشني ما تا تراح لشراع ژال بي غير تزلا البغ ومنغك ينا ياس يازوا ماى
تخسد الك زلا ما تخسد ينا ياس هيا شتاى امربوضيو ژال يامربوضيو
تزويد ينا ياس ما يلا ينا شتاى ينا ياس اعلوش هيوا ينيي اكيوت امربوضو
ينا ياس سوبوغ بوسك سرسيت يامربوضيو نتا يسرس بوسس يطبت
وسلوكي يبيتاس يزوا وشن يتزكا خير اكوم الان د يغدارن لاش
ديسن الامان اندا يسار لشراع يسار لوسلوكي يناى د امربوضيو د
يي بوسيو[1]

Ouchchen imlaga adllouch, inna ias ouchchen : Mata tegid ikhfek? Inna ias akides adllouch : A âmmi imata ai tetted? Jii alechcha amkantou, illa aseggas iner' charedh n iiaren iner' arbâ iner' khamsa iner' setta ad ega tadount achedra a âmmi. Inna ias akides ouchchen : Tellid a techdered tegid tadount a tased d elâfrit. Inna ias adllouch : Ak oucha lâhd oula d r'erar' iggen ichera. Izoua d ouchchen; ak'dhan iiaren, ioused inna ias : Ak ousir' d. Inna ias adllouch : Mata netga sidek? Mata tekhsed? Inna ias ouchchen : Ousir' d mani aoualek : Inna ias adllouch : Ou tsilir' d, nech ass ou ellir' tegir' ach-

1. La première partie de cette fable rappelle celle de La Fontaine (l. IX, fable 10, *Le Loup et le Chien maigre*); cf. Furia, *Fabulæ æsopicæ*, n° 86, p. 138, *Le Loup et le Chien*; Faerne, *Fables*, à la suite de Phèdre, éd. Tauchnitz, Leipzig, 1868, in-16, n° XXVIII, *Canis et Lupus*, p. 135; Burckhard Waldis, *Æsopus*, l. III, fable 63, t. I, p. 350, *Vom Hundt und Wolffe*; Camerarius, *Historia vitæ fortunæque Aesopi*, Leipzig, 1544, petit in-8, p. 104-105, *Canis et Lupus*; G. Haudent, *366 apologues d'Esope*, Rouen, 1547, in-16, 2e partie, fable 26, *D'un Loup et d'un Chien*; Benserade, *Fables d'Esope en quatrains*, n° 126; Zachariæ, fable 127, *Der Hund und der Wolf*; cf. Robert, *Fables inédites du* XIIe, XIIIe *et* XIVe *siècles*, t. II, p. 220; *Œuvres* de Lafontaine, éd. Regnier, t. II, Paris, 1884, in-8, p. 407; Kuhn, *Mærkische Sagen und Marchen*, p. 295-296.

chaoun. Inna ias ouchchen : Ai emmi n tououdait a tkhand aoual ouma nsioul nechchin idek. Inna ias adllouch : Aoui sat mammou nsioul nechchi d idek. Inna ias ouchchen : Ellir' ekhsa sgidek cheriât. Inna ias akides adllouch : Allah ibarek alechcha al r'abechcha ad asa r'erek. Izoua adllouch deggidh l ouslougi inna ias : Chtai mata isaren ass ou bini ou bin ouchchen. Inna ias ouslougi : Achcha ebbi d igget tisnit teggid tisnit g idis teffered t stamourt tedfend ii dis ejji dai amkan imi ou d ifassen iou ou ten deffen. Iendh as iouchchen ma gou d iousou r'abechcha. Ioused ouchchen. Inna ias : A âmmi nechni mata nr'ah' lecherâ jal ii r'ir tijilla, ellir' oumenr'ek. Inna ias : Ia nezoua mai tekhsed ak ejella ma tekhsed. Inna ias : Haia chtai amraboudhiou jal iamraboudhiou tezouid. Inna ias : Mailla. Inna : Chtai. Inna ias adllouch : Haioua ini ak iout amraboudh ou. Inna ias : Soufour' fousek sersit iamraboudhiou. Netta isers fouses. It't'ef it ouslougi ibbi t as. Izoua ouchchen itzagga : Khir akoum ; ellan d ir'eddaren lach disen elaman, anenda isar lecherâ isar l ouslougi inna i : D amraboudhiou, d ibbi fousiou.

XI

CHANSON D'ABOU MANÇOUR[1]

—

ابا منصور بو ڪلال دخلة نغرك
مامو معك مامو خوياك ابا منصور
احمد بن ذاويا التزوين ابا منصور
مامو معاك مامو خوياك
عبد القادر بن خواجة ابا منصور
الحاج بحمودى ابا منصور
.ا براح مانى يوكور ابا منصور

ماتا يشمر بو ڢلاف ابا منصور

1. Communiquée à Ouargla en 1885 par El-H'adj Salah' dont l'orthographe a été conservée.

يزوا يبلق تزداين ابا منصور
يزوا كباى شايع ابا منصور
فتلا فى غضب الله ابا منصور
تاربعيت تامديت ابا منصور
اخسد اركوت غابشة ابا منصور
ما يراح مانى يوڭور ابا منصور

يزوا دو اكان الحاج عيسى ابا منصور
لا سماح ولا غفران ابا منصور
يوشو عيشة سوكروة
يوشو عيشة سوكلوا انتينى ابا منصور
ما يراح مانى يوڭور ابا منصور

يزوا الموڭونا ابا منصور
الموڭونة الحاج عيسى
يزوا اديو دبو ڤلاف ابا منصور
بو ڤلال دخل اكدك[1]

Abou Mançour, Bou Guellal, dekhelt nr'erek
Mamou mdak? mamou khouiak Aba Mançour?
Ak'med ben Daouia tiizouin, Aba Mançour,
Mamou mâak? mamou khouiak?
Abd el K'ader ben Khodja, Aba Mançour,
El H'adj Ba H'amoudi, Aba Mançour
Ma irah'? Mani iougour, Aba Mançour?

1. D'après la tradition, un enfant, ayant été battu par son père, implora l'intervention de Sidi Mançour, mais il n'en fut que plus maltraité. Les assistants, témoins de cette brutalité, composèrent cette chanson qui fut bientôt dans toutes les bouches et rendit fou le père qui mourut peu après.

Mata ichemmer bou fellak', Aba Mançour?
Izoua ifellek' tizdain, Aba Mançour,
Izoua koumbai chaid, Aba Mançour,
Ak'en tala fi r'adhab Allah, Aba Mançour,
Taroubdit tameddit, Aba Mançour,
Ikhes d arkout r'abechcha, Aba Mançour.
Ma irak'? Mani iougour? Aba Mançour.

Izoua d ouakan el H'adj Aisa, Aba Mançour,
La semah' ou la r'efran, Aba Mançour.
Iouchou Aicha s oukaroua,
Iouchou Aicha s oukoulou en tini, Aba Mançour.
Ma irak'? Mani iougour, Aba Mançour?

Izoua lmougouna, Aba Mançour,
Lmougouna el H'adj Aisa,
Izoua ad ioui d bou fellak', Aba Mançour,
Bou Guellal dekhel gidek.

C. — OUED-RIR'

(*Temacin*)

I

L'ENFANT SAUVÉ DES FLAMMES[1]

—

يلا الفزمان انسيدنا عيسى عليه السلام تمطوت صالحة تنق العجين
الفطبنت تحرم انتزليت يساسد ابليس البصورت انتمطت يما يس يحرك
العجين ولتكيد اغرس ياوى اميس يليت الفطبونت واستكد يتبد اريازس
يبد العورات الفطبونت التزار استرجن يرستت ربى التمفاين الترففين
امناس اسدنا عيسى عليه السلام يما يسن عيطاس اغرى تاسد إاسولت

1. Communiqué en 1885, à Touggourt, par l'adel de Temacin dont l'orthographe a été conservée.

الممو تما يس يا روح الربى ميازض اد توضيع متوضيغ ادزله ميتر السى
حد اتقاوسه يخست ربى استكضيغ ابابس اشمر المضر سى مدن افدرن
امشمر المضر سى مدن الموتن

Illa g ezzeman n Sidna Aisa âleih es salam tamet't'out çalih'a teg elâdjin g t'abounet. Teh'rem n tzallit. Iousas ed Iblis f çouret n tamet't'out imma ias : Ih'rek elâdjin. Oul tenkid r'eres. Iaoui emmis illi t g t'abounet. Ou as tenkid, Iatef d ariazis iaf ed elâouret g t'abounet ittourar s terjin. Irr as tent Rebbi tidk'k'ain tizouggar'in. Emman as i Sidna Aisa âleih es salam imma iasen. Aiet' as r'eri tased. Isiouel it f ammou. Temma ias : Ja Rouh' er Rebbi mi iezdha ad toudhir', mi toudhir' ad zalla, mi itter sii h'ad ter'aousa ikhsit Rebbi as t ekdhir' i babes, achemmera lmadharr si midden ag idderen am chemmera elmadharr si midden imaouten.

II

JÉSUS ET L'OISEAU[1]

—

يعقب سيدنا عيسى عليه السلام البشق المواد يزر اجضيض سالفنور
اغطس اتلخت يبغد يسرد يدول التصبحت ايدك امانس اتلخت يبغد
يسرد امانس اعاد دو صبيح امويد خمس انتكال اعاجب سى القامو يما يس
سيدنا جبرايل عليه السلام يا عيسى اين اتلخت يرست ربى امن اتزلان
تزلت انحمس سى الامة محمد اجضيض ام الذنوب اسرد الفواد امتزليت

Idgeb Sidna Aisa âleih es salam f chak'k' m ouad. Izra ajedhidh seg en nour ir't'es i telakht. Iffour' d isarad idouel itaçbih't ai d iga imanis i telakht iffour' d isarad imanis iâad d ouçbih' amou iid khams en tikal. Iâdjeb seg ammou. Imma ias Sidna Djebrail âleih es salam : Ja Aisa in telakht irras t Rebbi imen itazallan tazallit n khams, si l ommat Moh'ammed; ajedhidh am ed donoub isarad g ouad em tazallit.

1. Communiqué en 1885, à Touggourt, par l'adel de Temacin dont l'orthographe a été conservée.

III

LE QADHI VOLÉ[1]

—

اكرن ارشوتن الملفاضى (*sic*) ازوان يكماس يجتد غر المدن اردنتن يما
يسن الفاضى الفخدمنس اويتد اونستد احضرن دسات الفاضى يما يسن
اسمانى تاويم ارشتى امانس نشان نبيتن لرياز يطس نق امعاس البحش
نكساس ارشنس يما يسن الفاضى ارشتى وفى النيو اكرن سغرس[2]

Oukeren irchouten m elk'adhi ezouan. Igem as iafi ten d r'er midden erden ten. Imma iasen elk'adhi g ikheddamenis : Aouit ten d. Aouin as ten d. H'adheren dessat elk'adhi imma iasen : Smani taouim irchouten enni. Emman as : Nechan nafi ten l ouriaz it't'es nega mâs elfah'ch neks as irchoutenis. Imma iasen elk'adhi. Irchouten enni oug enni ou. Ekkeren sr'eres.

IV

PART A DEUX[3]

—

يوسد امغار لحديمس يما يس اخس السيك التزرد الجن امرياز ايحص
اويتد ما يحص اسش ماية ريال كان ويحص اسش ماية ضربة يجغ اخدمس

1. Communiqué en 1885, à Touggourt, par l'adel de Temacin dont l'orthographe a été conservée.

2. Le héros de l'aventure qui vole les vêtements du qadhi est Si Djoh'a dans les diverses versions arabe, turke et berbère : Cf. Decourdemanche, *Sottisier de Nasr eddin Hodja*, n° CLXXIII, p. 171, *Un cadi dépouillé*; *Naouâdir de Si Djoh'a*, éd. de Boulaq, p. 33; éd. de Beyrout; Fl. Pharaon, *Spahis et turcos*, Paris, 1864, in-18 jés., p. 177-179, *Si Djoh'a et la Mule du cadi*; Mouliéras, *Les fourberies de Si Djoh'a*, Oran, 1891, in-12, n° XVII, p. 10, *Si Djoh'a et le qadhi*; Clouston, *Flowers from a Persian garden*, Londres, 1890, in-8, *Oriental wit and humour*, p. 68.

3. Communiqué en 1885, à Touggourt, par l'adel de Temacin dont l'orthographe a été conservée.

يزر ارياز اسمس العصفلانى يما ياس اكفر البلخدمت (*sic*) تهون التود بلاس
ماية ريال يما يس ادمتا يما يس نتات كان تصصد امغار اتويد سغرس ماية
ريال كان ويصى اكيوش ماية ضربة يما يس اتصص يمايس اخديم اد وى
ادوضيض وتود لا دحد غينش اين اكش خمسين ريال السيس يزوا
معاس لمغار يتبع يغم الفلمندادس يسول سالحكيات ويصى امغار يمايسن
اشتاس ماية ضربة ابدان الفوتى سق اوضن خمسين ضربة يمايسن الجتد
خمسين الدفن اوه اتيوى د خديم افلان يويد اين يمانى ملمى تود ماية
ريال اشيد السيس خمسين اشتاس خمسين ضربة مامش اغغ اين مى زنان
ادريمن الموتى يص امغار اسق يوض البظهرس الدبر يوشس ماية ريال
يبغ يزوا لغرسن يزه[1]

Ioused oumr'ar l oukheddimis imma ias : Ekhsa sik al tezred idjen m ouriaz a ii içeç aoui t id ma ii içeç as oucha mia rial kan ou ii içeç as oucha mia dharba. Iffer' oukheddimis izera ariaz ismis El Ask'alani imma ias : Ak r'ara f elkhadmet tehoun al taouid fellas mia rial. Imma ias : Ad mata. Imma ias : Nettat kan teçeçed amr'ar a taouid sr'eres mia rial kan ou iça ak iouch mia dharba. Imma ias A t çeça. Imma ias oukheddim : Ad aouia d oudhidh ou taouid la d k'ad r'i nech ain ak oucha khamsin rial sis. Izoua màs loumr'ar. Iatef ik'k'im g elmendadis isiouel s elk'ikaiat. Ou iça oumr'ar. Imma iasen : Oucht as mia dharba. Ebdan g outi. Seg oudhen khamsin dharba imma iasen : Edjit ad khamsin d ik'k'imen ouh a t ioui d akheddim ag illan iaoui i d. Ain imma ii : Melmi taouid mia rial, ouch ii d sis khamsin. Oucht as khamsin dharba mamech our'er'. Ain fi zenan idrimen am outi. Iça oumr'ar seg ioudha f edhdhahris al deffir. Iouch as mia rial iffer'. Izoua lr'ersen izzeh.

1. Ce conte est cité par Voltaire qui lui attribue une origine espagnole, *Œuvres completes*, Paris, 50 v. in-8, 1877-1883, t. X, *Préface de Catherine Vadé*, p. 7-8. Chez les Arabes, il est attribué à Abou Nouâs, cf. *Kitâb Nozhat el-Djallâs fi Naouâdir Abou* (sic) *Nouâs*, Beyrout, s. d., in-12, p. 23. On le trouve aussi avec Haroun er-Rachid, Mesrour et Ibn el-Meghâzili pour héros. Cf. El-Ibchihi, *Mostat'ref*, t. II, ch. LXXVI, p. 306-307, reproduit par Belkassem ben Sedira, *Cours de littérature arabe*, § 48, p. 32-34. Il existe aussi dans les *Mille et une Nuits*, éd. de Beyrout, t. III, p. 176.

V

JÉSUS ET LA VILLE[1]

—

يعفب سيدنا عيسى عليه السلام الڢمزداغ ديس يلا الشجر د الودان ضيفانت ادبابس يتعجب اتصبح المطاعت النسن يعفب الڢمزدغن ازوان تلاتة اسنين يزر الشجرن يفور دلودان ولتزلن ادنت يخل الڢد بابس يتعجب سلفمن يما ياس ربى اين يعفب الڢمزدغ ارياز ويتزلى يسرد ودمس سى تلوين الفرنت يفر الشجر يخل وامزداغ سف يل ون وتزلن دالسبت الهدم المدين دالسبت المخل ام الدنيت

Idâgeb Sidna Aisa âleih es salam f oumezdar' dis illa echchedjer d elouidian. Dhifan t idbabes itâdjeb a teçbah' elmet'aât ensen. Iâgeb f oumezdar' enni ezouan tlata senin. Izra echchedjer enni ik'k'or d el ouidian oul tazzelen ad netta iakhli f idbabes. Itâdjeb seg menni. Imma ias Rebbi : In iâgeb f oumezdar' ariaz ou itzalli isarad oudemes si taliouin : ek'k'orent, ik'k'or echchedjer, iakhli oumezdar' seg illa ouenni ou itzallin. D essebbat elhedem lmedina illa d essebbat elmekhli em eddounit.

VI

LE CHACAL ET L'AIGLE[2]

—

يوسد النسر دوالشن يمايس أكر الڢضبت يما يس الشن مانى امشان يما يس الڧ السما يما يس الشن الفنسر ما مش الاد اليه الى السما يما يس نش الاكسليه للسما انج المظهريو طار سيدك يفت انج المظهرس يبى

1. Communiqué en 1885, à Touggourt, par l'adel de Temacin dont l'orthographe a été conservée.

2. Communiqué en 1885, à Touggourt, par l'adel de Temacin dont l'orthographe a été conservée.

سيدس اسف يبعد افتمرت لاخرت اسف آتيلى سنج المظهرس يم الشن
يا ربى الي الفندر اللوم اين الفلمجرى المحما يوض ديس الدين اوسر
الفلمجرى ايتوض يم اوسار العما سف يوض الشن يما يس ايون اطمعن
ايبازين الق السما

Ioused enneser d ouchchen imma ias : Ekker f dhifet. Imma ias ouchchen : Mani amchan? Imma ias : G essema. Imma ias ouchchen g enneser : Mamech ala d alia ila ssema? Imma ias : Nech ala k silia l essema ennij elmedhheriou a t'ara sidik. Ig t ennij elmedhharis iafi sidis. Seg ibàd f tamourt lakhert seg a t illi sennij elmedhharis. Imma ouchchen : Ia Rebbi illi i f ennader aloum ain g elmejri elmah'ma. Iouodh dis aldin aoussar g elmejri itoudhou. Imma aoussar elâma seg iouodh ouchchen imma ias : A !iouin it'madn ibazin g essema.

VII

LE LION, LE CHACAL ET LA HYÈNE[1]

—

يل يجغ اوير دوالشن د الضبع سى قنفنسن باش اد كفن الشونسن
افند ازمر د وعلوش اتدمنت يما يس اوير الفضبع زون فلانا يم الضبع
ازمر انش تدمنت الفشان اعلوش افوير ينهض اوير سى افزونواوت
ايور (اوير *lisez*) الضبع سو الشارس اسف التبغ تدورتس يما الفشن
زون نش ادك يمايس سلغاك اخس اعلوش افطرسيدس تدمنت اتغد(د)
سيدس ازمر اتمش(د) سيدس يما يس اوير ماموا آكسلمدن الفهامت
(يماس) سى تشتك ايباب اللفسمت تمزوارت[2]

1. Communiqué en 1885, à Touggourt, par l'adel de Temacin dont l'orthographe a été conservée.

2. Ce conte se retrouve dans presque toutes les littératures, et ses diverses versions peuvent se ramener à deux groupes. Le premier, auquel se rattache le texte de l'Oued-Rir', comprend les fables suivantes : chez les Arabes : Ah'med el-Qalyoubi, *Naouddir*, Boulaq, 1302 hég., in-8, n° 85, p. 36, repro-

Illa iffer' aouir d ouchchen d edhdhebâ si geng ensen bach ad kedhen ouchchou nsen. Afen d izmer d ouâllouch a tadment. Imma ias aouir g edhdhebâ : Zoun fellana. Imma edhdhebâ : Izmer nech,

duit avec quelques variantes dans Cheïkho, *Medjâni el-adab*, Beyrout, 10 v. in-12, 1885-1888, t. I, § 86, p. 34 ; Ah'med ech-Chirouâni, *Nefh'at el-Yemen*, p. 55 ; *Raoudhat el-akhidr*, ap. Arnold, *Chrestomathia arabica*, IIIe partie, n° 7, p. 36, d'où elle a passé en nouba, dialecte de Dar-el-Mahass (Reinisch, *Die Nuba-Sprache*, Vienne, 1879, 2 v. in-8, t. I, p. 248) ; Ibn el-Djouzi, *Kitâb el-Azkid*, Le Qaire, 1304, pet. in-4, ch. xxxiii, p. 189 ; Ed-Demiri, *H'aiat el-H'aiouân*, Boulaq, 2 v. in-4, 1292 hég., t. I, p. 190 ; El-Ibchihi, *Mostat'ref*, t. II, ch. lxii, p. 168 ; une version arabe sans indication d'origine a été traduite par Cardonne, *Nouveaux mélanges de littérature orientale*, Paris, an IX, 2 vol. in-12, t. II, p. 60, *Le Lion, le Loup et le Renard* ; en syriaque : Bar Hebræus ap. Morales, *Ergœtzende Erzählungen*, ch. x (*Zeitschrift der deutschen morgenlændischen Gesellschaft*, t. XL, 1886, p. 414, 428) ; en touareg : Hanoteau, *Essai de grammaire tamachek'*, Paris, 1860, in-8, p. 133-135 ; *Le Lion, la Panthère, le Tahouri et le Chacal* ; en espagnol : *Libro de los Gatos* (ap. Gayangos, *Escritores en prosa anteriores al siglo* xv, Madrid, 1859, gr. in-8) ; ch. xv ; en turk : Decourdemanche, *Fables turques*, Paris, 1882, in-18, f. 81, *Le Lion, l'Ane et le Renard* ; dans les fables ésopiques, *Fabulæ æsopicæ*, éd. Furia, n° 109, p. 47 ; en latin : *Romulus de Nilant* (ap. Hervieux, *Les fabulistes latins*, t. II), f. 6, *De Leone, Bubalo et Lupo venatum pergentibus* ; Jacques de Vitry, *Exempla*, éd. Crane, Londres, 1890, in-8, § 158, p. 69 ; Étienne de Bourbon, *Anecdotes historiques, légendes et apologues*, éd. Lecoy de la Marche, Paris, 1877, in-8, § 376, p. 333 ; *Romuleæ fabulæ rythmicæ* (ap. Hervieux, *op. laud.*), l. I, f. 6, *De Leone, Bubalo et Lupo* ; Romulus de Bruxelles (ap. Hervieux, *op. laud.*), f. 6, *De Leone* ; Eudes de Chériton (*ibid.*), f. 24, p. 642 ; Jean de Sheppei (*ibid.*), f. 5, *Leo, Lupus et Vulpes* ; *Altdeutsche Blätter*, Leipzig, 1840, t. II, p. 82 ; Abstemius, *Hecatomythium alterum*, Venise, 1499, in-4, f. 186 ; Faerne, fab. 2, *Leo, Asinus et Vulpes* ; Desbillons, *Fabulæ æsopiæ*, Paris, 1778, in-12, l. IV, f. 4, p. 76, *Leo, Asinus et Vulpis* ; Camerarius, *Historia vitæ fortunæque Aesopi*, p. 106, *Leo, Asinus, Vulpes* ; Bromyard, *Summa prædicantium*, E, viii, 28 ; Wright, *Latin stories*, Londres, 1842, in-8, n° 58 ; Gabrias, *Quatrains*, éd. Laprade, Paris, 1853, in-12, quatr. 5, *Le Lion, l'Ane et le Renard* ; en arménien : Vartan, *Fables arméniennes*, Paris, 1825, in-8, n° 10, *Le Lion, le Loup et le Renard* ; en français : Marie de France, *Œuvres*, t. II, *Dou Lion, du Bugle et de un Leu* ; *Roman de Renart*, XVIe branche par Pierre de Saint-Cloud, v. 1187-1506 (éd. Martin, t. II, p. 187-196) ; P. Pâris, *Aventures de Maître Renart*, 28e aventure, *Comment Isengrin ne fut pas aussi bon partageur que Renart* ; *La Compagnie Renart*, ap. Robert, *Fables inédites*, t. I, p. 32-34 ; Benserade, *Quatrains*, n° 163 ; Haudent, 1re partie, fol. 173, *D'un Lyon, d'un Asne et d'un Regnard* ; G. Corrozet, *Les fables et la vie d'Ésope*, Rouen,

tadment g ouchchen, adllouch g aouir. Inhedh aouir sig zoun ou, iouet aouir edhdhebâ s ouachchares seg al teffer' taddourtes. Imma g ouchchen : Zoun nech ad ak. Imma ias : Selir' ak ekhsa : dllouch

1587, in-16, fab. 64, *Du Lyon, de l'Asne et du Renard*; Robert Messier, *Sermons latins*, folio 105, col. 2, cité par Guillaume, *Recherches sur les auteurs dans lesquels La Fontaine a pu trouver les sujets de ses fables*, Besançon, 1822, in-8, p. 7-8; en italien : Guichardin, *Detti e fatti notabili*, Lyon, 1808, in-12, p. 244, *Le Lion, l'Ane et le Renard.*

Le second groupe comprend les fables dont celle de La Fontaine (l. I, f. 6), *La Génisse, la Chèvre et la Brebis en société avec le Lion*, peut être considérée comme le modèle; cf. *Fabulæ æsopicæ*, éd. Furia, fab. 299, p. 122, *Le Lion et l'Onagre*; Babrios, *Fables*, éd. Schneidewin, Leipzig, 1880, in-12, n° 67, p. 29; *Fabularum Babrianarum paraphrasis Bodleiana*, Vienne, 1877, in-12, n° 59, p. 22-23; Phèdre, l. I, fab. 5, *Vacca et Capella, Ovis et Leo*; Romulus (ap. Hervieux, t. II), l. I, fab. 6; Romulus de Nilant (*ibid.*), fab. 7, *De Vacca, Capra et Ove, quæ Leoni se sociaverunt*; Adhémar de Chabannes (*ibid.*), fab. 9, *Vacca, Ovis, Capella et Leo, Fabulæ Phædrianæ*, ms. de Wissembourg (*ibid.*), fab. 8; Vincent de Beauvais (*ibid.*), l. III, coll. 3, fab. IV; Neckam, *Alter Æsopus* (ap. E. Duméril, *Poésies inédites du moyen âge*, Paris, 1854, in-8), p. 183, fab. IX, *De Ove et Leone et Vacca et Capella*; Romulus I de Vienne (ap. Hervieux, t. II), fab. 6, *Vacca, Capella, Ovis et Leo*; Wright, *Latin stories*, p. 54; Romulus II de Vienne (ap. Hervieux), fab. 5, *De Vacca*; Romulus d'Oxford (*ibid.*), fab. 6, *Vacca, Capella, Ovis et Leo*; Bromyard, *Summa prædicantium*, M, IX, 2; Jacques de Vitry, *Exempla*, § 15, p. 68; Romulus de Berlin (ap. Hervieux, t. II), fab. 6, *De Ove, Capra et Vacca*; Romulus de Berne (*ibid.*), fab. 5, *Vacca et Capella, Ovis et Leo*; Gauthier l'Anglais (*ibid.*), fab. 6, *De Leone, Vacca, Capra et Ove*; *Gualterianæ fabulæ* (*ibid.*), fab. 6, *De Capra, Leone, Juvenca et Ove*; *Romuleæ fabulæ rythmicæ* (*ibid.*), fab. 7, *De Vacca et Leone*; *Romulus Mariæ Gallicæ* (*ibid.*), fab. 7, *De Leone*; Romulus de Munich (*ibid.*), fab. 6, *De Leone et Vacca, ac de Capra, simul de Ove*; Anonyme de Berne (*ibid.*), fab. 13, *Vacca, Capra et Leo*; Jean de Sheppei (*ibid.*), fab. 4, *Vacca, Capra, Ovis et Leo*; Nicolas de Pergame, *Dialogus creaturarum* (éd. Græsse, *Die beiden ælteslen lateinischen Fabelbücher des Mittelalters*, Tübingen, 1880, in-8) Dial. XX, *De Auro et Argento*, p. 160; Camerarius, *Historia vitæ fortunæque Aesopi*, p. 189, *Leo, Juvenca, Capra, Ovis*; Ysopet de Lyon (éd. Fœrster, Heilbronn, 1882, in-12, fab. VI, *Da la Berbiz, da la Vaiche, da la Chieure, dou Lyon*; Nicole Bozon, *Contes moralisés*, Paris, in-8, n° 131, *Contrà cupidè adquirentes heredibus et de ingratitudine heredum*; Ysopet I, fab. VI, *Comment la Brebis et la Chievre, la Genice et le Lion s'entraccompagnèrent* (Robert, *Fables inédites*, t. I, p. 34-35); Ysopet II (*ibid.*, p. 36-37), fab. IX, *Comment li Lyons mena chacier le Torel, la Vache et la Brebis et prirent un Cerf*; Marie de France, t. II, p. 100, fab. 12,

eft'er sides, tadment a ter'da(d) sides; izmer a tāchcha(d) sides. Imma ias aouir : Mammou ak iselmeden elfehamet? (Immas) : Si tichtek ibab m elk'asmet tamzouart.

VIII

LA BREBIS ET LE CHACAL[1]

—

يل يوسد الشن ال تدمنت يم ياس اين دادو اغرس خمسة ارطال انتدونت فلام ايتسلكد ديسن تم ياس اين دادك لاش اغرس فله يما يس انراح للقاضى تما يس انراح ازوان لويرنت اين د القاضى السولن لفوير يما يس اوير اوشاس غرم اول اعجال تما يس الشن اسد اكجل تزوتق اسلوقى اسوداى انتسنت سق اد يوس الشن تم ياس اجل استسنتو ينكد التسنت يزر اسلوقى اسوداى يم ياس اين فكرغد الناط شم تسلكد لاش فلام ولادشى ايور الشغنم (lisez الشغلنم)

Illa ioused ouchchen al tadment imma ias : In daddaour'eres khamsa art'al en tadount fellam ai tselked disen. Temma ias : In dadda k lach r'eres fella. Imma ias : Anrah' lelk'adhi. Temma ias : Anrah'. Ezouan l aouir netta in d elk'adhi. Siouelen g aouir. Imma ias aouir : Ouch as r'erem aoual em djal. Temma ias iouchchen : As i d ak djala. Tezoua teg aslougi asouddain tisenit. Seg ad ious ouchchen temma ias : Djal s tisenit ou. Inked tisenit izra aslougi asouddai

Dou Lion qui ala chacier od la Chièvre et la Brebis; Le Noble, l. I, fab. 52, *Du Lion et des autres animaux*; Haudent, 1re partie, fab. 116, *D'un Lyon et de quelques autres Bestes*; Corrozet, fab. 5, *Du Lyon, de la Brebis et autres Bestes*; Caxton, *The fables of Aesop* (éd. Jacobs, Londres, 1889, 2 vol. in-8) t. II. l. I, fab. 6, p. n; Burckhard Waldis, *Esopus*, I, fab. 5, *Vom Lewen und andern Thieren*; Boner, fab. 8, *Der Edelstein*, Berlin, 1816, in-8, fab. 8, *Von vier tieren die wdren gesellen*; cf. *Wendunmuth*, éd. Oesterley, VII, p. 23-24; Robert, *Fables inédites*, p. 31-32; Burckhard Waldis, *Esopus* (éd. Kurz, t. II, remarques, p. 31); Caxton, *The fables of Aesop* (éd. Jacobs, t. I, p. 232); La Fontaine, éd. Regnier, t. I, p. 74-76.

1. Communiqué à Tougourt, en 1885, par l'adel de Temacin dont l'orthographe a été conservée.

imma ias : In fekrer' d r'da ennadh chem tselked lach fellam oula d chei aiour lchr'al ennem.

IX

LE JUIF ET LA MULE[1]

—

يسفر اداى لمزداغ يبعد امماس البغل يقو فلاس العوين داق اسحق اغرس يرول البغل اوضان ارشتن الفلان النج المظهرس التبرده اشمر اداى اتبارده اد غيرس النج المظهرس يزو سى دنسن يوضاس العي يلى ارشوتن افشمريم افولس المسين الجوله اسى الامين د مقران يكض ربى

Isafer Oudai l oumezdar' ibâd mâs elber'el igou fellas eldouin d agi ish'ak' r'eres. Irouel elber'el oudhan irchouten ag illan ennij elmedhhares a teberda. Ichemmer Oudai teberda ad r'ires ennij elmedhhares izouu sidensen. Iouodh as eldia illi irchouten ag ichemmer imma g oulis : Almesin edjoula si lamin d amok'ran ikedh Rebbi.

X

LE JUIF ET LE CRIEUR PUBLIC[2]

—

اراح البغل الجن د وداى اكلب فلاس ولت يوفى يما يس الفبراح اوى تريالات الببغلو افلان يزوى اعيغل ابراح الفدرويات نت يفار ماموا ازدين البغل اتبارداس ماية ريال اسل اداى يفار الفوالوا الفيمضاس يساسد (*lisez* يسداس) يما يس ايابراح مامش تفرد اموا شك تخسد اد يزو البغل اسواولك يسوسم فلاس و يوفى البغل

Irah' elber'el em idjen d Oudai. Ikelleb fellas oul t ioufi imma

1. Communiqué à Touggourt, en 1885, par l'adel de Temacin dont l'orthographe a été conservée.

2. Communiqué à Touggourt, en 1885, par l'adel de Temacin dont l'orthographe a été conservée.

as g ouberrah' : Aoui terialat g ber'el iou ag illan izoua. Idiedh' ouberrah' g deroubat netta ik'k'ar : Mamaou izerin elber'el a tberdas mia rial. Isela Oudai ik'k'ar g ouaoualou g diadhes. Ioused as imma ias : Ai aberrah' mamech tek'k'ared amou? Chek tekhsed ad izoua elber'el s ouaoualek? Isousem fellas, ou ioufi elber'el.

XI

LES PAROLES ENIGMATIQUES[1]

—

اسبرن سن اريازن لمزداغ يبعد سق طوان اتيورت يما ياس الجن
افدكلس سني اكسن يما يس ول زمر اكسنه نشن دكديد ولزمرا عفبن
البزرع يوض لجار يما يس الفمدكلس اين والزرع الشنت ادبابس يما يس
امدكلس مامش الشينت نت ابد ويجير ايورن الفدرب الكح اعفبن مدن
سالميت يمايس اجن اين ويمت يدر يمايس مامش ويموت نتا(ت) شمرنت
النج المناش اخسن التدبن سق اوضان لمزداغ افلان ازوان اغرس ابرفن
كل الجن يزو اشانس يسكن الجن اسيم امدكلس الفبريد ابيليس تما يس
انته اوال امعاس اولاس سني اكسن يخس سيدس دوال سغرس دغرك
اولاس البزرع الشنت اد بابس يم نته الزنزنت وايت اوين درمنس اولس
البلميت (*sic*) يدريم اغرس التاروه ملمى الفجين اسغرن يا عبد الله امس
ان عبد القادر الدكر السميت اندادس دسميتنس الفيض اعاد دادس يدر[2]

1. Communiqué à Tougg0urt, en 1885, par l'adel de Temacin dont l'orthographe a été conservée.

2. Ce conte fait partie de la série de ceux qui ont pour objet des paroles énigmatiques; cf. en berbère, *Le Cadi et la Fille du marchand de savon* (Rivière, *Contes populaires de la Kabylie du Jurjura*, p. 159); en grec, *Le langage figuré* (Legrand, *Contes populaires grecs*, Paris, 1882, in-18, p. 21), *La Reine et le Nègre* (id., p. 28); en arabe, *Entretien d'Alexandre et du sage indien* (Masoudi, *Prairies d'or*, trad. Barbier de Meynard et Pavet de Courteille, t. II, Paris, in-8, ch. xxvi, p. 266-274; cf. aussi une note de Nœldeke, *Beitræge zur Geschichte des Alexanderromans*, Vienne, 1890, in-4, p. 7, note 1), l'*Aventure d'Imrou 'l-Qais et sa fiancée* (Abou 'l-Faradj el-Isbahâni, *Kitâb el-Aghâni*, Boulaq, 1285 hég., 20 v. in-4, t. VIII, p. 74-75, et *Diwan d'Amro 'l-Kais*, éd. de Slane, Paris, 1837, in-4, p. 17 du texte, 28-

Saferen sin iriazen loumezdar' ibâd. Seg t'aouelen taiourt imma ias idjen g oumeddoukelis : Sen ii ak sena. Imma ias : Oul zemera ak sena : nechchin d akedid oul zemera. Ageben f ezzerâ iouodh lamjar. Imma ias g oumeddoukelis : In ou zerâ echchin t idbabes. Imma ias oumeddoukelis : Mamech echchin t? Netta ibed ou imjir. Aiouren g derb elkah' âgeben midden s el maiit. Imma ias idjen : In ou immout idder. Imma ias : Mamech ou immout netta, chemmeren t ennij em nâach ekhsen a t defenen. Seg aoudhen t oumezdar' agi ellan ezouan r'eres ferak'en. Koull idjen izoua t amchanes. Isken idjen as imma ameddoukelis g oubrid fillis. Temma ias : Netta aoual mâs aouales senii ak sena ikhs sides d aoual sr'eres d r'erek; aouales f zerâ echchint idbabes imma netta zenzen t fait aouin deremenes : aouales f el maiit idder imma r'eres taroua melmi g idjen as r'eran : Ia Abd Allah emmis en Abd el-K'ader idker essemit n daddas d semmit ennes g âiadh iâd daddas idder.

XII

MORT BIZARRE[1]

—

الجاس تعفب تمطوت التوسرت ترض تروط التمفرانت اسق اتخلخل
تمرت اوضانت البعط انتدرين امتن ربمين المدن سالفداين

Idjem ass tâgeb tamet't'out taoussart terdhou tarout' tamek'rant seg tkhalkhal tamourt oudhant elbât' en tiddarin emmouten erbâin midden seg Oudaien.

XIII

LE COQ ET LE CHACAL[2]

—

يوسد الشن لفزيض يما يس افسر د النزل يما يس فازيض الامام يطس

29 de la traduction) l'épisode d'une version de l'histoire de Diab b. Ghânem (Largeau, *Flore saharienne*, Genève, 1878, in-8, p. 193).

1. Communiqué à Touggourt, en 1885, par l'adel de Temacin dont l'orthographe a été conservée.

2. Communiqué à Touggourt, en 1885, par l'adel de Temacin dont l'orthographe a été conservée.

الاديكر يمايس الشن مايل الامـام يما يس الفمشانت الفلان اسدبرك بنكد الشن اسدبرس يزر اسلوفى يطص (lisez يطس) يرول الشن يخلع اعيضاس فازيض سبعيد يمايس ادولد بالنزال يمايس الشن يرز جل الوضو اتزليت واتصح بلا الوضوه يرول سالفسلوفى[1]

Ioused ouchchen l gazidh imma ias : Egser d anzalli. Imma ias gazidh : Eliman it't'es ala d ikker. Imma ias ouchchen : Mail elimam? Imma ias : G oumchant ag illan s defferik. Inked ouchchen

1. J'en ai publié une version en dialecte de Ouargla (*Manuel de langue kabyle*, IIIe partie, *Chrestomathie*, p. 30*) et une traduction (*Contes populaires berbères*, 1re série, no IX, p. 19); cf. Furia, *Fabulæ æsopicæ*, no 88, p. 39, *Le Chien, le Coq et le Renard*, Ibn Arabchah, *Fakihat el-Kholafa*, ap. Cheïkho, *Medjâni el-adab*, t. III, p. 94; Ech-Cherichi, *Le Renard et le Coq*, ap. Cheïkho, *Medjâni el-adab*, t. III, p. 94; El-Ibchihi, *Mostat'ref*, t. II, ch. LXII, p. 228, reproduit par Belkassem ben Sedira, *Cours de littérature arabe*, Alger, 1891, in-8, p. 20; une version en dialecte arabe d'Algérie, ap. Belkassem ben Sedira, *Cours pratique d'arabe vulgaire*, Alger, 1878, in-18, ch. XII, no 10; une traduction de l'arabe a été publiée sans indication d'origine par Cardonne, *Nouveaux mélanges de littérature orientale*, t. I, p. 75; Decourdemanche, *Fables turques*, no 57, *Le Renard et Le Coq*; Faerne, fab. 29, *Le Chien, le Coq et le Renard*; Camerarius, *Historia vitæ fortunæque Aesopi*, p. 360, *De Vulpe et Gallo*; p. 233, *Vulpes et Gallus*; Pogge, *Facetiæ*, éd. Liseux, Paris, 1878, 2 v. in-12, t. I, no 79, *De Gallo Vulpe*; G. Tardif, *Les Facéties de Poge Florentin*, Paris, 1878, in-8, no 53, *La Fable d'ung Coq et d'ung Regnard*; Philibert Hégémon, *La Colombière ou Maison rustique*, Paris, 1583, in-12, fab. 14, p. 54; Caxton, *The fables of Aesop* (t. II, p. 307, trad. de Pogge), f. VII, *The Fox, the Cock and the Dogges*; P. Pâris, *Aventures de Maître Renard*, p. 40-43, *Comment Maître Renart ne put obtenir de la Mésange le baiser de paix*; Rothe, *Les Romans du Renard*, Paris 1845, in-8, p. 127-128; Nicole Bozon, *Contes moralisés*, no 61, *Quod in solo Christo spes nostra est figenda*; Marie de France, *Œuvres*, t. II, fab. 52, *Dou Coucou et dou Gourpill*; Reguier, *Apologii Phædrii*, Dijon, 1643, part. II, fab. 23, *Gallus et Vulpes*; Habert, *Annales poétiques*, Paris, 1778, in-12, t. V, *Le Coq et le Renard*, reproduit par G. Merlet, *Origines de la littérature française*, Paris, 1873, 2 v. in-12, t. I, p. 515-517, par Delboulle, *Les Fables de La Fontaine*, Paris, 1891, in-12, p. 36-39, et par Soullié, *La Fontaine et ses devanciers*, p. 222-224, qui l'attribue à Guillaume Guéroult; Haudent, 1re partie, fab. 38, *D'un Coq, d'un Chien et d'un Regnard*; *Sermones convivales*, éd. de Bâle, 1571, t. I, p. 121; Guichardin, *Detti e fatti notabili*, p. 222; *Il Cane ed il Gallo*; Ben-

s defferes izri aslougi it'es irouel ouchchen ikhla. Idiedh as gazidh sbâid imma ias : A douel d b anzalli. Imma ias ouchchen : lerz fella loudhou tzallit ou ecah' bla loudhou. Irouel seg aslougi.

IX

LE CHAT ET LE VIEUX RAT[1]

سق يراح موش للحج يما يسن الففرداين بزو يسد ياسد
(يسداس *lisez*) ا نران المفرداين لحاد الماس يزرت انحرش الفنشوشنس د
الشلاغمس يما ياس اخس السيك اد اتغاوسه يما يس د ماتة يما يس شك تسند
ارار اخس التزارد الفلمندادو تاود سفرى (اد) ماية ريال يما يس اغرد
السومة لاخرت نشين اشعب السيك لاش الامان نشين ادك يدول
التروه عميس يما يسن ازريغ موش ارضاضس د امفران اغماز الميمس
ويكس السيس ون وخرين انفوا اد يخرب يفت د زرار السوداى انمرت
و ونبع غروال سق افلان ازرخت[2]

serade, *Quatrains*, n° 130; La Fontaine, l. II, fab. 15, *Le Coq et le Renard*; Desbillons, *Fabulæ æsopiæ*, l. XIV, fab. 27, *Gallus et Vulpecula*: Krauss, *Sagen und Mærchen der Süd-Slaven*, t. II, Leipzig, 1884, in-8, n° 10; *Le Renard et les Poulets*, n° 38, *Le Renard et le Coq*; Schaller, *Der Hahn und der Fuchs*; Braga, *Contos tradicionães do povo portuguez*; Porto, s. d., 2 v. in-12, t. II, n° 248, *A Raposa e o Gallo*; Schleicher, *Litauische Mærchen*, Weimar, 1857, in-8, p. 100, *Der Sperling und der Kater*; Loys Brueyre, *Contes populaires de la Grande-Bretagne*, Paris, 1875, in-8, n° XCVII, 2 p. 369-370 (d'après Campbell); cf. sur cette fable Benfey, *Pantschatantra*, Leipzig, 1859, 2 v. in-8, t. I, p. 310; Robert, *Fables inédites*, t. I, p. 146; Regnier, éd. de La Fontaine, t. I, p. 175; Jacobs, éd. de Caxton, t. I, p. 76-77, où il croit reconnaître le sujet de notre fable dans un bas-relief de Barhut, dans l'Inde. Deux versions en zouaoua ont été publiées par M. Belkassem ben Sedira, *Cours de langue kabyle*, l'une (n° LXXXIV, p. 68) traduite de l'arabe, l'autre (n° CIII, p. 87) d'après La Fontaine.

1. Communiqué à Tougourt, en 1885, par l'adel de Temacin dont l'orthographe a été conservée.

2. Cf. une fable semblable dans Nicole Bozon, *Contes moralisés*, n° 50,

Seg irah' mouch lelh'adjj imma iasen g ir'erdain. Izoua ioused. Ioused as amok'ran em ir'erdain lh'amd emmes. Izeri t ith'arrach g inchoucheunes d echchelar'emes. Imma ias : Ekhsa sik tr'aousa. Imma ias : D mata? Imma ias : Chek tessined irar, ekhsa a tourared g elmendadiou taouid sr'eri mia rial. Imma ias our'erda : Es souma lakhert nechchin chdfa sik, lach elaman nechchin ad ak. Idouel i taroua âmmis imma iasen : Zrir' mouch ardhadhes d amok'ran ar'maz imimes ou ikkes essis : Ouin ou ikherben ank'ou ad ikherb igou t d azirar soueddai n tamourt ou aouen infâ r'i erouel seg ag illan zrikht.

XV

SINGULIÈRE CONSULTATION[1]

—

يوسد الهارون الرشيد ارياز د مقران د اوسر ديس آمرت التمقرانت اسق توض التمرت يمايس هارون الرشيد مات الصنعتك ايوسر يما يس نش د اعريب يما يس امغار نشن اخس آكسول البلمسلت (sic) يما يس سول بنتخسد يما يس ماته خالتفرد الفرياز يزتز تدمنت يطب ادرمنس يزو ترض تدمنت ابوس المن التفين السق التجغ تسكت سى تكشورتس تمى تط المريز مامش الدية ابون الزتزن اين ابون اغين يما يس الدية ابون الزتزن يما يس هارون الرشيد مامش اتعاد ابون الزتزن تدمنت ترضو ابوس المن اغين يمايس ون الزتزن يخب ويمى اون اغين اين اتكشورتس المقال يص هارون الرشيد طصه لاخرت اسق يوضر الدبرس

Ioused ! Haroun er Rachid ouriaz d amok'ran d aoussar dis tamart ettamok'rant seg taouodh l ltamourt. Imma ias Haroun er Rachid : Mata çendtek ai aoussar? Imma ias : Netch d ârif. Imma ias amr'ar : Nechchin ekhsa ak saoula f elmesalet. Imma ias : Sioul

Quod consortium divitum a pauperibus sunt fugienda (*Le Chat et les trois Souris*) p. 68-69.

1. Communiqué à Touggourt, en 1885, par l'adel de Temacin dont l'orthographe a été conservée.

f eg tekhsed. Imma ias : Mata kh ter'ared g ouriaz izenz tadment it't'ef idrimens izoua. Terdhou tadment ioufous m enni it ir'in seg teffer' tisket si tekchourtes tàma tit' m ouriaz : mamech eddia? f ouenni izenzen ain f ouenni ir'in. Imma ias : Eddia f ouenni izenzen. Imma ias Haroun er-Rachid : Mamech tàad f ouenni izenzen? tadment terdhou i oufous m enni ir'in. Imma ias : Ouenni izenzen ikhebou imi iouenni ir'in a tekchourtes elmàk'al. Iça Haroun er-Rachid t'eça lakhert seg ioudhar aldefferis[1].

XVI

LE LION, LE CHACAL ET LE MULET[2]

—

يل اوير دوالشن د البغل اتيورن الفدرب يوضسن اعياى يوضسن لاز اد باد يم يسن اوير انق الفرعت بلانه ون التس بلاس اتنش امان انسل تخس اللن الفرعت تضاد البلبغل يما يسن البغل الجتيد ويتشت ال ونفر البلمانت اولعاد تمتغ اسميت الممشانت الفلان ديس المانت تورى الفلحابر والنفرو يما يس الشن شمر ضارك باش اد عزم اشمر افحز غرس الشن ويزمر الشن البعزم يما يس البغل فحر باش التزدد الحروب يما يس وتفحز نش اد عزم سى ابعيد واتفريه توان د طبعتيو امو السغرى دادو يما يس اوير الفشن اكرشك ولتزمرد البلعزام العزام ويزمر بلاس لا دجن غير تروه اموين يما يس الشن فحزد ايغار افحزد يما يس البغل شمر ضارو اشمر افحز اوير غرس اسق يسرس الجيهتس فى الحابرس اصكت البغل اسق يوتب الحابرس الفشبهتس (جبهتس) اموير يمت يرول الشن[3]

1. Cette anecdote est mise aussi sur le compte d'Aboû Nouâs.

2. Communiqué à Touggourt, en 1885, par l'adel de Temacin dont l'orthographe a été conservée.

3. Aux rapprochements cités p. 1?2-133 (conte XIV en dialecte du Mzab), il faut ajouter une version zouaoua publiée par M. Belkassem b. Sedira, *Cours de langue kabyle*, nº LXXXIX, *Le Cheval et le Chacal* (traduit de La Fontaine), et le remaniement en vers grecs, de la seconde moitié du XVe siècle, publié

Illa aouir d ouchchen d elber'el a tiourin g edderb ioudhasen âiai ioudhasen laz ad fad. Imma iasen aouir : A neg lk'erdat fellana ouenni itas fellas a t nechch. Emman : A nsel nekhs. Elin lk'erdat toudha d f elber'el. Imma iasen elber'el : Ejjit i d ou i techet al aouen r'era f elimanet oul âd temetar'. Ismit m amchan ag illan dis elimanet itouari g elh'afer ouin aneggarou. Imma ias ouchchen : Chemmer dharek bach ad âzema. Ichemmer. Igah'za r'eres ouchchen. Ou izmer ouchchen f elâzem. Imma ias elber'el : Gah'ez bach a tezred elk'orouf. Imma ias : Ou tegah'za netch ad âzema si bâid ou tek'erba, touain d t'abiât iou. Amou iser'ar i daddaou. Imma ias aouir g ouchchen : Ekker chek oul tezmered f elâzam, elâzam ou izmer fellas la d idjen r'ir teroua m ouiren. Imma ias ouchchen. Gah'ez d ai amr'ar. Igah'za d. Imma ias elber'el : Chemmer dharou. Ichemmer igah'za aouir r'eres. Seg isers eljibhates f elh'aferes içek t elber'el seg ioutef elh'aferes g eljibhetes em ouir immout. Irouel ouchchen.

XVII

LE PARASITE RÉCOMPENSÉ[1]

—

يل ارياز د طماع ملمى اسل سضيبت نت يل ديس الجماس يغب
الهدرب يبد البعض المدن الفيمن الباولس نتين يسفومن الفيشو مضيبت
نتين يطبتن امغار باش اتنبق الفلحبس يمايس الفشاوش سيتبتن ايجن سك
ايجن نتين اورين اتبرات اتبن كوانسن يغمد نت وحدس ميغ ويرى
اتبرات تمزوارت يما يسن امغار اوشتاس ماية يسوسم اعندا بلوا اسوشن
(انت) ماية ريال د دريمن نت امغار يم اشتاس ماية تشتيوين يما يس الفمغار
سى خبيك تعاد ماية ريال د دريمن ذ البعضت انتونس يص امغار بوشاس
ماية ريال يزوا يبرح[2]

par J. Grimm : Γαδαρου, Λύκου καὶ 'Αλουποῦς διήγησις ὡραία. Cf. Gidel, *Études sur la littérature grecque moderne*, Paris, 1866, in-8, ch. XII, p. 331-342.

1. Communiqué à Touggourt, en 1885, par l'adel de Temacin dont l'orthographe a été conservée.

2. Ce conte a sans doute une origine historique : cf. Ibn 'Abd Rebbih,

Illa ouriaz d t'emmâ. melmi isel s dhifat netta illa dis. Idjem as idgeb f edderb iafed elbâdh em midden ek'k'imen. F aouales netnin isegoumen g ichou m dhifat. Netnin it't'eften amr'ar bach a ten ig g elk'abs. Imma ias g echchaouch : Sitef ten idjen seg idjen netnin iourin i tebrat. Outfen koullensen ik'k'im d netta ouah'des mir'i ou iouri i tabrat tamzouart. Imma iasen amr'ar : Oucht as mia. Isousem idned beloua as ouchen mia rial d idrimen. Netta amr'ar imma : Oucht as, mia tichtiouin. Imma ias g oumr'ar : S ikhfik taâd mia rial d idrimen d elfodhdhat en Tounes. Iça amr'ar iouchas mia rial : izoua iferah'.

XVIII

L'HOMME ET SON ESCLAVE[1]

—

يما يس ارياز الفسمج الى التزدايت باش اسد يكس تين يالى سف
يوض لحبس يما يس ابابس نش يوضيض (sic) اعي الدباش ايتسفرد يالى
يفيت افتفرديس يكسرد (يفسرد) سيدس سى تزدايت غير اكح يما
يس بايس يا مسعود نش يوضى الضر السيك اطب تزدايت سى بسنك يما
يس ولزمرا تطب يما يس بباس نش ابانى اكليه سنج انتفردنيو اتمد
شك ولا امت نش يليت اتمرت يمت لاش الخير الفسمجان الفلان (sic)
سفان ادبابنسن

Kitâb el-'Iqd el-ferid, Boulaq, 1293 hég., 3 v. in-4, t. III, p. 339, *Le Parasite et les Manichéens*, et p. 342; Masoudi, *Prairies d'or*, tr. Barbier de Meynard, t. VII, Paris, in-8, ch. CXXIV; Ibn H'addjah el-H'amâoui, *Thimârat el-Aourâq*, Boulaq, 1300 hég., in-8, p. 96; Ah'med el-Qalyoubi, *Naouâdir*, hist. 132, p. 54. Cette anecdote a été peut-être tirée d'un recueil composé par Yousof ben Ibrahim le secrétaire, sous le titre كتاب ابرهيم المهدى cité par Mas'oudi, *Prairies d'or*, t. VII, p. 68. Ce conte a passé dans les *Mille et une Nuits*, et c'est le barbier de l'histoire du *Petit bossu* qui en est le héros (éd. de Boulaq, t. I, p. 92-93; éd. de Beyrout, t. I, p. 205-206; éd. de Breslau, t. II, p. 253-256; tr. de Galland, p. 215-216; tr. de Lane, t. I, p. 342-343).

1. Communiqué à Touggourt, en 1885, par l'adel de Temacin dont l'orthographe a été conservée.

Imma ias ouriaz g ousmej iali l tazdait bach as d ikkes tini. Iali. Sgi iouodh l ikhfis imma ias ibabes : Netch ioudha i diai ali d bach ai tsegered. Iali igi t f ter'ardines igser d sides si tazdait. K'ir akh'a imma ias babes : Ia Mas'oud netch ioudha i edhdharr sik et't'ef tazdait s ifassenik. Imma ias : Oul zemera tet't'ef. Imma ias babes : Netch iban i ak elia sennij n tir'ardiniou a temetted chek oula metta netch. Ilit i tamourt immet. Lach elkhir g isemjan ag illan segan adbabensen.

QUATRIÈME PARTIE

LEXIQUE BERBÈRE-FRANÇAIS

B

B B : (Mzab) *ebbi*, ابى, emporter (cf. Zouaoua *aoui*).

B B : (Dj. Nefousa, Ouargla) *ebbi*, ابى, couper, déchirer; IVe f. (Mzab) *tsebba*, تبا; IVe f. (Dj. Nefousa) *tsebb*, تب; Ve f. (Mzab) *tebbi*, تبى; nom d'action (Ouargla) *ibbai*, يباى, coupure.

B J N : (Mzab) *tabejna*, تبزنا, tête, pl. *tibejniouin*, تبزنيوين.

2° **B DJ N** : (Mzab) *tabedjna*, تبجنا, tête, pl. *tibedjniouin*, تبجنيوين.

B TCH (Mzab) *betch*, بج, s'envoler; n. d'act. (Mzab) *oubouteh*, وبوج, vol.

B D : (Mzab, O. Rir') *bed*, بد, aor. *ibbed*, se dresser, se tenir debout, être debout.

2° **OU D** : (Dj. Nefousa) *oudd*, ود, se tenir debout, se dresser, aor. *iouded*, يودد.

B D D : (Mzab) *abeddiou*, ابديو, bête.

B R : (Mzab) *aber*, ابر, aor. *iouber*, يوبر, bouillir; n. d'act. (Mzab), *abbar*, ابار, bouillonnement.

B R KH S : (Mzab) *bourakhs*, بورخس, enfants, postérité.

B R D' : (Zouaoua) *abrid'*, ابريذ, chemin.

2° **B R D** : (Mzab) *abrid*, ابريد, chemin, route, voie, manière, pl. *ibriden*, يبريدن; (Dj. Nefousa) *brid*, بريد, chemin.

B R R : (Dj. Nefousa) *tebrouri*, تبرورى, neige.

B R K : (Zouaoua) *berrik*, بريك, être noir.

2° **B R CH** : (Mzab) *aberchan*, ابرشان, noir, fém. *taberchant*, تبرشانت ; (Mzab) *berchi*, برشي, carré de boue, pl. *ibercha*, يبرشا.

3° **B R TCH N** : (Mzab et Ouargla) *abertchan*, ابرچان, noir, fém. *taberchant*, تبرچانت ; Ire f. (Mzab) *sbertch*, noircir ; n. d'act. (Mzab) *asebertchan*, اسبرچان, action de noircir.

B R N : (Ouargla) *aberran*, ابران, cordier, pl. *iberranen*, يبرانن.

B Z G : (Ouargla) *ebzeg*, ابزڭ, être mouillé, être gonflé, aor. *ibzeg*, يبزڭ ; Ire f. (Ouargla) *sebzeg*, سبزڭ, mouiller, aor. *ad sebzegâ*, اد سبزڭا.

2° **B Z DJ** : (Mzab) *ebzedj*, ابزج, être humide, mouillé ; n. d'act. (Mzab) *abzadj*, ابزاج, humidité ; Ire f. (Mzab) *sebzedj*, سبزج, mouiller ; n. d'act. (Mzab) *asebzedj*, اسبزج, humidité.

B CH CH : (Mzab) *bechch*, بش, se parer ; (O. Rir') *abechchi*, ابشي, arc-en-ciel, ceinture.

B CH L : (Dj. Nefousa) *bouchil*, بوشيل, enfant, pl. *ibouchilen*, يبوشيلن.

B K' : (Ouargla) *abk'a*, ابقا, mâchoire, pl. *ibk'ain*, يبقاين.

B G L J : (O. Rir') *beglouj*, بڭلوز, bouton de fleur ; (O. Rir') *tabeglouj*, تبڭلوز, bouton de fleur.

B L : (Ouargla) *abal*, ابل, cil, paupière, pl. *ibliouin*, يبليون ; (Mzab) *abliou*, ابليو, paupière.

B L B L : (Mzab) *teboulboult*, تبولبولت, plume.

B L Z : (Ouargla) *tablouzt*, تبلوزت, tresse.

B L R' : (Mzab) *tabelr'ouit*, تبلغويت, merle de rochers.

B N B TCH : (Mzab) *asbenbetch*, اسبنبچ, action de voiler.

B OU : (Mzab) *ibaouen*, يباون, fèves.

2° OU : (Ouargla) *aou*, او, fève, pl. *aouen*, اون.

B OU D : (Mzab) *aboud*, ابود, derrière (subst.).

2° G OU DH : (Ouargla) *agoudh*, اڭوض, derrière.

B OU CH : (Ouargla) *tabboucht*, تبوشت, pompon, pl. *tibbouchin*, تبوشين.

B OU L : (Mzab) *tibbiouali*, تبيوال, mauve.

T

T T : (Ouargla) *ettou*, اتو, oublier, aor. *tir'*, تيغ, *itta*, يتا.

T F : (Mzab, Ouargla, O. Rir', Dj. Nefousa) *atef*, اتف, entrer, aor. *ioutef*, يوتف; n. d'act. (Mzab et O. Rir') *ataf*, اتاف, entrée; (Mzab) *outouf*, وتوف; (Ouargla) *moutfen*, موتفن, entrée; Ire f. (Mzab, O. Rir', Dj. Nefousa) *sitef*, سيتف, introduire; (Ouargla) *sitef*, سيتف, marier; n. d'act. (Mzab) *asitef*, اسيتف, introduction; IIe f. (Ouargla) *mioutef*, ميوتف, entrer l'un chez l'autre.

T OU R' : (Mzab) *tour'*, توغ, être, se trouver, aor. *ittour'* et *itour'*, يتوغ.

T I : (Mzab, Dj. Nefousa) *taia*, تيا, négresse.

TH

TH B R : (Zouaoua) *ithbir*, يثبير, pigeon.

2° T B R (Mzab) *itbir*, يتبير, pigeon, pl. *itbirin*, يتبيرن; (Ouargla) *atbir*, اتبير, pigeon, pl. *itbiren*, يتبيرن; (Ouargla) *tatbirt*, تتبيرت, tourterelle, pl. *titbirin*, تتبيرن.

TH R : (Bougie) *ether*, اثر, demander.

2° T R (Mzab) *metar*, متار, demander; (Ouargla et O. Rir') *etter*, اتر, demander; V^e^ f. (O. Rir') *terr*, تر.

TH R : (Zouaoua) *ithri*, يثرى, étoile.

2° T R : (Mzab et Ouargla) *itri*, يترى, étoile, pl. *itran*, يتران.

DJ

DJ : (Mzab) *edj*, اج, laisser; Vᵉ f. (Mzab) *tedj*, تج; V-VIIIᵉ f. (Mzab) *tidj*, تيج.

2° **J J** : (Mzab, Ouargla, O. Rir') *ejj*, از, aor. *ijjou*, يزو, *ejjir'*, ازيغ, laisser, permettre, abandonner; n. d'act. (Mzab) *ajja*, ازا, abandon; V-VIIIᵉ f. (Ouargla) *tij*, تيز.

DJ DJ : (Mzab) *djidj*, جيج, piquet, pl. *idjadjen*, يجاجن.

2° **J J** : (Ouargla) *jij*, زيز, pl. *ijajen*, يزازن, cheville.

DJ R : (Mzab) *djerou*, جرو, préparer.

DJ L F : (Mzab) *adjelf*, اجلف, nid, pl. *idjelfaoun*, يجلفاون.

DJ N : (Mzab) *edjen*, اجن, ourler; n. d'action (Mzab) *tadjenait*, تجنايت, ourlet.

TCH

TCH : (Mzab, Dj. Nefousa) *etch*, اچ, aor. *itchou*, يچو manger; (Ouargla) *etch*, اچ, aor. *etchir'*, اچيغ, *tched* (pour *tetched*) چد, *itchou*, يچو, manger; V-Iʳᵉ f. (Dj. Nefousa) *tsetch*, تسچ, nourrir.

2° **CH** (Mzab, O. Rir') *ech*, اش, manger, aor. *ichi*, يشى; n. d'act. (O. Rir') *ichchou*, يشو, nourriture; (Ouargla et Mzab) *ouchchou*, وشو, nourriture, repas, couscous; (Ouargla) *ichcha*, يشا, nourriture; Iʳᵉ f. (Ouargla) *chech*, شش, faire manger, nourrir; IIIᵉ f. (Mzab, Ouargla) *touach*, تواش, être mangé.

3° **T T** (Dj. Nefousa), VIᵉ f. *tett*, تت, manger souvent; (Mzab) *tett*, تت, *ettat*, اتات, manger souvent.

TCH T' : (Mzab) *outchit'*, وچيط, datte à moitié mûre.

H'

H' DJ M : (Mzab) *tah'adjamt*, تحجامت, tourterelle.

H' R D M : (Mzab) *ah'ardam*, احردام, lézard.

H' M L : (Mzab) *h'eml*, حمل, être rempli.

KH

KH : (Ahaggar) ::, *akh*, lait aigre.

2° R' (Mzab) *ir'i*, يغى, lait aigre; (Ouargla) *ir'i*, يغى, lait.

KH B : (Ouargla) *akhbou*, اخبو, trou, pl. *ikhbian*, يخبيان.

KH B CH : (Ouargla et O. Rir') *takhboucht*, تخبوشت, petite marmite, pl. *tikhebbouchin*, تخبوشين.

KH DJ : (Mzab) *akhdjout*, اخجوت, caverne, pl. *ikhoudja*, يخوجا.

KH S : (Mzab, Ouargla, O. Rir') *ekhs*, اخس, aimer, vouloir; n. d'act. (Mzab) *akhsa*, اخسا, volonté.

KH S : (Mzab) *tikhsi*, تخسى, brebis, pl. *tikhsiouin*, تخسيوين; (Ouargla) *tikhsi*, تخسى, chèvre, pl. *tikhsiouin*, تخسيوين.

KH S I : (Mzab) *takhsait*, تخسايت, courge, — sorte de pommade rouge.

KH L B : (Mzab) *akhellab*, اخلاب, régime de dattes commençant à mûrir.

KH M : (Mzab) *akham*, اخام, tente, pl. *ikhamin*, يخامين; (Ouargla) *akhiam*, اخيام, maison, pl. *ikhiamen*, يخيامن; diminut. (Mzab) *takhamt*, تخامت, chambre, pl. *tikhamin*, تخامين.

KH N Z R : (Mzab), *tikhounzer*, تخونزر, morve.

KH N Z Z : (Zouaoua) *akhenziz*, اخنزيز, morve.

2° KH N S : (Ouargla) *tikhensa*, تخنسا, morve.

KH OU : (Mzab, Dj. Nefousa), Ire f. *sekhou*, سخو, salir.

KH OU G : (Dj. Nefousa) *khoug*, خوگ, aor. *ikhouga*, يخوگا, prendre.

D

D : (O. Rir') *eddou*, ادو, aor. *iouadda*, يودا, aller.

2° DJ : (Mzab) *edjou*, اجو, aor. *idjou*, يجو, aller.

3° Z OU : (Mzab, Ouargla) *zoua*, زوا, aller; (O. Rir') *ezoua*, ازوا, aller, se passer, s'écouler.

D KH : (Ouargla) *taddakht*, تداخت, aisselle, pl. *tiddakhin*, تداخين.

D D : (Ouargla) *addi*, ادى, battre la moisson, dépiquer, aor. *dir'*, ديغ, *idda*, يدا ; (Mzab) *eddi*, ادى, piler, pulvériser; n. d'act. (Mzab) *idda*, يدا, pulvérisation; V° f. (Mzab et Ouargla) *teddi*, تدى.

D D : (O. Rir') *dadda*, ددا, père, grand-père.

D D : (Mzab) *tadada*, تدادا, sorte de carotte sauvage.

D R : (Mzab) *tadra*, تدرا, épine du djérid; (Ouargla) *tadri*, تدرى, pl. *tadriouin*, تدريوين.

D R S : (Mzab) *tadris*, تدريس, glace.

D R N : (Mzab) *aderen*, ادرن, tourner.

D S : (Mzab) *tidisa*, تديسا, moustique.

D S S : (Mzab) *idess*, يدس, content.

D S K : (Dj. Nefousa) *douskan*, دوسكان, grands plats.

D L : (Dj. Nefousa), V° f. *tadel*, تدل, commencer.

D L : (Mzab) *adali*, ادال, vert; (Mzab) *taddalet*, تدالت, sorte de datte.

D L KH : (Dj. Nefousa et Mzab) *tadlakht*, تدلاخت, haricot, pl. *tidlakhin*, تدلاخين.

D L S : (Mzab) *adles*, ادلس, lèvre, pl. *idlisen*, يدليسن.

D M : (Mzab) *tidmouin*, تدموين, mil.

D M R : (Mzab) *idemmoura*, يدمورا, richesses.

D M M : (Mzab) *tadmamt*, تدمامت, sorte de datte.

D M N : (Ouargla) *tadment*, تدمنت, brebis.

D N : (Mzab et Ouargla) *adan*, ادان, boyaux, entrailles, ventre.

D OU N : (Mzab) *tadount*, تدونت, poulie.

D I Z : (Ouargla) *timediaz*, تمدياز, ciseaux.

2° **D I S** : (Mzab) *timedias*, تمدياس, ciseaux.

D'

D' : (Zouaoua) *thid'ets*, ثذث, vérité.

2° **D** (Mzab) *tidet*, تدت, vérité.

D' : (Aït Khalfoun) *imd'an*, يمذان, gens.

2° **D** (Dj. Nefousa) *ioudan*, يودان, gens ; (Mzab) *midden*, مدن, gens.

D' R : (Zouaoua), Ire f. *sid'er*, سيذر, faire vivre.

2° **D R** (Ouargla et Dj. Nefousa) *edder*, ادر, vivre, aor. *idder*, يدر ; (Mzab) *der*, در, vivre, aor. *idder*, يدر ; (O. Rir' et Mzab) *taddart*, تدارت, maison, pl. *tiddarin*, تدارين ; (Mzab) *tiddar*, تدار, maisons ; (O. Rir') *taddourt*, تدورت, vie ; (Dj. Nefousa) *tameddourt*, تمدورت, vie.

D' R : (Zouaoua) *ad'er*, اذر, descendre.

2° **D R** (Ouargla) *ader*, ادر, s'enfoncer ; Ire f. (Ouargla) *sider*, سيدر, enfoncer.

3° **DH R** : (O. Rir') *adher*, اضر, tomber, aor. *ioudher*, يوضر.

D' R R : (Zouaoua) *ad'rar*, اذرار, montagne.

2° **D R R** : (Dj. Nefousa) *drar*, درار, montagne, pl. *idraren*, يدرارن.

D' R R' L : (Zouaoua) *ad'err'el*, اذرغل, aveugle.

2° **D R R' L** : (Mzab) *derr'el*, درغل, être aveugle ; n. d'act. (Mzab) *aderr'el*, ادرغل, aveuglement, cécité ; (Ouargla) *aderr'al*, ادرغل, aveugle, pl. *iderr'alen*, يدرغالن.

D' S : (Zouaoua) *ad'is*, اذيس, côté.

2° D S : (Mzab, Ouargla et O. Rir') *idis*, يديس, côté, pl. *idisan*, يديسان.

D' R' R' : (Zouaoua) *ad'r'ar'*, اذغاغ, pierre.

2° D R' R' : (Mzab et Ouargla) *adr'ar'*, ادغاغ, pierre, pl. *idr'ar'en*, يدغاغن.

D' K L (Zouaoua) *d'oukel*, ذوكل, être joint.

2° D K L (Dj. Nefousa) *ameddakoul*, امداكول, pl. *imeddoukal*, يدوكال, ami; (O. Rir', Ouargla), *amdoukel*, امدوكل, ami.

2° D TCH L : (Mzab) *amdoutchel*, امدوچل, ami, pl. *imdoutchal*, يدوچال.

D' G N : (Zénaga) *ad'egen*, اذݣن, noir.

2° G N : (Dj. Nefousa) *agnaou*, آݣناو, nègre.

D' M : (Zouaoua) *id'im*, يذيم, sang.

2° D M : (Mzab et Ouargla) *idamen*, يدامن, sang.

D' M : (Zouaoua) *oud'em*, وذم, visage.

2° D M : (Mzab et O. Rir') *oudem*, ودم, visage, pl. *oudmaouen*, ودماون.

D' M R : (Zouaoua), *id'maren*, يذمارن, poitrine.

2° D M R : (Mzab) *idmaren*, يدمارن, poitrine.

D' OU F : (Zouaoua) *thad'ouft*, تذوفت, laine.

2° DH OU F : (Ouargla) *tadhouft*, تضوفت, laine.

3° D OU F : (Mzab) *tadouft*, تدوفت, laine.

R

R : (Ouargla et O. Rir') *ari*, ارى, écrire, aor. *iouri*, يورى; (O. Rir') *ari*, ارى, être écrit; n. d'act. (Ouargla) *tira*, تيرا, écriture; IIe f. (Ouargla) *miouri*, ميورى, être écrit; IIIe f. pass. (O. Rir') *touari*, توارى, être écrit; (Dj. Nefousa) *irouan*, يروان, pl. savants, t'olba.

R : (Dj. Nefousa) *tirou*, تيرو, à présent; (Mzab) *s intourou*, سنتورو, à présent; (Mzab, Ouargla) *imarou*, يمارو, à présent.

R : (Ouargla) *eraou*, اراو, pleurer; f. hab. (Ouargla) *t'eraou*, طراو.

R : (Ouargla) *iri*, يري, côte, nuque.

R : (Ouargla) *arou*, ارو, ouvrir.

R : (Mzab) *tarout*, تروت, poumon, de l'arabe رية (?); (Ouargla) *toura*, تورا, poumon, pl. *touraiouin*, توراوين.

R TCH S : (Mzab), Ire f. *sertches*, سرچس, épargner; Ire-VIIe f. (Mzab) *sertchas*, سرچاس, tromper.

R KH : (Dj. Nefousa) *erkh*, ارخ, affluer; (Dj. Nefousa) *erkhan*, ارخان, beaucoup.

R D : (Mzab) *erd*, ارد, posséder.

R D : (Mzab) *ired*, يرد, s'habiller; (Ouargla) *erd*, ارد, se vêtir; (Mzab) *aired*, ايرد, vêtements, habits; (Ouargla) *irad*, يراد, vêtements; Ire f. (Ouargla, Mzab); *sired*, سيرد, habiller.

R D N : (Mzab) *taredounit*, تردونيت, galette.

RD' : (Zouaoua) *ird'en*, يرذن, blé.

2° R D : (Mzab) *irden*, يردن, blé.

R D' : (Zouaoua) *irid'*, يريذ, propre.

2° R D : (Mzab), Ire f. *sarad*, سراد, laver; (Dj. Nefousa) Ire f. *sired*, سيرد, laver; V^e^-Ire f. *tsired*, تسيرد, laver.

R R : (Mzab) *rar*, رار, jouer; (Ouargla) *irar*, يرار, jouer; n. d'act. (Ouargla) *irar*, يرار, jeu; (Dj. Nefousa) *ourar*, ورار, jeu, fantasia à cheval; (O. Rir') *irar*, يرار, jeu; Ire f. (Ouargla) *sirar*, سيرار, faire jouer; V^e^ f. (Ouargla) *tirar*, تيرار, jouer souvent; (O. Rir') *tourar*, تورار, aor. *ittourar*, يتورار.

R R : (Mzab) *err*, ار, aor. *ierrou*, يرو et *ierri*, يري, rendre, ramener, vomir; (Ouargla, O. Rir') *err*, ار, changer; n. d'act. (Mzab) *arra*, ارا, restitution.

R Z : (Mzab, Ouargla, O. Rir') *erz*, ارز, briser, casser, piocher; n. d'act. (Mzab) *arza*, ارزا, action de casser, de piocher; IIe f. (Ouargla) *mierz*, ميرز, être cassé; aor. *mierzir'*, ميرزغ, *imierzou*, يميرزو; VIe f. (Ouargla) *errez*, ارز, broyer.

R Z M : (Mzab) *erzem*, ارزم, ouvrir, lâcher; VIe f. (Mzab) *rezzem*, رزم.

R S : (Mzab, Ouargla, Dj. Nefousa) *ers*, ارس, descendre, aor. *ersir'*, ارسغ; Ire f. (Mzab, Dj. Nefousa et Ouargla) *sers*, سرس, poser, placer, faire descendre; n. d'act. (Mzab) *asersi*, اسرسى, action de poser; IIe-Ire f. (Dj. Nefousa) *msers*, مسرس, être placé.

R CH : (O. Rir') *irchouten*, ىرشوتن, objets.

R CH F : (Mzab) *tircheft*, ترشفت, caravane.

R CH M : (Mzab) *tourchimt*, تورشيمت, datte commençant à mûrir.

R DH : (O. Rir') *erdh*, ارض, peter.

2° **R T'** : (Ouargla) *tarout'*, تروط, pet.

R DH DH : (O. Rir') *ardhadh*, ارضاض, turban.

R DH L : (Mzab) *erdhel*, ارضل, prêter.

R T' : (Ouargla) *tart'a*, ترطا, bâton.

R R' : (Mzab, Ouargla) *err'*, ارغ, brûler; (Mzab) *tirr'it*, ترغيت, braise; Ire f. (Mzab) *sirr'*, سيرغ, incendier; (Ouargla) *serr'*, سرغ, incendier.

2° **R K'** : (Mzab) VIe f. *rek'*, رق, brûler habituellement; (Mzab) *tarek'*, ترق, id.

3° **R'** : (Mzab) *sir'*, سيغ, allumer.

4° **R J** : (O. Rir') *tarjin*, ترجن, pl. braises.

R R' : (Mzab) *arr'a*, ارغا, braiment.

R F : (Dj. Nefousa) *aref*, ارف, griller ; f. hab. (Dj. Nefousa) *entaref*, انتارف.

R K S : (Zouaoua) *tharkast*, ترکاست, chaussure.

2° R CH S : (Mzab) *tarchast*, ترشاست, chaussure, pl. *tirchasin*, ترشاسين.

R G : (Zouaoua) *argou*, ارڭو, rêver.

2° R J : (Mzab) *tirjet*, ترجت, rêve, songe ; (Mzab) *tirja*, ترجا, rêve, songe, pl. *tirjaouin*, ترجاوين.

R G : (Ouargla) *targa*, ترڭا, canal d'arrosage, pl. *targiouin*, ترڭيوين.

2° R J : (Mzab) *tarja*, ترجا, canal d'arrosage.

R G Z : (Ouargla) *argaz*, ارڭاز, pl. *irgazen*, يرڭازن, homme, mari ; (Dj. Nefousa) *ergaz*, ارڭاز, pl. *irgazen*, يرڭازن, homme, mari.

2° R J Z : (Mzab) *arjaz*, ارجاز, homme, pl. *irjazen*, يرجازن.

3° R DJ Z : (Mzab) *ardjaz*, ارجاز, homme, pl. *irdjazen*, يرجازن.

R G G : (Zouaoua) *ergigi*, ارڭيڭي, trembler.

2° R J J : (Mzab) *erjiji*, ارجيجي, trembler ; n. d'act. (Mzab) *arjiji*, ارجيجي, tremblement ; V° f. (Mzab et Ouargla) *terjiji*, ترجيجي, trembler beaucoup.

3° R Z S : (Mzab) *taierzast*, تيرزاست, hase.

4° R Z Z : (Mzab) *tiarzozt*, تيرزوزت, hase.

5° G R Z Z : (Ouargla) *agerziz*, اڭرزيز, lièvre, pl. *igerzaz*, يڭرزاز ; (Ouargla) *tagerzizt*, تڭرزيزت, hase, pl. *tigerzaz*, تڭرزاز.

R G L (Ouargla) *areggal*, ارڭال, brun ; (O. Rir') *arouggal*, اروڭال, noir.

R M R' : (Mzab) *ermar'*, ارماغ, verser.

R N : (Mzab, Ouargla, Dj. Nefousa) *aren*, ارن, farine.

R N : (Mzab, Dj. Nefousa) *ernou*, ارنو, ajouter, augmenter, vaincre, accroître, triompher; (Mzab et Ouargla) *erni*, ارني, vaincre; IIe f. pass. (Mzab) *touarnou*, توارنو.

R H : (Mzab) *erha*, ارها, être malade.

R OU : (Dj. Nefousa et Mzab) *arou*, ارو, aor. *tourou*, تورو, enfanter, pondre, mettre bas; (Mzab, Ouargla, O. Rir') *taroua*, تروا, postérité, enfants; (Mzab) *tiroua*, تيروا, enfantement; (Ouargla) *teroua*, تروا, enfantement, accouchement; Ve f. (Mzab, Dj. Nefousa) *tarou*, تارو; (Dj. Nefousa) *roummou*, رومو, frère (composé de *rou*, رو, fils, et de *emmou*, امو, mère).

R OU I : (Dj. Nefousa) *eroui*, اروي, pétrir; (Dj. Nefousa) *arouai*, اروای, couscous.

R OU B : (Ouargla) *troubia*, تروبيا, garance.

R OU D : (Mzab) *amroud*, امرود, canon (altération du mot *baroud*, poudre?).

2° R OU T : (Mzab) *tamrout*, تمروت, fusil.

R OU T' : (Dj. Nefousa); Ire f. *serouet'*, سروط, couvrir.

R OU L : (Mzab, Ouargla, O. Rir', Dj. Nefousa) *erouel*, اروول, fuir, s'enfuir, aor. *irouel*, يرول; Ire f. (Mzab) *serouel*, سرول, faire fuir, mettre en fuite; n. d'act. (Mzab) *aserouel*, اسرول, action de mettre en fuite.

Z

Z B : (Mzab) *tzibaouin*, تزباوين, bijoux.

Z DJ : (Mzab) *zedj*, pousser (v. act.); n. d'act. (Mzab) *azedji*, ازجی, action de pousser.

Z DJ M : (Mzab) *zoudjmi*, زوجمی, tarentule.

Z D : (Mzab) *ezdou*, ازدو, tourner.

Z D H' : (Mzab) *ezdah'*, ازداح, fouler aux pieds; n. d'act. (Mzab) *azdah'*, ازداح, action de fouler aux pieds.

Z D D : (Mzab) *azeddad*, ازداد, maigre; (Mzab) *tazaddi*, تزدى, maigreur.

Z D' L : (Zouaoua) *ezd'el*, زذل, couver.

2° **Z D L** : (Mzab) *tazdelt*, تزدلت, œuf, pl. *tizdal*, تزدال.

Z D' R' : (Zouaoua) *ezd'ar'*, ازذاغ, habiter.

2° **Z D R'** : (Ouargla et O. Rir') *amezdar'*, امزداغ, ville, contrée, pl. *imezdar'en*, يمزداغن; (Mzab) *amezdar'*, امزداغ, pl. *imezdar'en*, يمزداغن, bourg.

Z D' I : (Zouaoua) *thazd'aith*, تزذايت, palmier.

2° **Z D I** : (Mzab, Ouargla, O. Rir') *tazdait*, تزدايت, palmier femelle, pl. *tizdain*, تزداين; (Dj. Nefousa) *tezdai*, تزداى.

Z R : (Mzab) *ezzar*, ازار, précéder, aor. *izzer*, يزر; (Mzab) *ezzar*, ازار, d'abord; n. d'act. (Mzab) *tizzert*, تزرت, action de précéder; (Ouargla) *amezzar*, امزار, d'abord; (Ouargla) *tizzar*, تزار, d'abord.

2° **Z OU R** : (Mzab et O. Rir') *amzouar*, امزوار, ancien, f. *tamzouart*, تمزوارت, pl. *imzouaren*, يمزوارن; (Mzab) *amzouarou*, امزوارو, premier; (Mzab, O. Rir') *tamzouart*, تمزوارت, d'abord.

Z R : (Ouargla, Mzab) *zer*, زر, voir, chercher, aor. *zerir'*, زريغ, *izerou*, يزرو; (Dj. Nefousa et O. Rir') *zer*, زر, voir, aor. *izeri*, يزرى; (Mzab) *imezran*, يمزران, pl. sorciers; (Mzab) *tamezraout*, تمزراوت, sorcière; II° f. (Ouargla) *mizrou*, ميزرو, aor. *mizrer'*, se voir l'un et l'autre; VI° f. (Mzab et Dj. Nefousa) *zerr*, زر, aor. *izzar*, يزار, pl. *ezzaroun*, ازارون, visiter.

Z R : (Mzab et Ouargla) *taziri*, تزيرى, lune, pl. *tizirin*, تزيرين.

Z R : (Dj. Nefousa) *azrou*, ازرو, rocher.

Z R : (Mzab) *izeri*, يزرى, chih' (*Artemisia alba*).

Z R : (Mzab, Ouargla) *azour*, ازور, racine, pl. *izouran*, يزوران.

Z R D : (Ouargla) *zaroud*, زرود, jeter.

Z R Z : (Mzab) *azerza*, ازرزا, sorte de palmier; (Mzab) *tazerzait*, تزرزايت, sorte de datte.

Z R Z R : (Mzab) *izerzer*, يزرزر, gazelle; (Dj. Nefousa) *zerzer*, زرزر, gazelle.

Z R F : (Ouargla) *zarif*, زريف, alun; (Mzab) *azerf*, ازرف, argent; (Mzab) *azrouf*, ازروف, monnaie.

Z R G : (Mzab) *imzargen*, يمزارگن, boules de terre.

Z R N : (Dj. Nefousa) *tizarnin*, تزارنين, midi.

Z Z : (Dj. Nefousa) *ezzou*, ازو, planter; V^e^ f. *tezzou*, تزو, pl. *tezzan*, تزان.

Z Z : (Ouargla) *tizzet*, تزت, coupure.

Z Z : (Ouargla) *izzan*, يزان, excréments.

Z Z : (Mzab) *tizzin*, تزين, barbes de l'épi.

Z Z : (O. Rir') *azzi*, ازى, marmite, pl. *izezza*, يززا.

Z Z M : (Mzab) *tazezmet*, تززمت, éventail.

Z DH (Ouargla) *zedh*, زض, peser; V^e^ f. (Ouargla) *tzedh*, تزض.

Z DH : (Zouaoua) *zedh*, زض, tisser.

2° Z T : (O. Rir') *azetta*, ازتا, fil servant à la trame; (O. Rir') *tazetta*, تزتا, fourche à onze dents servant à égaliser les fils.

3° S T' : (Mzab et O. Rir') *aset't'a*, اسطا, métier à tisser, pl. *iset't'ouan*, يسطوان.

4° Z D : (Ouargla) *azd*, ازد, tisserand, pl. *izdai*, يزداى.

Z DH : (Dj. Nefousa) *ezdhou*, ازضو, broyer.

2° Z D : (Ouargla) *azd*, ازد, broyer, aor. *izdou*, يزدو; n. d'act. (Mzab) *azda*, ازدا, mouture; IIe f. pass. (Ouargla) *miezdou*, ميزدو.

Z DH F : (Dj. Nefousa), Ire f. *zezdhof*, ززضف, noircir; (Dj. Nefousa) *zodhfi*, زضفي, noirceur, couleur noire.

2° **Z T' F** : (Dj. Nefousa), II° f. *zet't'af*, زطاف, *azet't'af*, ازطاف, noir, nègre.

Z Â L K ; (Mzab) *azâlouk*, ازعلوك, long, grand, f. *tazâloukt*, تزعلوكت.

2° **Z L K'** : (Mzab) *tazalak't*, تزلقت, longueur.

Z R' R : (Mzab) *azr'our*, ازغور, fantôme, pl. *izr'ouroun*, يزغورون.

Z R' R : (Mzab) *azr'ar*, ازغار, plaine, campagne.

Z K' : (Mzab) *tazek'k'a*, تزقا, enceinte; (Ouargla) *tazek'k'a*, تزقا, dépôt.

Z K : (Bougie) *azekka*, ازكا, demain.

2° **CH CH** : (Mzab) *achcha*, اشا, demain.

Z K R ; (Mzab) *zakar*, زكر, bague.

Z G : (Mzab) *tazouggait*, تزوڭايت, sorte de dattes.

Z G : (Ouargla) *ezzeg*, ازڭ, traire.

2° **Z J** : V° f. (Mzab) *tezzej*, تزج, traire.

Z G D ; (Bot'ioua) *tazougda*, تزوڭدا, plat.

2° **Z I OU** : (Mzab) *tzioua*, تزيوا, pl. *tziouain*, تزيوان ; (Ouargla et Dj. Nefousa) *tzioua*, تزيوا, plat, pl. *tziouaouin*, تزيواون.

Z G R ; (Dj. Nefousa) *zger*, زڭر, trancher, couper.

2° **Z DJ R** : (Mzab) *zedjer*, زجر, trancher, couper.

Z G R R : (Ouargla) *azigrar*, ازڭرار, long, fém. *tazigrart*, تزڭرارت.

2° **Z J R R** : (Mzab) *azjerar*, ازجرار, long.

3° **Z I OU R** : (Mzab) *aziouar*, ازيوار, épais, grossier; (Ouargla) *aziouar*, ازيوار, fém. *taziouart*, تزيوارت, pl. *tiziouarin*, تزيوارين, long.

4° **Z I R R** : (O. Rir') *azirar*, ازيرار, long.

5° Z R R : (Dj. Nefousa) *azrar*, ازرار, profond.

Z G Z : (Zouaoua) *zigzou*, زڤزو, être bleu.

2° Z I Z : (O. Rir', Ouargla, Mzab) *azizaou*, ازيزاو, vert; (Ouargla, Mzab) *azizaou*, ازيزاو, bleu; (Ouargla) *tazizaout*, تزيزاوت, chou; (Mzab) *tazizaou*, تزيزاو, sorte de dattes.

Z G G : (Mzab, Ouargla) *zegg*, زڤ, aor. *izegga*, يزڤا, s'adresser à, appeler, crier; n. d'act. (Mzab) *azegga*, ازڤا, reproche; V° f. (Ouargla) *tzegga*, تزڤا.

Z G N : (Ouargla) *azgen*, ازڤن, moitié; (Dj. Nefousa) *zegni*, زڤني, moitié.

2° S G N : (Ouargla) *asgen*, اسڤن, moitié.

3° Z DJ N : (Mzab) *azdjen*, ازجن, moitié.

4° DJ N : (Mzab) *adjen*, اجن, moitié.

Z L : (Ouargla) *ouzzel*, وزل, fer; (Mzab) *ouzzal*, وزل; (Mzab et Ouargla) *ouzzel*, وزل, anneau de fer, pl. *ouzlan*, وزلان.

Z L : (Mzab) *izzel*, يزل, faute.

Z L : (Mzab, Ouargla, Dj. Nefousa) *zel*, زل, aor. *izzel*, يزل, allonger, étendre.

Z L : (Ouargla) *azel*, ازل, courir, se hâter; (Mzab, Dj. Nefousa, O. Rir') *azzel*, ازل, courir, se hâter; Ire f. (Mzab, Ouargla) *sizzel*, سيزل, hâter; V^e^ f. (O. Rir', Ouargla) *tazzel*, تزل, courir, couler (en parlant de l'eau).

Z L R : (Mzab) *tizelri*, تزلري, logette.

Z L F : (Ouargla) *azelaf*, ازلاف, jonc, pl. *izelafen*, يزلافن.

Z L M : (Mzab et Ouargla) *zalim*, زليم, oignon, pl. *izalimen*, يزاليمن.

Z L M D : (Ouargla) *tazelmad*, تزلمد, collier, pl. *tizelmadin*, تزلمادين.

Z L M DH : (B. Menacer) *azelmadhi*, ازلماضى, gauche.

2° Z M M D : (Mzab) *azemmad*, ازمد, gauche.

Z M R : (O. Rir') *azmer*, ازمر, agneau.

Z M R : (Dj. Nefousa) *tazemmourt*, تزمورت, olivier, pl. *tizemmourin*, تزمورين, coll. *azemmour*, ازمور.

Z M R : (Ouargla, O. Rir') *ezmer*, ازمر, pouvoir, aor. *izmir*, يزمير.

Z M R : (Mzab) *ezmer*, ازمر, être malade ; (Mzab) *azmar*, ازمار, maladie.

Z M M : (Ouargla) *tizemmet*, تزمت, défilé, pl. *tizemmatin*, تزماتين.

Z M M : (Mzab) *zemm*, زم, sucer ; n. d'act. (Mzab) *azemmi*, ازمى, action de sucer ; V° f. (Mzab) *tzemm*, تزم.

Z N (Mzab et Ouargla) *azen*, ازن, envoyer, aor. *iouzen*, يوزن ; III° f. pass. (Ouargla) *touazen*, توازن.

2° Z L : (Mzab et Dj. Nefousa) *zel*, زل, envoyer, aor. *izzal*, يزال.

Z N : (Mzab) *iouzen*, يوزن, farine grossière.

Z N N : (Mzab) *tiznin*, تزنين, semence.

Z N N : (Mzab) *zennat*, زنات, poignet.

Z OU DH : (Ouargla) II° f. *mzaoudh*, مزاوض, lutter ensemble.

Z OU R' : (Bougie) *ezouer'*, ازوغ, être rouge.

2° Z G R' : (Mzab) *azouggar'*, ازوڨاغ, rouge.

3° Z G R (Ouargla) *azouggar*, ازوڨار, rouge ; (Ouargla) *azeggar*, ازڨار, rouge ; (Mzab) *tazouggouart*, تزوڨوارت, pl. *tizouggouarin*, تزوڨوارين ; (Dj. Nefousa) pl. *tezagrin*, تزاڨرين, jujubier sauvage (ar. سدرة).

Z OU N : (Mzab, O. Rir', Dj. Nefousa, Ouargla) *zoun*, زون, partager ; n. d'act. (O. Rir') *zoun*, زون, partage ; (Ouargla) *azoun*, ازون, partage ; (Mzab) *azouni*, ازونى,

partage; II° f. (Dj. Nefousa) *mzoun*, مزون; V° f. (Ouargla) *tzoun*, تزون; V°-II° f. (Dj. Nefousa) *temzoun*, تمزون.

Z I : (Zouaoua) *ezai*, ازاى, être lourd.

2° Z : (Ouargla) *ezza*, ازا, aor. *izza*, يزا être lourd.

Z I OU : (Ouargla) *zioua*, زيوا, grappe, pl. *iziouain*, يزيواين; diminutif (Ouargla) *taziouait*, تزيوايت, pl. *tiziouain*, تزيواين; (Mzab) *azioua*, ازيوا, régime fécondé.

J

J : (Mzab) *aja*, اژا, seau en cuir.

J H' N DH : (Zouaoua) *ajah'nidh*, اژحنيض, queue.

2° Z N DH N : (Mzab) *tazandhint*, تزنضينت, queue.

J D DH : (Ouargla) *ajdidh*, اژديض, oiseau, pl. *ijoudadh*, يژوداض.

2° J D D : (Mzab) *ajeddid*, اژديد, oiseau.

J D : (Zouaoua) *ijed'i*, يژذى, sable.

2° J D : (Mzab et Ouargla) *ijedi*, يژدى, sable, poussière; (Dj. Nefousa) *jedi*, ژدى, sable.

J R : (Mzab) *ajerou*, اژرو, grenouille, pl. *ijera*, يژرا; (Ouargla) *ajerou*, اژرو, grenouille, pl. *ijerouan*, يژروان,

J R D N : (Ouargla) *tajerdant*, تژردانت, pantalon de laine, pl. *tijerdanin*, تژردانين.

J R D N : (Mzab) *oujerdoun*, وژردون, petite datte; (Mzab) *ajerdou*, اژردو, datte mûre.

J R CH : (Ouargla) *ajarch*, اژرش, neige.

J Z M R : (Mzab) *ajezmir*, اژزمير, cynodon dactylum.

J G : (Zouaoua) *ajegou*, اژڤو, poutre.

2° J J : (Ouargla) *tajja*, تژا, brancard, pl. *tajjaouen*, تژاون.

J L : (Ouargla) *tajelt*, تژلت, abcès, pl. *tijal*, تژال.

J L S : (Mzab) *tajlist*, تزليست, scarabée.

J L L : (Mzab) *tajellet*, تزلت, coloquinte.

J N N : (Mzab) *ajennai*, ازنای, tailleur.

J OU : (Mzab) *ejoua*, ازوا, bêler; (Mzab) *ajoua*, ازوا, bêlement.

J OU N : (Ouargla) *ijïouen*, يزيون, rassasié, pl. *ijïouan*, يزيوان.

2° **J OU M** : (Mzab) *jaoum*, زاوم, rassasier.

3° **DJ OU N** : (Mzab) *djaouent*, جاونت, satiété.

S

S : (Mzab) *tisit*, تسيت, miroir; (Ouargla) *tisit*, تسيت, miroir, pl. *tisitan*, تسيتان.

S : (Mzab) *issis*, يسيس, pl. filles; (Mzab) *isetma*, يستما, sœurs (composé de *iset*, يست [(Zouaoua) *south*, سوث], filles et de *emma*, اما, mère).

S : (Mzab) *tasa*, تسا, foie; (Ouargla) *tisa*, تسا, foie, pl. *tisaouin*, تساوين.

S : (Mzab, Ouargla, O. Rir') *as d*, اس د, venir, aor. *iousa d*, يوسا د; (Dj. Nefousa) *as d*, اس د, venir, aor. *iousou d*, يوسو د; n. d'act. (Mzab) *asa*, اسا, venue; Ire f. (Mzab) *asas*, اساس, faire venir, prendre à l'écart; Ve f. (Mzab) *tas*, تاس.

S B N : (Mzab) *tisoubna*, تسوبنا, grande aiguille.

2° **S B L** : (Ouargla) *tisoubla*, تسوبلا, grande aiguille, pl. *tisoublaouin*, تسوبلاوين.

S T : (Mzab) *tastit*, تستيت, goutte.

S T N : (Mzab) Ire f. *sesten*, سستن, interroger, aor. *isestoun*, يسستون.

S DJ M R' : (Mzab) *asedjmir'*, اسجميغ, sorte d'herbe.

S D' N : (B. Menacer) *thisid'nan*, تسذنان, femmes.

2° **S D N** : (Mzab) *tisednan*, تسدنان, femmes.

S R : (Mzab, Ouargla) *tasirt*, تسيرت, meule de moulin, dent molaire, pl. *tisira*, تسيرا ; (Dj. Nefousa) *tisirt*, تسيرت, moulin, pl. *tesar*, تسار.

S R : (Mzab) *tasra*, تسرا, traganum nudatum (sorte de salsolacée).

S R : (Dj. Nefousa) IIe-Ire f. *mseser*, مسسر, rejoindre.

S R S R : (Ouargla) *asersour*, اسرسور, chou-palmiste, épine dorsale, pl. *isersar*, يسرسار.

S S : (Mzab, Dj. Nefousa, Ouargla, O. Rir') *ass*, اس, jour, pl. *oussan*, وسان.

2° **S G J** : (Mzab) *asouggas*, اسوڭاس, année, pl. *isouggasen*, يسوڭاسن ; (Ouargla) *aseggas*, اسڭاس, année ; (Dj. Nefousa) *souggas*, سوڭاس, année.

S S : (Mzab) *sissi*, سسى, briller.

S S F : (Mzab) *sousef*, سوسف, cracher.

S S M : (Mzab, O. Rir', Ouargla) *sousem*, سوسم, se taire.

S DH L : (Zouaoua) *tsedhila*, تسضيلا, action de raser.

2° **T' S L** : (Mzab) *et'sel*, اطسل, raser.

S R' : (Dj. Nefousa) *aser'*, اسغ, puits, citerne.

S R' : (Mzab) *sar'*, ساغ, acheter, aor. *iser'ou*, يسغو ; (Ouargla) *esar'*, اساغ, acheter, aor. *iser'ou*, يسغو.

S R D' R : (Mzab) *tisar'drin*, تسغدرين, bracelets.

S R' R : (Mzab, Dj. Nefousa, Ouargla) *asr'ar*, اسغار, bois, branche, planche, pl. *isr'aren*, يسغارن.

S R' M R' : (Mzab) *tiser'mer't*, تسغمغت, petite corde, pl. *tiser'mer'in*, تسغمغين.

S F : (Mzab) *souf*, سوف, rivière, marais ; (Dj. Nefousa) *asif*, اسيف, rivière ; (Mzab) *asafi*, اسافى, bassin de noria.

S K' M : (Dj. Nefousa) *sek'k'em*, سقم, pouvoir ; V^e^ f. (Dj. Nefousa) *tsek'k'em*, تسقم.

S K : (Ouargla et O. Rir') *tisket*, تسكت, pl. *tiskin*, تسكين, crottin ; (Mzab) *tiskin*, تسكين, broussailles.

S K : (Zénaga) *teska*, تسكا, corne.

2° CH CH : (Mzab) *achchaou*, اشاو, corne, pl. *ichchaoun*, يشاون ; (Ouargla) *achchaou*, اشاو corne, pl. *achchaoun*, اشاون.

S K R : (Dj. Nefousa) *esker*, اسكر, pouvoir, faire, se mettre à.

S K R : (Bougie) *thiskerth*, تسكرث, ail.

2° CH CH R : (Mzab et Ouargla) *tichchert*, تشرت, ail.

S K R : (Chelha) *asker*, اسكر, griffe.

2° CH CH R (Mzab et Dj. Nefousa) *achchar*, اشار, ongle, griffe, pl. *ichcharen*, يشارن et *achcharen*, اشارن ; (O. Rir') *achchar*, اشار, ongle, pl. *ichcharen*, يشارن.

S K S : (Ouargla) *tisekkest*, تسكست, base du djérid, pl. *tisekkesin*, تسكسين.

S K N : (Zouaoua) *seken*, سكن, montrer.

2° S TCH N (Mzab) *setchen*, سچن, montrer, expliquer, faire signe ; n. d'act. (Mzab) *asetchni*, اسچني, action de montrer, explication, signal.

S G : (Dj. Nefousa) *soug*, سوڤ, être préférable, l'emporter, aor. *isougga*, يسوڤا.

S G R : (Mzab) *asouggourout*, اسوڤوروت, roucoulement.

S G R : (Mzab) *aseggarou*, اسڤارو, barrage, pl. *iseggoura*, يسڤور.

S G M (Ouargla) *souggem*, سوڤم, attendre ; VIIe f. (Ouargla) *souggam*, سوڤام.

2° S DJ M : (Mzab) *soudjem*, سوجم, attendre ; n. d'act. (Mzab) *asoudjem*, اسوجم, attente.

3° S G : (Ouargla) *soug*, سوڤ, attendre.

S G M : (Zouaoua) *segem*, سڭم, croître.

2° **S DJ M** : (Mzab) *asedjmi*, اسجمى, croissance.

S G N : (Ouargla) *tisegnit*, تسڭنيت, aiguille, pl. *tisegna*, تسڭنا.

2° **S J N F** : (Mzab) *tisejneft*, تسژنفت, aiguille.

S L : (Ouargla, Mzab, O. Rir') *sel*, سل, entendre; (Dj. Nefousa) *asel*, اسل, entendre; (Mzab) *aselli*, اسلى, ouïe; V^e f. (Ouargla, O. Rir') *tsel*, تسل.

S L : (Mzab) *asli*, اسلى, fiancé, pl. *islan*, يسلان; (Ouargla) *asli*, اسلى, marié, pl. *islian*, يسليان; (Mzab) *taslit*, تسليت, fiancée, pl. *tislatin*, تسلاتين; (Dj. Nefousa) *tsilout*, تسلوت, fiancée.

S L L F : (Ouargla) *teslellaft*, تسللافت, hirondelle, pl. *tislellafin*, تسللافين.

2° **M S L L F** : (Mzab) *tamesloulaft*, تمسلولافت, hirondelle, pl. *timesloulafin*, تمسلولافين.

S M : (Mzab) *samou*, سمو, coussin.

S M : (Mzab) *tisemin*, تسمين, jalousie.

S M DH : (Ouargla) *asemmadh*, اسماض, froid.

2° **S M D** : (Mzab) *semmed*, سمد, froid.

S M G : (Chelh'a) *ismeg*, يسمڭ, nègre.

2° **S M J** : (O. Rir') *ismej*, يسمژ, nègre, pl. *isemjan*, يسمژان.

3° **CH M J** : (Mzab) *ichemj*, يشمژ, esclave, pl. *ichemjan*, يشمژان; (Ouargla) *ichmej*, يشمژ, nègre, pl. *ichemjan*, يشمژان; (Dj. Nefousa) *achemji*, اسمژى, nègre, pl. *ichemjan*, يشمژان.

4° **CH M DJ** : (Mzab) *ichemdj*, يشمج, nègre, pl. *ichemdjan*, يشمجان; (Dj. Nefousa) *achemdji*, اشمجى, nègre, pl. *ichemdjan*, يشمجان.

S M M : (Ouargla) *asemmam*, اسمام, aigre; (Ouargla) *tasemmi*, تسمى, levain.

S N : (Mzab, Ouargla, Dj. Nefousa, O. Rir'), *essen*, اسن, savoir ; (Mzab) *sin*, سين, savoir ; (O. Rir') *issan*, يسان, science ; (Dj. Nefousa) *oussoun*, وسون, science ; (Mzab) *amousni*, اموسنى, savant ; IIe f. (Ouargla) récip. *missen*, مسن ; IIIe f. (Ouargla) *touassen*, تواسن, pass.

S N : (Mzab et Ouargla) *tisent*, تسنت, sel.

S N : (Mzab) *esan*, اسان, bourre de palmier ; (Ouargla) *san*, سان, bourre de palmier.

S N : (Mzab) *tasent*, تسنت, escalier, pl. *tisounan*, تسوْنان ; (Ouargla) *tsounet*, تسونت, escalier, pl. *tisounan*, تسوْنان.

S N B : (Mzab) *tisenbot*, تسنبت, conduit.

S N DJ : (Zouaoua) *thasenadj*, تسناج, panier.

2° S N I : (Mzab, Ouargla, O. Rir') *tisnit*, تسنيت, panier.

S N K : (Ahaggar) *asink*, ·:ΙⵙΟ, couscous.

2° S OU K : (Dj. Nefousa) *asouik*, اسويك, sorte de couscous.

S N N : (Mzab) *asennan*, اسنان, épines, pl. *isinan*, يسينان, dents canines ; (Ouargla) *asennan*, اسنان, pl. *isennanen*, épine, filament ; dimin. (Ouargla) *tasennant*, تسنانت, pl. *tisennanin*, تسنانين, filaments ; (Dj. Nefousa) *isinen*, يسينن, dents canines.

S OU : (Ouargla) *tasoua*, تسوا, queue, pl. *tisouatin*, تسواتين.

S OU : (Mzab, Ouargla, Dj. Nefousa) *sou*, سو, boire, aor. *souir'*, سويغ, *isouou*, يسوو ; Ire f. (Ouargla) *sessou*, سسو, faire boire, teindre ; (Ouargla) *asessoui*, اسسوى, teinturier ; VIe f. (Mzab) *sess*, سس.

S I : (Mzab) V^e f. *tessi*, تسى, prendre, aor. *itessi*, يتسى.

CH

CH T T : (Mzab) *achettai*, اشتاى, gros.

2° CH D D : (Mzab) *tacheddi*, تشدى, embonpoint.

CH T R : (Mzab) *achettar*, اشتار, gras.

2° CH D R : (Mzab, Ouargla) *echder*, اشدر, être gras, aor. *ichder*, يشدر.

3° CH T' R : (Ouargla) *achet't'ar*, اشطار, gras, pl. *ichet't'arin*, يشطارن.

CH R : (Ouargla) *cher*, شر, puiser.

CH R M : (Mzab) *tacheroumt*, تشرومت, cou.

CH CH R : (Mzab) *ichchert*, يشرت, pl. *ichcharen*, يشارن, grosse corde; (Mzab) *tichchert*, تشرت, gandoura.

CH F : (Dj. Nefousa) *echchef*, اشف, se jeter sur.

CH M CH R N : (Ouargla) *tachimcherant*, تشمشرانت, lézard, pl. *tichemcheranin*, تشمشرانين.

DH

DH : (Mzab) *adh*, اض, aor. *ioudha*, يوضا, tomber, descendre; (Mzab) *aoudha*, اوضا, chute.

2° T' : (Mzab) *out't'ou*, وطو, chute, péril.

DH : (Mzab et Ouargla) *adhou*, اضو, vent, pl. *idhouen*, يضون; Ire f. (Ouargla et Mzab) *soudh*, سوض, souffler, allumer; n. d'act. (Mzab) *asoudhi*, اسوضي, souffle.

DH R : (Mzab et O. Rir') *dhar*, ضار, pied, pl. *idharen*, يضارن.

2° D R : (Ouargla) *dar*, دار, jambe, patte de derrière, pl. *idaren*, يدارن.

DH S : (Zouaoua) *adhs*, اضس, rire.

2° DH Ç : (Mzab) *dheç*, ضص, rire (verbe).

3° T' Ç : (O. Rir') *t'eça*, طصا, rire (subst.)

4° Ç : (O. Rir') *eç*, اص, rire, aor. *iça*, يصا.

DH S : (Ouargla) Ire f. *soudhes*, سوضس, endormir.

2° T' S (Mzab, Ouargla, O. Rir') *et't'es*, اطس, dormir, se coucher; V[e] f. (Ouargla) *tet's*, تطس.

DH DH : (Mzab) *asoudhedh*, اسوضض, allaitement.

2° T' DH : (Mzab, Ouargla) *et't'edh*, اططض, aor. *iet't'edh*, يططض, téter; Ire f. (Mzab) *sout'edh*, سوطض, allaiter.

DH DH : (Ahaggar) *adhadh*, ƎƎ, doigt.

2° DH D (Mzab et Ouargla) *dhad*, ضاد, doigt, pl. *dhoudan*, ضودان.

DH L : (Mzab) *adhel*, اضل, fermer (les yeux).

DH L : (Chelh'a) *adhil*, اضيل, raisin.

2° D L : (Mzab) *adil*, اديل, raisin; (Ouargla), *adil*, اديل, vigne.

DH N : (Ouargla) *madhoun*, مضون, malade; (Ouargla) *ioudhan*, يوضان, pl. *ioudhanen*, يوضانن, malade; (Mzab) *adhen*, اضن, aor. *ioudhan*, يوضان, être malade.

2° T' N : (Dj. Nefousa) *at'en*, اطن, aor. *iout'en*, يوطن, être malade; (Mzab) *at'an*, اطان et *at't'an*, اططان, maladie.

DH N : (Mzab) *ioudhen*, يوضن, autre; (O. Rir') pl. *idhinin*, يضينين, f. s. *tidhit*, تضيت.

2° T' N (Dj. Nefousa) *ouait'*, وايط, autre.

3° D DH : (Ouargla) *oudidhen*, وديضن, autre, f. *tididhet*, تديضت, pl. *ididhenin*, يديضنين, f. *tididhentin*, تديضنتين.

DH N : (Mzab) *edhen*, اضن, couvrir.

2° D N : (Ouargla) *adan*, ادان, couverture.

T'

T' : (Mzab, Ouargla, O. Rir') *t'it'*, تيط, œil, pl. *tit'aouin*, تطاوين; (Dj. Nefousa) source; (Dj. Nefousa) *t'it'*, طيط, œil.

T' F : (Mzab, Ouargla, Dj. Nefousa) *et't'ef*, اططف, aor. *it't'ef*, يططف, prendre, saisir; n. d'act. (Mzab, Dj. Nefousa) *out'ouf*, وطوف, prise, capture; (Dj. Nefousa) *it't'af*, يطاب, prise, capture; (O. Rir') *tet't'af*, تطاب, capture, prise, saisie; IIe f. pass. (Ouargla) *miet't'ef*, ميطب; IIIe f. pass. (Ouargla) *touat't'ef*, وّاطب, Ve f. hab. (Mzab) *tet't'ef*, تطب, tenir.

T' K R : (Ahaggar) *et'kar*, ⵙ·:ⴺ, être rempli.

2° CH R : (Mzab et Ouargla) *char*, شار, aor. *ichour*, يشور, être plein, rempli; (Dj. Nefousa) Ve f. *techchar*, تشار, être plein; (Dj. Nefousa) *tetchar*, تچار, se remplir.

T' L K' : (Dj. Nefousa) *at'louk'*, اطلوق, parfum.

T' M N : (Dj. Nefousa) *t'oumen*, طومن, sorte de rouina.

Â

Â D S : (Mzab) *aâddis*, اعديس, ventre, pl. *iâddas*, يعداس.

Â DH : (Mzab) *âdhi*, عضى, plier.

R'

R' : (Mzab) *tr'at*, تغات, chèvre.

R' : (Mzab, Dj. Nefousa, Ouargla) *ar'*, اغ, prendre, aor. *iour'ou*, يوغو; (O. Rir') *ar'*, اغ, acheter, prendre, aor. *ir'i*, يغى; (O. Rir') *ir'in*, يغين, acheteur; (Ouargla) IIe f. pass. *miour'ou*, ميوغو.

2° G : (Ouargla) *eg*, اڭ, aor. *igi*, يڭى, prendre.

R' D : (Mzab) *tar'eda*, تغدا, canne de palmier.

R' D' : (Zouaoua) *ir'ed'*, يغذ, cendre.

2° R' D : (Mzab) *ir'ed*, يغد, cendre; (Ouargla) *ir'id*, يغيد, boue, pl. *ir'aiden*, يغيدن.

R' R : (Zouaoua) *ar'ourar*, اغورار; sécheresse.

2° K' R : (Mzab, O. Rir', Ouargla, Dj. Nefousa) *ek'k'or*, اقر, être sec, dur, avare.

R' R : (Mzab) *tar'ouri*, تغورى, mortier.

R' R : (Mzab) ***tar'eri***, **تغرى**, tige d'épi.

R' R : (Mzab) *r'erd*, **غرد**, pleurer.

R' R D' : (Zouaoua) ***ar'erd'a***, **اغردا**, rat.

2° **R' R D** : (Mzab, Ouargla, O. Rir') *ar'erda*, **اغردا**, rat, pl. ***ir'erdain***, **يغرداين**.

R' R D' M : (Zouaoua) ***thir'ird'emth***, **تغيردمث**, scorpion.

2° **R' R D M** : (Mzab, Ouargla, O. Rir', Dj. Nefousa) ***ter'ardemt***, **تغاردمت**, scorpion, pl. ***tir'ourdam***, **تغوردام**.

3° **J R D M** : (Mzab) ***ajerdem***, **اژردم**, tarente.

R' R R : (Ouargla) ***ar'erour***, **اغرور**, jardin.

R' R R : (Ouargla) ***ar'erour***, **اغرور**, poutre.

2° **R' R I** : (O. Rir') ***ar'eroui***, **اغروى**, poutre.

R' R S : (Mzab, Ouargla, O. Rir') *r'ers*, **غرس**, égorger, immoler; n. d'act. (O. Rir') *ar'ras*, **اغراس**, action d'égorger; IIe f. pass. (Ouargla) ***mir'ers***, **مغرس**.

R' R DH : (Zouaoua) ***thir'erdhin***, **تغرضين**, os de l'épaule.

2° **R' R D** : (Mzab et O. Rir') ***tar'eroud***, **تغرود**, épaule, pl. ***tir'ardin***, **تغاردين**.

3° **R' R T** : (Ouargla) ***tar'erout***, **تغروت**, épaule, pl. ***tar'eroutin***, **تغروتين**.

R' R F : (Mzab) *ar'aref*, **اغارب**, pierre meulière; (Mzab) *ar'erraf*, **اغراب**, petit plat.

R' R M : (Mzab, Ouargla, O. Rir') *ar'eroum*, **اغروم**, pain.

R' R M : (Mzab) ***ar'erem***, **اغرم**, ville, pl. ***ir'ermaouen***, **يغرماون**.

R' R M : (Ouargla) V[e] f. *tr'arem*, **تغارم**, se parer.

R' Z : (Dj. Nefousa) *er'z*, **اغز**, creuser; (Ouargla) ***r'ezz***, **غز**, mordre; (Mzab) *ir'za*, **يغزا**, grotte; (Mzab) *ar'zou*, **اغزو**, fossé, ruisseau, silo, pl. ***ir'ouza***, **يغوزا**; IIIe f. pass. (Ouargla) ***touar'ez***, **تواغز**.

R' Z R : (Mzab) ***ir'zer***, **يغزر**, fleuve, pl. ***ir'ezran***, **يغزران**.

R' S : (Dj. Nefousa) *r'is*, غيس, espérer.

R' S : (Dj. Nefousa) *r'es*, غس, se diriger.

R' S : (Mzab) *tir'est*, تغست, puits, pl. *tir'sin*, تغسين.

R' S : (Ouargla) *ir'es*, يغس, appétit.

R' S : (Mzab) *ir'es*, يغس, os, noyau, pl. *ir'san*, يغسان.

2° KH S : (Ouargla) *ikhs*, يخس, pl. *ikhsan*, يخسان, os.

R' S M : (Mzab) *ar'essim*, اغسيم, courge ; (Ouargla) *tar'essimt*, تغسيمت, melon vert, pl. *tir'essimen*, تغسيمن.

R' F : (Ouargla, Dj. Nefousa) *ir'f*, يغف, tête.

2° KH F : (Ouargla) *ikhf*, يخف, tête, bout, cap.

R' L : (Mzab) *r'il*, غيل, croire.

R' L : (Mzab) *ar'il*, اغيل, *ir'il*, يغيل, *r'il*, غيل, bras, coudée, pl. *ir'allen*, يغالن ; (Ouargla) *ar'il*, اغيل, bras, pl. *ir'ilen*, يغيلن.

R' L : (Mzab) *ar'ioul*, اغيول, âne, pl. *ir'ouial*, يغويال ; (Ouargla, O. Rir') *ar'ioul*, اغيول, âne, pl. *ir'ial*, يغيال (Ouargla) *tar'ioult*, تغيولت, ânesse; (Dj. Nefousa et Mzab) *ter'allit*, تغاليت, jument, pl. *tir'allin*, تغالين.

R' L CH : (B. Menacer) *thr'allach*, تغلاش, brebis.

2° Â L CH : (Ouargla) *âllouch*, علوش, agneau, pl. *idllach*, يعلاش ; (O. Rir') *âllouch*, علوش, mouton.

R' L D : (Mzab) *ar'lad*, اغلاد, rue, pl. *ir'oulad*, يغولاد ; (Ouargla) *ar'lad*, اغلاد, rue, pl. *ir'laden*, يغلادن.

R' L L : (Mzab) *ir'ellel*, يغلل, paille longue.

R M' : (Mzab et Ouargla) *tar'ma*, تغما, cuisse, pl. *tar'miouin*, تغميوين.

R' M : (Dj. Nefousa) *ar'emma*, اغما, légumes, pl. *ir'main*, يغماين.

R' M : (Mzab) *tar'imt*, تغيمت, tas.

2° K' M : (Mzab, Ouargla, Dj. Nefousa) *k'im*, قيم, se tenir, se dresser, demeurer, rester, se mettre à, s'asseoir; (Ouargla) *ek'k'im*, اقيم, s'asseoir; (O. Rir') *ek'k'im*, اقيم, se tenir; (Ouargla) *tik'imt*, تقيمت, coussin, pl. *tik'imin*, تقيمين; (Mzab) *ak'k'im*, اقيم, séance; Ire f. (Ouargla) *sk'im*, سقيم, faire tenir.

R' M S : (Mzab et Ouargla) *tir'mest*, تغمست, dent, pl. *tir'mas*, تغماس.

R' M L : (Mzab) *ar'mal*, اغمال, moisir; n. d'act. (Mzab) *ar'mal*, اغمال, moisissure.

R' N : (Ouargla) *r'an*, غان, pl. *ir'ounen*, يغونن, corde.

2° K' N : (Ouargla, Mzab) *ak'k'en*, اقن, lier, attacher; n. d'act. (Mzab) *ouk'k'oun*, وقون, attachement, ligature; V° f. (Ouargla) *tak'an*, تقان.

R' N DJ : (Mzab) *ar'endjai*, اغنجاى, pl. *ir'endjain*, يغنجاين, cuiller; (Mzab) *tar'endja*, تغنجا, petite cuiller.

R' N S : (Mzab) *aster'nes*, استغنس, incubation.

R' N M : (Ouargla) *tr'animt*, تغانيمت, roseau.

R' OU S : (Mzab, O. Rir', Ouargla, Dj. Nefousa) *ter'aousa*, تغاوسا, chose, désir, virginité, pl. *tir'aousiouin*, تغاوسيوين.

R' OU N : (Mzab) *ter'ouni*, تغوني, coffrage.

R' I : (Mzab) *tar'iout*, تغيوت, datte dont le noyau est formé.

F

F : (Dj. Nefousa, Mzab, O. Rir', Ouargla) *af*, اف, trouver, aor. *ioufou*, يوفو; n. d'act. (Mzab) *aoufa*, اوفا, trouvaille; II° f. (Ouargla) *mioufou*, ميوفو, pass.; V° f. (Mzab) *ettouf*, اتوف; (Ouargla) *tif*, تيف.

F : (Ahaggar) *afa*, افا, lumière.

2° F OU : (Mzab) *tifaout*, تفاوت, lumière, feu; (Dj. Nefousa) *toufout*, توفوت, soleil.

3° F OU I : (Mzab et Ouargla) *tfouit*, تفويت, soleil, pl. *toufouia*, توفويا.

F (Mzab) *toufa*, توبا, branche de palmier, pl. *toufaouin*, توباوين.

F D' : (Zouaoua) *fad'*, باذ, soif.

2° F D : (Ouargla, Mzab) *foud*, بود, avoir soif, aor. *iffoud*, يبود ; (Dj. Nefousa) *fad*, باد, avoir soif, aor. *iffed*, يبد ; (O. Rir') *fad*, باد, soif ; (Mzab) *foud*, بود, soif.

F D' : (B. Menacer) *foud'*, بوذ, genou.

2° F D : (Mzab et Ouargla) *foud*, بود, genou ; (Ouargla) *tafoudent*, تبودنت, doigt de pied.

F R : (Ouargla) *oufer*, وبر, s'envoler ; (Mzab) *afriou*, ابريو, aile, pl. *afrioun*, ابريون ; (Ouargla) *afriou*, ابريو, aile, pl. *ifriouen*, يبريون ; IIe f. (Ouargla) *sifer*, سيبر, faire envoler.

F R : (Mzab) *afriou*, ابريو, feuille, pl. *afrioun*, ابريون ; (Ouargla et O. Rir') *tifrit*, تبريت, feuille, pl. *tifrai*, تبراي ; (Mzab) *tifrit*, تبريت, feuille, pl. *tifriouin*, تبريوين.

F R KH : (Mzab) *ifrakh*, يبراخ, citrouille.

F R DH : (Mzab) *efradh*, ابراض, nettoyer ; n. d'act. (Mzab) *afradh*, ابراض, nettoiement.

F R R' : (Ouargla) *afrour'*, ابروغ, casserole, pl. *ifrour'an*, يبروغان.

F R F D R' : (Ouargla) *aferfedar'*, ابربداغ, fibre, pl. *iferfedar'en*, يبربداغن.

F R N : (Mzab) *afren*, ابرن, choisir.

F Z : (Ouargla) *effez*, ابز, mâcher ; IIe f. (Ouargla) pass. *mieffez*, ميبز ; IIIe f. (Ouargla) pass. *touaffez*, توابز.

F Z : (Mzab) *tefza*, تبزا, grès rouge.

F S : (Mzab, O. Rir', Dj. Nefousa) *fous*, بوس, pl. *ifassen*, يباسن, main, patte de devant ; (Mzab et Ouargla) *fous*, بوس, pl. *ifassen*, يباسن, main, patte de devant ;

(Dj. Nefousa) *afes*, ابس, pl. *ifassen*, يباسن, main; (Ouargla) *afousai*, ابوساى, droite; (Ouargla) *ifsous*, يبسوس, léger.

F S : (Ouargla) *aifes*, ايبس, céréales; (O. Rir') *aifes*, ايبس, semence; (Mzab) *aifs*, ايبس, graine.

F S I : (Mzab et Ouargla) *efsi*, ابسي, fondre, v. neut.; Ire f. (Ouargla et Mzab) *sefsi*, سبسي, fondre, v. act.; n. d'act. (Mzab) *asefsi*, اسبسي, fonte.

F S N KH : (Mzab) *tifesnakht*, تبسناخت, carotte; (Ouargla) *tafsenakht*, تبسناخت, pl. *tifsenakh*, تبسناخ, carotte.

F R' : (Mzab, Ouargla, O. Rir', Dj. Nefousa) *effer'*, ابغ, sortir, aor. *iffer'*, يبغ; n. d'act. (Ouargla) *moufer'en*, موبغن, sortie; Ire f. (Mzab, Ouargla) *soufer'*, سوبغ et *souffer'*, faire sortir, expulser; n. d'act. (Mzab) *asoufer'*, اسوبغ, expulsion; Ire-VIIIe f. (Ouargla) *soufour'*, سوبوغ.

F R' R : (Ouargla) *fir'ar*, بغار, serpent, pl. *ifir'eran*, يبغران.

F F : (Ouargla) *iff*, يب, sein, mamelle, pl. *iffan*, يبان.

2° F : (Mzab) *if*, يب, sein, mamelle, pl. *iffan*, يبان.

F F : (Dj. Nefousa) *afaf*, اباب, aor. *ioufaf*, يوباب, être fin, délicat.

2° F : (Dj. Nefousa) Ire f. *sifou*, سيبو, passer au crible.

F K R : (Ouargla) *fekroun*, بكرون, tortue.

F G : (Zouaoua) *afeg*, ابڭ, voler.

2° F I : (O. Rir') *afi*, ابى, voler.

F L : (Mzab) *aflou*, ابلو, percer, trouer, aor. *iflou*, يبلو.

F L : (Mzab) *afel*, ابل, passer sur.

F N S : (Mzab et Dj. Nefousa) *afounas*, ابوناس, bœuf, pl. *ifounasen*, يبوناسن; (Mzab) *tafounast*, تبوناست, vache, pl. *tifounasen*, تبوناسن.

K'

K' R : (Ouargla) *tak'raouit n ir'f*, تقراويت يغف, crâne.

K' Z N : (Dj. Nefousa) *touk'zin*, توقزين, milieu de l'après-midi.

K' S : (Ouargla) *ek's*, اقس, piquer, aor. *ad ek'sâ*, اد اقسع, IIe f. (Ouargla) *miek's*, ميقس, pass. ; IIIe f. pass. (Ouargla) *touak'es*, تواقس.

K' CH CH : (Ouargla et O. Rir') *ak'chich*, اقشيش, enfant.

K' L : (Mzab) *ek'li*, اقلى, laisser, divorcer, répudier ; n. d'act. (Mzab) *ak'li*, اقلى, divorce.

K' M M : (Mzab) *ak'moum*, اقموم, bouche.

2° R' N B : (Mzab) *ir'enba*, يغنبا, pl. becs.

3° R' N B B : (Ouargla) *ar'enboub*, اغنبوب, pl. *ir'enbab*, يغنباب, bec.

K B : (Ouargla) *akeb*, اكب, sauterelle, pl. *ikebban*, يكبان.

2° TCH B : (Mzab) *atcheb*, اچب, sauterelle.

K B R : (Ouargla) *takbert*, تكبرت, jupe, vêtement, pl. *tikebrin*, تكبرين.

K TH M : (Zouaoua) *akthoum*, اكثوم, chair.

2° I S M : (Mzab et Ouargla) *aisoum*, ايسوم, viande, chair.

3° I S N : (Dj. Nefousa) *isan*, يسان, viande.

K D D : (O. Rir') *akedid*, اكديد, faible.

K D M : (Mzab) *kadoum*, كدوم, hache.

K D' : (Zouaoua) *akid'*, اكيذ, avec.

2° CH D : (Ouargla) *ached*, اشد, aor. *iouched*, يوشد, aller avec.

K R : (Zouaoua) *kera*, كرا, chose.

2° CH R : (Dj. Nefousa) *achcher*, اشر, chose, partie, quelque ; (Mzab et Ouargla) *chera*, شرا, chose.

K R B S : (Ouargla) *takerboust*, تكربوست, plafond, pl. *tikerbas*, تكرباس.

K R R : (Ouargla) *ikerrouan*, يكروان, pl. moutons.

K R Z : (Zouaoua) *kerez*, كرز, labourer.

2° **I R Z** : (Dj. Nefousa) *tirza*, تيرزا, culture.

K R S : (Zouaoua) *keres*, كرس, nouer.

2° **TCH R S** : (Mzab) *atchrous*, اچروس, nœud, pl. *itchrousen*, يچروسن.

K R CH : (Zouaoua) *thakarrachth*, تكراشت, piège à détente.

2° **R CH CH** : (Mzab) *trachcha*, ترشا, piège.

K R DH : (Mzab) *akerdha*, اكرضا, vol, larcin; (Mzab et Ouargla) *toukerdha*, توكرضا, vol; (Ouargla) n. d'ag. *amkerdhan*, امكرضان, voleur, pl. *imkerdhanen*, يمكرضانن.

2° **K R** : (Mzab, O. Rir' et Ouargla) *aker*, اكر, voler, dérober, aor. *iouker*, يوكر; Ire f. (Ouargla) *siker*, سيكر, faire voler; IIIe f. pass. (Ouargla) *touaker*, تواكر; V^e f. hab. (Mzab) *taker*, تاكر.

K R F : (Ouargla) *takerfouit*, تكرفويت, corde, pl. *tikerfiouin*, تكرفيوين.

K R K S : (Ouargla et O. Rir') *skarkous*, سكركوس, mentir; (Ouargla et O. Rir') *tikerkas*, تكركاس, pl. mensonges.

2° **CH R CH S** : (Mzab) *techerches*, تشرشس, mensonge, pl. *ticherchas*, تشرشاس.

K R K CH : (Ouargla) *takerkoucht*, تكركوشت, pl. *tikerkouchin*, تكركوشين, écaille de tronc de palmier.

2° **K R CH CH** : (Mzab) *akerchouch*, اكرشوش, tronc de palmier.

K R M : (Dj. Nefousa) *oukrim*, وكريم, dos; (Ouargla) *tikermin*, تكرمين, dos.

K R N : (Mzab) *ekroun*, اكرون, être caché; Ire f. (Mzab) *sekren*, سكرن, cacher.

K Z : (Ouargla) *akez*, اكز, *kez*, كز, aor. *ioukez*, يوكز, penser, reconnaître.

K S : (Mzab) *akkes*, اكس, fermer une porte.

K S : (O. Rir', Dj. Nefousa) *ekkes*, اكس, ôter, cueillir, cesser.

K S R : (Zouaoua) *aouksar*, اوكسار, déclivité.

2° G S R : (O. Rir') *gser*, ڭسر, survenir, arriver.

K S DH : (Chelh'a) *kesedh*, كسض, craindre.

2° G D : (Mzab, Ouargla) *egged*, اڭد, aor. *iougged*, يوڭد, craindre; Ire f. (Mzab) *sougged*, سوڭد, effrayer; (Ouargla) *souggoud*, سوڭود, effrayer; V^e^ f. hab. (Ouargla) *taggoud*, تڭود; (Dj. Nefousa) *tagged*, تڭد.

K CH : (Mzab) *takcha*, تكشا, ver, pl. *tikchaouin*, تكشاوين.

2° G CH : (Mzab) *tagechcha*, تڭشا, soie; (Ouargla) *tagechcha*, تڭشا, pl. *tigechchouin*, تڭشوين, ver.

K CH R : (O. Rir') *tekchourt*, تكشورت, derrière (subst.).

K CH K CH : (Ouargla) *kechkech*, كشكش, secouer; Ve-VIIIe f. (Ouargla) *tkechkouch*, تكشكوش.

K DH : (Mzab) *akedhi*, اكضي, trou, pl. *ikedhian*, يكضيان.

K Â B : (Dj. Nefousa) *ikâb*, يكعب, renard.

2° TCH Â B : (Mzab) *itchab*, يجعب, renard.

K F S : (Ouargla) *tikoufas*, تكوفاس, salive.

2° TCH F S : (Mzab) *tchouffist*, چوفيست, crachat.

K L : (Zouaoua) *thikli*, تكلي, marche.

2° TCH L : (Mzab) *titchelt*, تچلت, fois.

K L L : (Mzab) *kelli*, كلي, rouler.

K M : (Dj. Nefousa) *ekm*, اكم, entrer.

K M R : (Mzab) *takemmarit*, تكماريت, fromage.

K M R : (Dj. Nefousa) *kamour*, كمور, toit.

K M Z : (Mzab et Ouargla) *ekmez*, اكمز, gratter; n. d'act. (Mzab) *akmaz*, اكماز, grattage; IIe f. pass. (Ouargla) *miekmez*, میكمز; IIIe f. pass. (Ouargla) *touakmez*, تواكمز.

K M S : (Ouargla) *akmous*, اكموس, bourse.

K N : (Ouargla) *akniou*, اكنيو, jumeau, pl. *aknioun*, اكنيون.

K N F : (Ouargla) *taknift*, تكنيفت, galette, pl. *tiknifin*, تكنيفين.

G

G : (Ahaggar) *ag*, T, fils.

2° OU : (Mzab) *ouma*, وما, frère ; (Mzab) *ioua*, يوا, frère.

G : (Dj. Nefousa) *tiga*, تيڭا, herbe ; (Ouargla) *touga*, توڭا, herbe, pl. *tougaouin*, توڭاوين.

G : (Ouargla) *eg*, اڭ, être.

G : (Ouargla, O. Rir', Dj. Nefousa) *eg*, اڭ, aor. *igou*, يڭو, mettre, faire, placer.

2° R' : (Mzab) *ar'*, اغ, prendre, accepter, faire, aor. *ir'ou*, يغو.

3° DJ : (Mzab) *edj*, اج, faire, mettre, aor. *idjou*, يجو ; n. d'act. (Mzab) *adja*, اجا, action.

G H' Z : (Mzab et O. Rir') *gah'ez*, ڭاحز, s'approcher, se jeter sur, aor. *igah'za*, يڭاحزا.

G D D : (Chaouia) *ageddid*, اڭديد, outre.

2° J D D : (Mzab) *ajeddid*, اژديد, outre.

G D' R : (Zouaoua) *thigd'erth*, ثڭذرث, épi.

2° I D R : (Mzab) *taiddert*, تيدرت, épi.

G D' L : (Zouaoua) *agd'al*, اڭذال, prairie.

2° J D L : (Mzab) *ajedlaou*, اژدلاو, pl. *ijedlaoun*, يژدلاون, réservoir ; (Ouargla) *ajedlaou*, اژدلاو, bassin au pied du palmier, réservoir, pl. *ijedlaouin*, يژدلاوين ; (Mzab) *ajdel*, اژدل, rigole autour du palmier.

G R : (Zouaoua) *gar*, ڭار, entre.

2° J R : (Mzab) *jerou*, ژرو, convenir.

G R : (Ouargla) *aggour*, اڭور, marcher ; (Dj. Nefousa) *ager*, اڭر et *agour*, اڭور, aor. *iougour*, يوڭور, s'en aller ; n. d'act. (Dj. Nefousa) *tagouria*, تڭوريا, marche, conduite ; (Ouargla) *agour*, اڭور, aller.

2° DJ R : (Mzab) *adjour*, اجور, aller, aor. *idjour*, يجور.

3° I R : (O. Rir') *taiourt*, تايورت, marche, conduite ; (O. Rir') *aiour*, ايور, marcher.

G R : (Zouaoua) *aougar*, اوڭار, surpasser.

2° J R : (Mzab) *ajer*, اژر, surpasser, aor. *ioujer*, يوژر.

3° DJ R : (Mzab) *oudjar*, وجار, plus.

G R : (Ouargla) *eger*, اڭر, jeter ; IIe f. pass. (Ouargla) *meger*, مڭر.

G R : (Ouargla) *tagrou*, تڭرو, extrémité ; (O. Rir') *aneggarou*, انڭارو, dernier.

G R : (Zénaga) *tageré*, تڭر, assiette.

2° J R : (Mzab) *tajera*, تژرا, plateau ; (Ouargla) *aoujera*, اوژرا, vase, pl. *ioujerioun*, يوژريون.

G R TH L : (Zouaoua) *agerthil*, اڭرثيل, natte.

2° J R T L : (Mzab, Ouargla) *ajertil*, اژرتيل, natte, pl. *ijertal*, يژرتال, dimin. (Ouargla) *tajertilt*, تژرتيلت, petite natte, pl. *tijertal*, تژرتال.

G R Z : (Ouargla) *agrouz*, اڭروز, chou-palmiste, pl. *igrouzan*, يڭروزان.

2° J R Z : (Mzab) *adjrouz*, اجروز, chou-palmiste.

G R J M : (Mzab) *tagerjoumt*, تڭرژومت, collier.

G R S L : (Zouaoua) *igersel*, يڭرسل, houx.

2° I R S L : (Mzab) *tirselt*, تيرسلت, montant du puits, pl. *tirsal*, تيرسال ; (O. Rir') *tiirselts*, تيرسلت, poteau perpendiculaire du métier à tisser.

G R F : (Zouaoua) *agerfiou*, اكرفيو, corbeau.

2° DJ R F : (Dj. Nefousa) *tidjerfi*, تجرفي, corbeau.

G R G B : (Ouargla) *agourgoub*, اڤورڤوب, collier, pl. *igergab*, يڤرڤاب.

G J : (Dj. Nefousa) *gaji*, ڤازي, chambre.

G J D' R : (Zouaoua) *agejd'our*, اڤزذور, lamentation.

2° G J D R : (Ouargla) *agejdour*, اڤزدور, lamentation.

G DH G DH : (Mzab) 1re f. *segedhgedh*, سڤضڤض, chatouiller; n. d'act. (Mzab) *asgedhgedh*, اسڤضڤض, chatouillement.

G DH M : (Zouaoua) *igoudhman*, يڤوضمان, baguettes.

2° G T' M : (Dj. Nefousa) *aget't'oum*, اڤطوم, baguette.

G G : (Zénaga) *geggen*, ڤڤن, pl. barres de bois.

2° DJ DJ : (Mzab) *djidj*, جج, piquet, pl. *idjadjen*, يجاجن.

G G OU : (Mzab) *eggou*, اڤو, pétrir, aor. *ieggou*, يڤو; n. d'act. (Mzab) *tiggoui*, تڤوي, mélange, action de pétrir.

G L : (Zouaoua) *gall*, ڤال, jurer.

2° DJ L : (Mzab et O. Rir') *djal*, جال, aor. *idjoul*, يجول, jurer; n. d'act. (O. Rir') *djal*, جال, serment.

3° J L : (Ouargla) *jall*, زال, jurer; n. d'act. (Ouargla) *tijilla*, تزلا, serment.

G L D' : (Zouaoua) *agellid'*, اڤليذ, roi.

2° G L D : (Ouargla) *tageldit*, تڤلديت, royauté.

3° J L D : (Ouargla, Mzab, Dj. Nefousa) *ajellid*, ازليد, roi, pl. *ijellidan*, يزليدان.

G L DH M : (Ouargla) *tageldhimt*, تڤلضيمت, bouchée, pl. *tigeldhimin*, تڤلضيمين.

G L M : (Dj. Nefousa et Ouargla) *aglim*, اڤليم, peau, pl. *iglimen*, يڤليمن.

2° **DJ L M** : (Mzab) ***adjlim***, اجليم, peau, cuir, pl. ***idjlimen***, يجليمن.

3° **J L M** : (Mzab) ***ajlim***, اژليم, peau, cuir.

4° **I L M** : (Mzab) ***tilmit***, تيلميت, pellicule; (Mzab) ***tilmai***, تيلماى, écorce.

G L M M : (Zouaoua) ***agoulmim***, اڭوليم, mare.

2° **DJ L M M** : (Mzab) ***djelmam***, جلمام, bassin, réservoir.

G M : (Zouaoua) ***agem***, اڭم, puiser.

2° **DJ M** : (Mzab) ***adjem***, اجم, puiser, aor. ***ioudjem***, يوجم; n. d'act. (Mzab) ***adjem***, اجم, action de puiser.

G M R : (Zouaoua) ***thagmarth***, تڭمارث, jument.

2° **J M R** : (Mzab) ***tajmart***, تژمارت, jument.

G M M : (Ouargla) ***tagemmimt***, تڭميمت, gorgée, pl. ***tigemmimin***, تڭميمين.

G M M : (Ouargla) ***tagemmi***, تڭمى, forêt, verger, pl. ***tigamma***, تڭما.

2° **J M M** : (Mzab) ***tajemmi***, تژمى, buisson.

G N : (Zouaoua) ***igenni***, يڭنى, ciel.

2° **J N** : (Ouargla, Mzab) ***ajenna***, اژنا, ciel, pl. ***ijennouan***, يژنوان; (Mzab) ***tajennout***, تژنوت, nuage, pluie; (Mzab) ***toujinist***, توژنيست, air.

2° **DJ N** : (Mzab) ***tadjennouit***, تجنويت, pluie.

G N : (Mzab) ***igouni***, يڭونى, keskas.

G N G : (O. Rir') ***geng***, ڭنڭ, caverne.

G N G R : (Ouargla) ***agengour***, اڭنڭور, front, pl. ***igengar***, يڭنڭار.

G N G N : (Ouargla) ***itgengin***, يتڭنڭين, bègue.

G N N : (Ouargla) ***agnin***, اڭنين, nid, pl. ***igninen***, يڭنينن.

G OU R : (Zouaoua) ***aggour***, اڭور, mois.

2° I OU R : (Mzab) *iiour*, يور, mois, pl. *iiouren*, يورن ; (Mzab, Ouargla, O. Rir') *aiour*, ايور, mois, pl. *aiouren*, ايورن, pl. (Mzab) *iiaren*, يارن.

G I : (Ouargla) *aggai*, اگاى, pl. *iggaien*, يگاين, joue.

2° DJ I : (Mzab) *adjai*, اجاى, joue, pl. *adjaien*, اجاين.

L

L : (Ouargla, O. Rir') *tala*, تلا, source, fontaine, fleuve; pl. *taliouin*, تليوين ; (Dj. Nefousa, Mzab) *tala*, تلا, réservoir, source, pl. *taliouin*, تليوين ; (Mzab) *alloun*, الون, fenêtres, trous ; (Dj. Nefousa) *talat*, تلات, ravin, pl. *tilaten*, تلاتن.

L : (Mzab, Dj. Nefousa, Ouargla, O. Rir') *ili*, يلى, être, aor. *illa*, يلا.

L : (Zouaoua) *mselai*, مسلاى, parler.

2° OU L : (Mzab, Ouargla, O. Rir', Dj. Nefousa) *aoual*, اوال, pl. *ioualen*, يوالن, parole, avis, sentiment, projet, mot; (Mzab, O. Rir', Dj. Nefousa) *siouel*, سيول, parler ; (Ouargla) *sououel*, سوول, parler ; n. d'act. (Mzab) *asioul*, اسيول, langage.

L B : (Dj. Nefousa) *talebat*, تلبات, voile.

L B B : (Ouargla) *loubbou*, لوبو, mousse.

L T M : (Ouargla) *taltamit*, تلتميت, mouchoir; pl. *tiltamiin*, تلتميين.

L DJ N : (Mzab) *aldjoun*, الجون, houe, pl. *iloudjan*, يلوجان.

L KH : (Ouargla) *amlakh*, املاخ, cordonnier.

L OU D : (Mzab) *loud*, لود, boue.

L Z : (Mzab) *laz*, لاز, aor. *illouz*, يلوز, avoir faim ; (Ouargla) *ellouz*, الوز, aor. *illouz*, يلوز, avoir faim ; (Dj. Nefousa et O. Rir') *laz*, لاز, faim ; (Mzab) *louz*, لوز, *tlazit*, تلازيت, faim ; Ire f. (Ouargla) *sillaz*, سيلاز, affamer.

L Z D' : (Zouaoua) *thilezd'ith*, ثلزذيث, flocon.

2° L Z D : (Mzab) pl. *tilezdin*, تلزدين, flocons.

L S : (Mzab) *iles*, يلس, langue, pl. *ilsaoun*, يلساون ; (Ouargla) *ils*, يلس, langue, pl. *ilsaouen*, يلساون ; (Ouargla) *talest*, تلست, sorte de fleur jaune.

L S : (Mzab et Ouargla) *tsallast*, تسلاست, ténèbres, pl. *tisellasin*, تسلاسين ; (Mzab) *issoules*, يسولس, être obscur ; (Mzab) *soullis*, سوليس, ténèbres.

L S OU : (Ouargla) *illisou*, يليسو, fané.

L R' : (Zouaoua) *lour'*, لوغ, être trouble.

2° L K' L K' : 1re f. (Mzab) *selak'lak'*, سلقلق, troubler ; n. d'act. (Mzab) *aselak'lak'*, اسلاقلق, action de troubler.

L R' : (Ouargla) *aler'*, الغ, étang, pl. *ilir'an*, يليغان ; (Dj. Nefousa) *allar'*, الاغ, fond ; *in allar'*, ين الاغ, vers le fond (av. mouvement).

L R' : (Mzab) *allar'*, الاغ, lécher ; (Mzab) *oulour'*, ولوغ, action de lécher.

L R' M : (Dj. Nefousa) *alr'oum*, الغوم, chameau, pl. *ilour'man*, يلوغمان.

2° L M : (Mzab) *aloum*, الوم, chameau, pl. *ilman*, يلمان ; (Ouargla) *alem*, الم, chameau, pl. *ilaman*, يلامان ; (Mzab et Ouargla) *talemt*, تلمت, chamelle, pl. *tilemin*, تلمين.

L F S : (Ouargla et Mzab) *talefsa*, تلفسا, vipère, pl. *tilefsiouin*, تلفسيوين.

L F F : (Mzab) *oulaffa*, ولفا, setaria verticillata ; (Ouargla) *tilfaf*, تلفاف, sorte de plante à feuilles longues et lancéolées.

L K : (Zouaoua) *thilkets*, ثلكث, pou.

2° L CH : (Mzab et Ouargla) pl. *tilchin*, تلشين, poux ; (Dj. Nefousa) *tiilchin*, تيلشين, poux.

3° L I : (Mzab et Ouargla) *tillit*, تليت, pou.

L G G : (Ouargla) *tilegget*, تلكّت, genêt.

L L : (Mzab, Dj. Nefousa) *lal*, لال, être, se trouver, aor. *iloul*, يلول; (Ouargla) *loul*, لول, aor. *iloul*, يلول, être, naître; (Ouargla) *ililou*, يليلو, pousser des cris de joie à la naissance d'un fils.

L L : (Mzab, O. Rir', Dj. Nefousa) *illi*, يلي, fille.

L L : (Mzab) *tiloulet*, تلولت, câprier.

L M : (O. Rir') *aloum*, الوم, paille; (Mzab et Ouargla) *loum*, لوم, paille.

L M Z : (Mzab) *elmez*, الмز, avaler; (Ouargla) *alemez*, الмز, avaler.

L M R' : (Dj. Nefousa) *alemmar'*, الّمغ, action de nager.

L OU : (Mzab) *loui d*, لوي د, se souvenir; n. d'act. (Mzab) *aloui*, الوي, souvenance; Ire f. (Ouargla) *seloui*, سلوي, rouler.

L OU S : (Mzab) *telousi*, تلوسي, beurre; (Ouargla) *telousti*, تلوستي, crème.

L I : (O. Rir') *eli*, ال, jeter.

L I : (Mzab, Ouargla, Dj. Nefousa, O. Rir') *ali*, ال, monter, aor. *iouli*, يول; n. d'act. (Mzab et Dj. Nefousa) *allai*, الاي, montée; Ire f. (Dj. Nefousa, Mzab, Ouargla, O. Rir') *sili*, سيل, faire monter; (Mzab) *tsili*, تسيل, monticule.

L I T : (Mzab) *tilitin*, تليتين, sorte d'herbe.

M

M : (Ouargla) *emi*, امي, examiner.

M : (Mzab, Ouargla, Dj. Nefousa) *aman*, امان, eau.

M : (Mzab, Ouargla, O. Rir', Dj. Nefousa) *imi*, يمي,

bouche, seuil; (Mzab) *timit*, تميت, nombril; (Ouargla) *tmiat*, تمياث, nombril.

M B R : (Ouargla) *ambour*, امبور, lèvre, pl. *imbouren*, يمبورن.

M TH : (Zouaoua) *emmeth*, امث, mourir.

2° M T : (O. Rir', Mzab) *emmet*, امت, mourir, aor. *immout*, يموت ; (Dj. Nefousa) *emmet*, امت, mourir, aor. *immet*, يمت ; n. d'act. (Mzab et Ouargla) *temettant*, تمتانت, mort.

M D : (Mzab) *med*, مد, bâter.

M D R : (B. Menacer) *thamdirth*, ثمديرث, soir.

2° M D D : (Mzab, Dj. Nefousa) *tameddit*, تمديت, soir.

M R : (Mzab) *marou*, مارو, pl. *imouran*, يموران, mur; (Ouargla) *mourou*, مورو, pl. *imouran*, يموران, mur.

M R : (Mzab, Ouargla, O. Rir') *tmart*, تمارت, barbe.

M R D' : (Zénaga) *amerd'i*, امرذي, dos.

2° M R D : (Ouargla) *amred*, امرد, s'agenouiller; Ire f. (Ouargla) *smerd*, سمرد, faire agenouiller; IIe f. récip. (Ouargla) *miemred*, ميمرد.

M R S D : (Ouargla) *amersid*, امرسيد, palmier mâle, pl. *imersad*, يمرساد.

M R R' : (Mzab, Ouargla, Dj. Nefousa) *tmourr'i*, تمورغي, bande de sauterelles.

M R OU : (Mzab) *meraou*, مراو, f. *meraout*, مراوت, dix; (Mzab) *temraout*, تمراوت, dizaine, pl. *temraouin*, تمراوين.

M Z : (Ouargla) *amza*, امزا, ogre, pl. *imziouan*, يمزيوان; et *amziouan*, امزيوان ; (Ouargla) *tamzait*, تمزايت, ogresse, pl. *timziouin*, تمزيوين et *tamziouin*.

M Z R' : (Mzab) *tamezzour't*, تمزورغت, oreille, pl. *timezr'in*, تمزغين.

2° M DJ : (Ouargla) *tamedjit*, تمجيت, oreille.

3° M J J : (Mzab) *amjouj*, امزوز, sourd.

M Z R' : (Dj. Nefousa) *amazir'*, امزيغ, Berbère, pl. *imazir'en*, يمازيغن.

M Z N : (Mzab) *temzin*, تمزين, orge; (Ouargla) *timzin*, تمزين, orge; (Dj. Nefousa) *t'amzin*, طمزين, orge.

M Z I : (Mzab) *amezian*, امزيان, petit.

2° M CH K : (Dj. Nefousa) *mechek*, مشك, petit.

M J J : (Ouargla) *tamejjit*, تمزيت, sorte de fleur blanche.

M J J : (Mzab et Ouargla) *amejj*, امز, terrasse, pl. *imjouj*, يمزوز.

M S : (Ouargla) *timsi*, تمسى, feu, chaleur; (Mzab) *temsi*, تمسى, feu, enfer.

M S : (Mzab et Ouargla) *tamisa*, تميسا, courge.

M S : (Ouargla) *mous*, موس, être.

M S D : (Mzab) *msed*, مسد, être aiguisé, tranchant; Ire f. (Mzab) *semsed*, سمسد, aiguiser; n. d'act. (Mzab) *asemsed*, اسمسد, action d'aiguiser.

M S L : (Mzab) *amsel*, امسل, action de boucher.

M CH : (Ouargla) *amchi*, امشى, pl. *imechchan*, يمشان, figue; (Mzab) *amouchchi*, اموشى, pl. *imechchan*, يمشان, figue; (Mzab) *tamchet*, تمشت, figuier, pl. *temchin*, تمشين; (Ouargla) *tamechchiat*, تمشيات, pl. *timechchian*, تمشيان, figuier; (Dj. Nefousa) pl. *temat'chin*, تمطشين, figuiers.

M CH : (Mzab et O. Rir') *mouch*, موش, chat, pl. *imouchen*, يموشن; (Ouargla) *mouch*, موش, chat, pl. *imouchien*, يموشين; (Mzab et Ouargla) *tmoucht*, تموشت, chatte, pl. *timouchin*, تموشين.

M CH L : (Mzab) *tamechoult*, تمشولت, flûte, pl. *timechal*, تمشال.

M CH N (Ouargla) *timchent*, تمشنت, plâtre.

M T' : (Mzab) *amt'aou*, امطاو, larme, pl. *imt'aouen*, يمطاون

2° M T' R : (Ouargla) *imet'raouen*, يطراون, larmes.

M T' : (Mzab et Ouargla) *tamet't'out*, تمطوت, femme.

M R' R : (Zouaoua) *amr'ar*, امغار, vieux.

2° M K' R : (Dj. Nefousa) *mok'k'or*, مقر, *mok'ri*, مقرى, être grand, fém. *mok'rit*, مقريت ; (Mzab) *amok'ran*, امقران, grand, chef; (Mzab et Dj. Nefousa) *amek'-k'eran*, امقران, f. *tamek'k'erant*, تمقرانت, grand.

M K' L : (Mzab) *tamk'alt*, تمقالت, queue.

M K : (Ouargla) *timkaouin*, تمكاوين, mauve.

M G R : (Zouaoua) *meger*, مگر, moissonner.

2° M J R : (Mzab) *emjar*, امزار, moissonner; (Ouargla et O. Rir') *emjer*, امزر, être moissonné; (Mzab et O. Rir') *amiar*, امزار, moissonneur ; (Mzab) *amjer*, امزر, faucille.

M G Z : (Ouargla) *temaggaz*, تمگاز, joue, pl. *timaggazin*, تمگازين.

M L T CH : (Mzab) *imoultchan*, يولچان, jeune palmier.

M L S : (Ouargla) *amellas*, املاس, potier, pl. *imellasen*, يملاسن.

M L K : (Ouargla) *emlek*, املك, se marier (en parlant de la femme).

2° M L TCH : (Mzab) *tameletch*, تملچ, épouse; (Mzab) *emmeltch*, املچ, se marier (en parlant de la femme).

3° M L CH : (Mzab) *emlech*, املش, se marier (en parlant de la femme).

M L L : (Mzab) *tmalelt*, تمالت, bloc de bois.

M L L : (Mzab, Ouargla, Dj. Nefousa) *amellal*, املال, blanc; (Dj. Nefousa) *mellel*, ملل, être blanc; Ire f. (Dj. Nefousa) *semlil*, سمليل, blanchir; (Mzab) *smell*, سمل, blanchir; n. d'act. (Dj. Nefousa) *tesmelelli*, تسملل, action de blanchir, blanchissage; (Mzab) *as-*

melli, املي, action de blanchir; (Ouargla) *amelloul*, املول, pl. *imellalen*, يملالن, melon blanc; (Ouargla) *tmalla*, تملا, colombe, pl. *timallioun*, تمليون.

M M : (Ouargla) *tammait*, تمايت, acacia.

M M : (Mzab) *timmi*, تمي, sourcil.

M M : (Ouargla, O. Rir') *emmi*, امي, fils; (Ouargla) *amata*, اماتا, fille; (Mzab) *memmi*, ممي, fils; (Mzab) *imma*, يما, *mamma*, ما, mère.

M M : (Mzab et Ouargla) *tamemt*, تممت, miel de dattes.

M N : (Mzab, Ouargla, O. Rir' et Dj. Nefousa) *iman*, يمان, âme, personne.

M N : (Mzab) *mennaout*, مناوت, beaucoup.

M N D : (Mzab) *imendi*, يمندى, céréales; (Ouargla) *imendi*, يمندى, blé.

M N S : (Mzab) *amennas*, امناس, gamelle en terre, pl. *imennasen*, يمناسن; cf. (Ouargla) *amellas*, املاس, potier.

M OU T : (Mzab et Ouargla) *temoutit*, تموتيت, pl. *timoutin*, تموتين, jeune palmier n'ayant pas encore produit, pousse, scion.

M I S : (Mzab) *tmisit*, تميسيت, silex.

N

N : (Mzab, Ouargla) *ini*, يني, dire, aor. *inna*, ينا.

2° M : (O. Rir') *imi*, يمي, dire, aor. *imma*, يما.

N : (Mzab, Ouargla) *tini*, تيني, dattes; (O. Rir') *teni*, تني, dattes.

N : (Dj. Nefousa) *tanout*, تنوت, puits, pl. *tina*, تنا.

N B S : (Ouargla) *nebes*, نبس, lancer.

N T : (Mzab) *nit*, نيت, fois; (Dj. Nefousa) *nit*, نيت, aussi.

N DJ F : (Dj. Nefousa) *tendjift*, تنجيفت, mariage.

N D : (Mzab) Ire f. *send*, سند, battre le beurre; n. d'act. (Mzab) *asendi*, اسندى, barattement.

N D L : (Mzab) *endel*, اندل, ravager; n. d'act. (Mzab) *andel*, اندل, ravage.

N D M : (Ouargla) *annoudem*, انودم, sommeil; V-VIIIe f. (Mzab) *tnoudoum*, تنودوم, avoir sommeil.

N D N : (Mzab) *tandount*, تندونت, plateau.

N R R : (Mzab) *anrar*, انرار, meule de paille.

N R Z : (Mzab et Ouargla) *inerz*, ينرز, talon, pl. *inerzaouen*, ينرزاون.

N Z : (Mzab, Ouargla, O. Rir') *enz*, انز, être vendu; Ire f. (Mzab, Ouargla, O. Rir') *zenz*, زنز, vendre; n. d'act. (Mzab, Ouargla) *azenzi*, ازنزى, vente; (O. Rir') *izenzan*, يزنزان, vendeur; Ire-VIIIe f. (Mzab) *zenouz*, زنوز.

N Z : (Mzab) *enzou*, انزو, éternuer.

N Z R : (Zouaoua) *anzar*, انزار, pluie.

2° M Z R : (Ouargla et O. Rir') *amzar*, امزار, pluie.

N Z R : (Mzab) *tinzert*, تنزرت, pl. *tinzaren*, تنزارن, nez.

2° G N Z R : (Mzab) *gounzer*, ڭنزر, saigner du nez, aor. *igounzer*, يڭنزر.

N S (Mzab et Ouargla) *ens*, انس, passer la nuit, aor. *ensir'*, انسغ, *insou*, ينسو; (Mzab) *mensi*, منسى, souper v. n.; (Mzab) *mounsou*, مونسو, souper, aor. *imounsou*, يمونسو; (Mzab et Ouargla) *amensi*, امنسى, pl. *imensioun*, يمنسيون, souper; (Dj. Nefousa) *mensi*, منسى, souper (subst.); (Mzab) *imounsou*, يمونسو, souper.

N S : (Mzab) *annas*, اناس, serrure en bois, clef, pl. *innasen*, يناسن; (Mzab et Ouargla) *tnast*, تناست, clef, pl. *tinisa*, تنيسا.

N CH R F : (Mzab) *ancherif*, انشريف, prise d'eau.

N DH : (Mzab) *nedh*, نض, aor. *inedhdh*, ينض, être auprès de.

2° N T' : (Dj. Nefousa) *net't'*, نط, aor. *inet't'*, ينط, être auprès de.

N R' : (Mzab, Ouargla) *enr'*, انغ, tuer, aor. *enr'ir'*, انغيغ, *inr'ou*, ينغو; n. d'act. (Ouargla) *anr'a*, انغا, meurtre; (Mzab) *amenr'i*, امنغى, meurtre; IVe-IIe f. (Mzab) *tsemenr'*, تمنغ, se battre; VIIIe f. (Ouargla) *nour'*, نوغ, Ve-VIIIe f. (Ouargla) *tnour'*, تنوغ, se battre.

N R' L : (Ouargla) *enr'el*, انغل, verser, aor. *inr'al*, ينغال.

N F R : (Ouargla) *tinfert*, تنفرت, balai, pl. *tinfratin*, تنفراتين.

N F S : (Mzab) *tanefoust*, تنفوست, histoire, pl. *tinfousin*, تنفوسين.

N K D : (Ouargla) *nked*, نكد, regarder fixement; (O. Rir') *enked*, انكد, se tourner vers.

N K R : (Ahaggar) *enker*, ⵓ·:ǀ, se lever.

2° K K R : (Ouargla, O. Rir', Dj. Nefousa) *ekker*, اكر, se lever; Ire f. (Ouargla) *sekker*, سكر, faire lever.

3° TCH R : (Mzab) Ire f. *setcher*, سچر, éveiller.

N L : (O. Rir') *inelli*, ينلي, fil; (Mzab) *tinli*, تنلي, fil, brimah; (Mzab et Ouargla) *tinelli*, تنلي, fil, pl. *tinillioui*n, تنليوين.

N M : (Mzab et Ouargla) *ennam*, انام, s'habituer; Ire-VIIIe f. (Ouargla) *sennoum*, سنوم, habituer.

N N : (Ouargla) *inni*, ينى, âtre, pl. *innain*, ينائن; (Mzab) *tenni*, تنى, huile à brûler.

N I : (Dj. Nefousa, Mzab) *amnai*, امناى, cavalier, pl. *imnaien*, يمنائن.

2° N N : (Mzab) *enn*, ان, monter à cheval, aor. *innou*, ينو; Ire f. (O. Rir') *sen*, سن, porter.

N I R : (Zouaoua) *eniir*, انير, front saillant.

2° N R I : (Mzab) *anrai*, انراى, front. Cf. (Ouargla) *agengour*, اكنكور, front, pl. *igengar*, يكنكار.

N I L : (Mzab) *anil*, انيل, tombeau, pl. *inilen*, ينيلن.

H

H R : (Mzab) *tahert*, تهرت, lionne.

2° OU R : (O. Rir') *aouir*, اوير, lion; (Mzab et Dj. Nefousa) *ouar*, وار, lion, pl. *iouaren*, يوارن; (Mzab et Dj. Nefousa) *touaret*, توارت, lionne.

3° R : (Ouargla) *ar*, ار, lion, pl. *araouen*, اراون; (Ouargla) *taert*, تاَرت, lionne, pl. *taraouin*, تراوين; (Mzab) *tiratin*, تراتين, pl. lionnes.

H R Z : (Mzab) *tihourzin*, تهورزين, couscous blanc.

H DH : (Ahaggar) *ahadh*, ∃⁝, nuit.

2° I DH : (Ouargla) *idh*, يض, nuit; (Mzab) pl. *idhan*, يضان, nuits.

3° I T' : (Dj. Nefousa) *iet'*, يط, nuit.

4° D DJ : (Mzab) *dadj*, داج, nuit.

H OU : (Dj. Nefousa) *ahoua*, اهوا, descendre, aor. *iahoui*, يهوى, *houan*, هوان.

OU

OU TH : (Zouaoua) *outh*, وث, frapper.

2° OU T : (Mzab, Ouargla, O. Rir') *ouet*, وت, frapper.

3° G T : (Dj. Nefousa) *eggat*, اڭات, aor. *iouggat*, يوڭات, battre des ailes.

4° CH T : (O. Rir') *ticht*, تيشت, coup, pl. *tichtiouin*, تيشتيوين; (Mzab et Ouargla) *echchat*, اشات, battre souvent.

5° I T : (Ouargla) *titi*, تيتي, coup, pl. *tita*, تيتا.

6° CH T' : (Mzab) *chat'*, شط, frapper.

OU D' : (Zouaoua) *oud'i*, وذى, beurre.

2° OU D : (Mzab, Ouargla) *oudi*, ودى, beurre, graisse, huile.

3° OU D N : (Ouargla, O. Rir') *tadount*, تدونت, graisse.

OU R : (Mzab, Ouargla, O. Rir') *tamourt*, تمورت, terre, pl. *timoura*, تمورا; (Dj. Nefousa) *tamourt*, تمورط, pays, terre, pl. *temouraouin*, تموراوين; (Mzab) *ourt'ou*, ورطو, pl. *ourt'oun*, ورطون, verdure, culture, pâturage; (Dj. Nefousa) *ourt'ou*, ورطو, pl. *aourt'oun*, اورطون, verdure, culture, pâturage.

OU R : (Mzab) *touourt*, تورت, chambranle; (Ouargla et Mzab) *taoucurt*, تورت, porte, pl. *tiouira*, تيويرا.

OU R R : (Mzab) *aourir*, اورير, colline, terrain montagneux, pl. *iouriren*, يوريرن.

OU R R' : (Mzab, Ouargla) *aourar'*, اوراغ, jaune; (Mzab) *ourar'*, وراغ, or.

OU Z N : (Mzab) *aouizan*, اويزان, blé concassé. Cf. rac. Z N.

OU S R : (Dj. Nefousa) *ousser*, وسر, être vieux; (Mzab, Ouargla et O. Rir') *aoussar*, اوسار, vieux, vieillard, pl. *ioussaren*, يوسارن; (Mzab, Ouargla et O. Rir') *taoussart*, توسارت, vieille.

OU S OU : (Ouargla) *tousout'*, توسوط, toux.

OU CH T : (Mzab) *aouchet'*, اوشط, sorte de datte.

OU CH N : (Mzab, Ouargla, O. Rir' et Dj. Nefousa) *ouchchen*, وشن, chacal, pl. *ouchchanen*, وشانن.

OU DH : (Mzab, Ouargla, O. Rir') *aouodh*, اوض, arriver, aor. *iouodh*, يوض; Ire f. (Mzab) *siouedh*, سيوض, faire arriver.

2° OU G DH : (Mzab) *aouggadh*, اوڤاض, arrivée.

3° OU T' : (Dj. Nefousa) *aouet'*, اوط, arriver.

OU DH F : (Zouaoua) pl. *thioudefin*, ثيوضفين, fourmis.

2° G T F : (Mzab) *tagettouft*, تڤتوفت, fourmi, pl. *tigetfin*, تڤتفين.

3° G D F : (Ouargla) *tagdefit*, تكّدبيت, fourmi, pl. *tigdifin*, تكّدبين.

OU F R : (Mzab) *toufrit*, توبريت, boucle de cheveux.

OU F F : (Ouargla) *touffa*, توبا, extrémité du djérid, pl. *touffaouin*, توباون.

OU K CH : (Bot'ioua) *oukch*, وكش, donner.

2° OU CH : (Mzab, Ouargla, O. Rir') *ouch*, وش, donner; Ve f. hab. (Mzab et Ouargla) *touch*, توش.

OU G L : (Ouargla) *tougelt*, توكّلت, dent canine, pl. *tougelin*, توكّلين.

OU L : (Mzab) *oulli*, ولّ, troupeau; (Ouargla) *oulli*, ولّ, chèvres.

OU L : (Mzab) *oul*, ول, cœur, caractère; (Ouargla) *oul*, ول, cœur, pl. *oulaoun*, ولاون.

OU M : (Ouargla) *ouma*, وما, fumier.

2° G OU M : (Mzab et Ouargla) *gouma*, كّوما, latrines.

OU N S : (Mzab) *touinest*, توينست, boucle d'oreille, pl. *touinas*, توِيناس.

OU OU : (Mzab) *iouou*, يو, être cuit; Ire f. (Mzab) *soou*, سو, faire cuire; (Dj. Nefousa) *souou*, سو, faire cuire.

2° M OU : (Ouargla) *imou*, يمو, être cuit; Ire f. (Ouargla) *sam*, سام, faire cuire.

OU I : (Mzab) *tioui*, تيوى, bouton de fleur.

2° F I : (Ouargla) *tafit*, تفيت, bouton de fleur.

OU I : (Mzab, Ouargla, O. Rir', Dj. Nefousa) *aoui*, اوى, aor. *iououi*, يوى, porter, emmener, apporter; IIIe f. pass. (Ouargla) *tououi*, توى; Ve f. hab. (Dj. Nefousa) *taoui*, تاوى.

2° G I : (Mzab) *aggai*, اكّاى, charge.

I

I T L : (Mzab et Ouargla) *aitli*, ايتلى, biens, richesses.

I TH : (Mzab) *aitma*, ايتما, frères, composé de *ait*, ايت, fils et de *imma*, يما, mère.

2° T : (Mzab, Ouargla, O. Rir') *at*, ات, pl. fils.

I D D : (Ouargla) *tiddet*, تيدت, sangsue, pl. *tiddad*, تيداد.

I D L : (Mzab) *aidoul*, ايدول, muraille.

I D M : (Ouargla) *taidemt*, تيدمت, poutre servant à protéger les puits, pl. *tiidamin*, تيدامين.

I R D' : (Zouaoua) *irid'*, يريذ, être propre.

2° I R D : Ire f. (Mzab) *sirad*, سيرد, laver; (Ouargla et O. Rir') *sired*, سيرد, laver, aor. *isarad*, يسارد; Ve-Ire f. (Dj. Nefousa) *tsired*, تسيرد, laver.

I Z : (Mzab, Ouargla, O. Rir') *izi*, يزى, mouche, pl. *izan*, يزان.

I Z DH : (Ouargla) *iazidh*, يازيض, coq, pl. *iazidhen*, يازيضن. (Mzab) *aiazidh*, ايازيض, coq, pl. *iazidhen*, يازيضن; (Mzab) pl. *tiazidhnin*, تيازيضنين, poules.

2° Z T' : (Mzab) *tiazit'*, تيازيط, poule; (Ouargla) *tiazit'*, تيازيط, poule, pl. *tiazit'in*, تيازيطين.

3° G Z T' : (Dj. Nefousa) *aggazit'*, اڤازيط, coq, pl. *iggazit'en*, يڤازيطن.

I Z I : (Ouargla) *aiziou*, ايزيو, petit garçon, pl. *izioua*, يزيوا; (Mzab et Ouargla) *taizziout*, تيزيوت, petite fille, pl. *tiizioui n*, تيزيوين.

I S : (Mzab, Ouargla, Dj. Nefousa) *iis*, ييس, cheval.

I DH : (Mzab) *aidhi*, ايضى, chien, pl. *iidhan*, ييضان; (Mzab) *taidhit*, تيضيت, chienne.

2° I D : (Ouargla) *aidi*, ايدى, chien, pl. *iidan*, ييدان; (Ouargla) *taidit*, تيديت, chienne.

3° I T' : (Dj. Nefousa) pl. *it'an*, يطان, chiens.

I L : (Mzab) *tailout*, تيلوت, outre.

2° J D DH : (Mzab) *ajedidh*, اژديض, outre pour l'eau.

I N S : (Mzab et Ouargla) *insi*, ينسى, hérisson, pl. *insaouen*, ينساون.

APPENDICES

I

VOCABULAIRE MZABITE

DONNÉ PAR SHALER

Esquisse de l'État d'Alger, trad. Bianchi, Paris, 1830, in-8°, p. 328 : « Vocabulaire de la langue des Mozabites, qui semble être un dialecte de la langue chouiah ; il a été fait à Alger d'après les recherches de M. David Bacri et de M. Benzamon. »

Ami[1], amduglick (Ouargla : *amdoukelik* ; Mzab : *amdoutchelitch*), ton ami.

Ane, ariun (*ar'ioul*).

Année, assugas (*asouggas*).

Arbre, zejerit (arabe شجرة).

Aujourd'hui, assu (*assou*).

Barbe, argoum (?).

Beurre, filerzie (*telousi*).

Blanc, amelelin (*amellal*), pl. *imellalen*.

Blé, ardon (*irden*).

Bon, douahdy (*d aouah'di*).

Bouche, immy (*imi*).

Brebis, tizfrin (*tikhsiouin*) ; cf. *oufrich*, mouton.

Chameau, ariun (confusion avec âne, *ar'ioul*).

1. Dans le texte original, les mots étaient donnés en anglais par ordre alphabétique. Le traducteur français (Bianchi) a conservé cet ordre qui, en français, ne répondait plus à rien. J'ai cru devoir le rétablir. Les mots entre parenthèses sont la rectification de ceux donnés par Shaler.

Champ, amezen (peut-être confusion avec *temzin*, orge).
Chef (ou magistrat), tamusny (*amousni*, t'aleb).
Cheval, izi (*iis*).
Chèvre, allim (*oulli*, Ouargla).
Cieux, ajeni (*ajenna*).
Corps, fristin benadem (*tafrisat en bnadem*).
Dates (lisez dattes), tinini (*tini*).
Demain, asha (*achcha*).
Enfant, atefly (de l'arabe طفل).
Enlève (faute d'impression pour esclave), aberkan (noir).
Ennemi, eladu (arabe العدو).
Femme, tagenmit (?).
Figues, temchem (*tamchet*, figuier).
Fille (jeune), taysuit (*taizziout*).
Fontaine, elen uaman (*allen ouaman*).
Homme, erges (*arjaz*).
Jour, duges (*doug ass*, dans le jour).
Lait, ameleli (*amellal*, blanc).
Langue, ilsick (*ils itch*, ta langue).
Lèvres, amburen (*imbouren*).
Lumière, edaw (de l'arabe الضو).
Lune, tezjeri (*taziri*).
Maison, tadart (*taddart*).
Mauvais, dustin (*d ouchtim*).
Miel, tenergom (?).
Mine (air), udem (*oudem*).
Mois, eyur (*aiour*);—de l'année, iarnunsugas (*iiaren ousouggas*).
Montagne, amzied (?).
Mort, afunest (erreur évidente pour *tafounast*, vache).
Nez, tinzar (*tinzaren*).
Noir, abukan (*aberchan*).
Nuit, djid (*dedjidh*).
Œil, titanin (pour titauin = *tit'aouin*, plur.).
Oiseau, agiet (*ajeddid*).
Oreilles, temezguin (*timezr'in*).
Orge, temzeyenie (*temzin*).
Oui, hehee, ea, ee.
Poitrine, ehadis (*addis*, ventre).
Prince, temusny (*amousni*, t'aleb).
Raisins, adilli (*adil*).

Rivière, luad (arabe الوادى).
Semaine, elguemha (de l'arabe جمعة).
Soleil, tfouit.
Tête, tabegna (*tabejna*).
Vache, tafounessel (*tafounast*).
Viande, assium (*aisoum*).
Ville, tamdint (ar. مدينة).

MÉTAUX

Argent, elfedet (de l'arabe الفضة
Fer, uzal (*ouzzel*).
Or, urag (*ourar'*).
Plomb, dazuga (sans doute pour *azouggar'*, rouge, désignant le cuivre).
Plomb, ezezau (*azizaou*, bleu).

NOMBRES

Un,	ighem (*iggen*),	fém. egal (*igget*).
Deux,	sen,	— senet.
Trois,	chared,	— sharot (*charet*).
Quatre,	aquoz (*okkoz*),	— eugest (*ekkozet*).
Cinq,	semess (*semmes*),	— semset (*semmeset*).
Six,	sez,	— zet (*sesset*).
Sept,	sa (*saa*),	— sat (*saat*).
Huit,	tam,	— temmet (*temmet*).
Neuf,	tess (*tes*),	— tsat (*tesset*).
Dix,	mrauw (*meraou*),	— mereou (*meraout*).
Vingt,	seni d mrauw (*senet temraouin*),	— senet mereou.

II

ESSAI SUR LA LANGUE DES BENI MZABS (*sic*).

L'auteur de cet *Essai*, Samuda, le publia en trois parties dans le *Moniteur algérien* de 1840. C'était un travail remarquable pour l'époque, surtout si on le compare à ceux qui l'avaient précédé, et l'auteur fit preuve d'un certain sens philologique en affirmant la parenté des divers dialectes berbères qu'il connaissait : le mzabite, le kabyle et le chelh'a. Cette esquisse grammaticale est bien supérieure à celle de Venture de Paradis, surtout avec la révision de Jaubert [1].

Premier article [2].

..... « Après ces observations générales [3], nous passons à un examen particulier de la langue des Beni Mzabs, et pour rendre cet examen plus intelligible, nous présenterons un recueil de mots, suivant l'ordre reçu des parties du discours.

« Il reste à faire observer que nous donnons le singulier et le pluriel des substantifs, le singulier et pluriel masculin des adjectifs, et l'impératif, ainsi que la troisième personne singulière masculine des verbes pour les trois temps, passé, présent et futur.

SUBSTANTIFS [4]

Singulier.	Pluriel.
Ane, aighrioule (*ar'ioul*),	ighriêle (*ir'ial*).
Année, asogüece (*asouggas*),	isogüecen (*isouggasen*).

1. Voir, au sujet des erreurs commises par Venture de Paradis et Jaubert, le jugement sévère et mérité, porté par M. de Slane, *Appendice à l'histoire des Berbères* (t. IV, pp. 527-528).

2. *Moniteur algérien*, IXe année, n° 385, 22 mars 1840.

3. Ces observations ont trait aux diverses populations de l'Algérie, et il m'a paru superflu de les reproduire.

4. J'ai remis par ordre alphabétique les mots cités sans ordre. Les mots entre parenthèses sont la restitution des formes correctes.

Singulier.	Pluriel.
Beurre, telouci (*telousi*).	
Bœuf, afounèce (*afounas*),	ifounêcen (*ifounasen*).
Bouche, aimi (*imi*),	imaoun.
Bras, aghrile (*ar'il*),	ighrêlen (*ir'allen*).
Chambre, takhamt,	tikhamine (*tikhamin*).
Chat, mouche (*mouch*),	imouchen.
Chemin, abride (*abrid*),	ibriden.
Cheval, aiyes (*iis*),	iyêcen (*iasen*).
Cheveux (lis. cheveu), ezâou (*azaou*).	
Chien, aidi (*aidhi*),	iden (*iidhan*).
Demoiselle, taizyoute (*taizziout*),	tiziouine (*tiiziouin*).
Dent, tighramas (*tir'mest*),	tighramêcen (*tir'mas*).
Doigt, adad (*dhad*),	idouden (*idhoudan*).
Eau, amann (*aman*).	
Étoile, ithri (*itri*),	ithrann (*itran*).
Femme, têmatoute (*tamet't'out*),	ticednann (*tisednan*).
Fils, mim (*memmi*).	
Fille, aïli (*illi*).	
Frère, youa (*ioua*).	
Genou, foude (*foud*),	ifaden (*ifadden*).
Homme, redjêze (*ardjaz*),	redjêzen (*irdjazen*).
Jour, aouêce (*ass*),	aucin (*oussan*).
Jument, teghralt (*tr'allit*),	tighrali (*tir'allin*).
Langue, ailis (*iles*),	ilêcen (*ilsaoun*).
Lèvre, ambour (dialecte de Ouargla),	imbouren.
Lune, têziri (*taziri*).	
Main, fouss (*fous*),	ifêcen (*ifassen*).
Maison, têdartê (*taddart*),	tidar (*tiddar*).
Matin, ghrebbicha (*r'abechcha*).	
Mère, mama (*mamma*).	
Miel, têmemt (*tamemt*).	
Mois, ayour (*aiour*),	iyaren (*iiaren*).
Mouton, aufriche (*oufritch*),	oufrichen.
Nez, tinezart (*tinzert*),	tinezar (*tinzaren*).
Œil, tite (*tit'*),	titouine (*tit'aouin*).
Oncle maternel, d'khal (ar. خال),	edkhal.
— paternel, d âam (ar. عم),	edami.
Ongle, achar (*achchar*),	icharen (*ichcharen*).
Oreille, têmazoukt (*tamezour't*),	timazghrine (*timezr'in*).

Singulier.	Pluriel.
Pain, aghroum (*ar'eroum*).	
Peau, ijlime (*adjlim*),	ijlimen (*idjlimen*).
Père, baba.	
Pied, adar (*dhar*),	idaren (*idharen*).
Porte, taourt (*taouourt*),	tiouira.
Rue, aghrlède (*ar'lad*).	ighroulède (*ir'oulad*).
Sang, aidsine (*idamen*).	
Sœur, oultema (*outma*),	istima (*isetma*).
Soir, têmedite (*tameddit*).	
Soleil, téfour (*tfouit*).	
Tante maternelle, dkhalt (ar. خالة),	edkhalt (خالات).
— paternelle, debti,	edebti.
Tête, tabijna (*tabejna*),	tibejniouine (*tibejniouin*).
Viande, ayssou (*aisoum*).	
Ville, aghram (*ar'erem*),	ighrmann (*ir'ermaouen*).
Vin, aman ezgouaghren (*aman izouggar'en*), eau rouge.	

Deuxième article [1].

ADJECTIFS

Singulier.	Pluriel.
Bon, dahouahedi,	daouahediine.
Mauvais, douchetime,	douchetimen.
Jeune, damziann (*d amezian*),	dimeziênen (*imzianen*).
Beau, douchen,	douchênen.
Joli, dizaïm (ar. زيان),	dizaimen.
Chaud, sekhône (ar. سخون),	sekhônine.
Froid, desmoude (*d asemmadh*),	dicemaden
Blanc, dêmelêle (*d mellal*),	dimelêlen.
Noir, dêbarchan (*d aberchan*),	dibarchênen.
Rouge, dêzagouaghr (*d azouggar'*),	dizagouaghren.
Jaune, daouaraghr (*d aourar'*),	diouaraghren.

1. *Moniteur algérien*, IXe année, n° 386, 4 avril 1840.

PRONOMS

Personnels.	*Formant le régime des verbes et prépositions et les pronoms possessifs.*
Je, neche (*nech*).	i après les verbes et iouk possessif.
Tu, chitchi (*chetchi*).	etch.
—, fém. chem.	em.
Il, neta (*netta*).	et
Elle, netèta (*nettaha*).	
Nous, nechenin (*nichnin*).	ana (*anar'*).
Vous, checheouim (*chetchaouin*).	aoun.
—, fém. chemti (*chetchmitin*).	
Ils, netnine (*netnin*).	tan (*ten, sen*).
Elles, — (*netnitin*).	(*tent, sent*).

Un, iguen (*iggen*), (fém. *igget*).
Deux, sen, sennet, (fém. *senet*).
Trois, charede (*chared*), (fém. *charet*).
Quatre, okouz (*okkoz*), (fém. *okkozet*).
Cinq, chimess (*semmes*), (fém. *semmeset*).
Six, sez (fém. *sesset*).
Sept, sête (*saa*), (fém. *saut*).
Huit, têmete (*tam*), (fém. *tamet*).
Neuf, tissot (*tes*), (fém. *tesset*).
Dix, meraouete (*meraou*), (fém. *meraout*).
Vingt, sennet meraouine (*senet temeraouin*).
Vingt et un, sennet meraouine d iguen (*senet temeraouin d iggen*).
Vingt-deux, sennet meraouine de sennet (*senet temeraouin d senet*).
Trente, charede meraouine (*charet temeraouin*).
Quarante, okouz meraouine (*okkozet temeraouin*).
Cent, touineste (*touinest*).
Cent un, touineste de iguen (*touinest d iggen*).
Deux cents, sen touinass.
Mille, touineste temoukrade (*touinest tamok'rant*, grande centaine).

VERBES

	IMPÉRATIF	PASSÉ	FUTUR	PRÉSENT
Acheter	esaghr (*sar'*)	yesghrou (*isr'ou*)	ad isaghr (*ad isar'*)	yeçaghr (*ad isar'*)
Ajouter	arni (*arnou*)	yarni (*irna*)	ad iyarni (*ad irna*)	yerenni [1] (*ad irna*)
Aller	ezoua (*ezoua*)	yezoua (*izoua*)	ad izoua (*ad izoua*)	yezigga (*ad izoua*)
Apporter	aoui	yioui (*ioui*)	ad ioui	yetaouide (*taoui*, f. hab.).
Apprendre	elmed (de l'ar. علم)	yelmed	ad ilmed	yelimmed
Asseoir	kim (*ek'k'im*)	yekiim (*iek'k'im*)	ad ikiim (*ad iek'k'im*)	yetkiima
Boire	essou (*sou*)	yessou (*iessou*)	ad issou	yesiss (*isess*)
Chanter	houaf (?)	yehouaf	ad ihouaf	yethouaf
Couper	enkad (*enkedh*)	yenkad (*ienkedh*)	ad enkad (*ad inkedh*)	yenekkad
Courir	aghrar (*azzel*)	yaghrar	ad ighrar	yeghrar
Demander	siston (*sesten*)	yesiston (*isestoun*)	ad isiston (*ad isestoun*)	yesiston (*isestoun*)
Descendre	ahoua (*ahoue d*, Bougie; *ahoua*, Dj. Nefousa)	yahoua	ad ihoua	yehigga
Dire	eni (*ini*)	yeni (*inna*)	ad yeni (*ad ini*)	youaini
Donner	ouchide (*ouch d*)	youchou (*iouchou*)	ad iyouche (*ad iouch*)	yetouche (*touch*, f. hab.)
Dormir	attass (*et't'es*)	yattass (*iet't'es*)	ad iyattass (*ad iet't'es*)	yetatass (*tet's*, f. hab.)
Écrire	ari	youri (*iouri*)	ad iyari (*ad iari*)	yetêteri
Emplir	chour	yechour (*ichour*)	ad ichour	yechouar

1. On remarquera que, pour le temps improprement appelé présent, Samuda emploie la forme habituelle à l'aoriste.

	IMPÉRATIF	PASSÉ	FUTUR	PRÉSENT
Enseigner	silmed	yesilmed	ad isilmed	yesilmed
	(f. fact. de علم).			
Entrer	attef	youtef	ad iyêtef	yestêtef
	(*atef*)	(*ioutef*)	(*ad iatef*)	
— (faire)	sitef	yasitef	ad isitef	yesêtef
		(*isitef*)		
Envoyer	azen	youzen	ad iyêzen	yetêzen
		(*iouzen*)	(*ad iazen*)	
Faire	edj	yedjou	ad idj	yetidj
		(*idjou*)		
Fermer	akkes	yakkes	ad ikkes	yetekkes
		(*iakkes*)		
Habiller (s')	ired	yired	ad iyired	yetirede
		(*ired*)	(*ad ired*)	
Habiter	amar	yâmar	ad iyâmar	youâmmar
	(de l'ar. عمر).			
Imaginer (s')	aghrile	yeghrile	ad ighrile	yethghrile
	(*r'il*)	(*ir'il*)	(*ad ir'il*)	
Lever (se)	atchar	yetchar	ad itchar	yetchar
	(*etcher*)	(*itcharou*)	(*ad itcher*)	
Lire	azem	yâzem	ad iyâzem	youâzem
	(*dzem*)	(*idzem*)	(*ad idzem*)	
Manger	ichi	yechou	ad iche	yetist
	(*ech*)	(*ichou*)	(*ad ich*)	(*itetti*, f. h.)
Mettre	seress	yesress	ad iseress	yesrousou
	(*sers*)	(*isers*)	(*ad isers*)	(*iserousou*, f. h.)
Monter	ali	youli	ad iyali	yetêli
		(*iouli*)	(*ad iali*)	(*itali*, f. h.)
Montrer	sestchon	yesestchon	ad isestchen	yesestchon
	(*setchen*)	(*isetchen*)	(*ad isetchen*)	(*isetchen*)
Mourir	mout	yemout	ad imout	yetemittête
	(*emmet*)	(*immet*)	(*ad immet*)	
Oublier	etta	yetta	ad ita	yetitta
	(*ettou*)	(*itta*)	(*ad itta*)	
Ouvrir	arzem	yarzem	ad irzem	yerezzem
	(*erzem*)	(*ierzem*)		(*ierezzem*, f. h.)
Passer	egdâ	yegdâ	ad igdâ	yeguiddâ
	(de l'ar. قطع).			
— (faire)	segdâ	yesegdâ	ad isegdâ	yesegdâ

	IMPÉRATIF	PASSÉ	FUTUR	PRÉSENT
Prendre	aghr	youghrou	ad iyaghr	yetaghr
	(*ar'*)	(*iour'ou*)	(*ad iar'*)	(*itar'*, f. h.)
Tuer	anaghr	yenhrl	ad inaghr	yenaghr
	(*enr'*)	(*inr'ou*)	(*ad iner'*)	
Vaincre	arna	yarna	ad iyarna	yerenna
	(*ernou*, voy. s. *v.* Ajouter).			
Vaincu (être)		yetouarna		
		(pas. *itouarna*)		
Venir	assed	youced	ad iyass	yetéssid
	(*as d*)	(*iousou d*)	(*ad ias*)	(*itas ed*, f. h.)
Voir	ergueb	yergueb	ad irgueb	yereggab
	(de l'ar. رقب).			

CONJUGAISON DES VERBES

Verbe **Manger**.

	PASSÉ	FUTUR
1re p. sing.	chighr (*chir'*).	ad echa (*ad echar'*).
2e — —	techide (*techid*).	etchide (*a techid*).
3e p. masc.	yechou (*ichou*).	ad iche (*ad ich*).
3e — fém.	techou	atiche (*a tich*).
1re p. plur.	nechou	aniche (*a nich*).
2e — masc.	techim	etchime (*a techim*).
(2e — fém.	» *techimt*).	» (*a techimt*).
3e — masc.	echin	adichine (*ad echin*).
(3e — fém.	» *echint*).	» (*ad echint*).

PRÉSENT (*forme habituelle*).

1re p. sing.	tetta (*tettar'*).
2e —	tetted
3e — masc.	yettett (*itetti*).
3e — fém.	tettett (*tettet*).
1er p. plur.	nettett (*nettet*).
2e — masc.	tettim.
(2e — fém.	» *tettimt*).
2e — masc.	tettin.
(3e — fém.	» (*tettent*).

Verbe Voir.

	PASSÉ	FUTUR
1re p. sing.	erguebaghr (*ergebar'*).	edriguebа (*ad ergebar'*).
2e — —	targuebed (*tergebed*).	etriguebed (*a tergebed*).
3e — masc.	yergueb (*iergeb*).	ad irgueb (*ad irgeb*).
3e — fém.	tergueb (*tergeb*).	atirgueb (*a tergeb*).
1re p. plur.	nergueb (*nergeb*).	enirgueb (*a nergeb*).
2e — masc.	targuebim (*tergebem*).	etriguebim (*a tergebem*).
(2e — fém.	» *tergebemt*).	» (*a tergebemt*).
3e — masc.	erguebine (*ergeben*).	ad irguebine (*ad ergeben*).
(3e — fém.	» *ergebent*).	» (*ad ergebent*).

PRÉSENT (*forme habituelle*).

1re p. sing.	regguebа (*reggebar'*).
2e — masc.	tereggued (*tereggebed*).
3e — —	ierreggab (*ireggeb*).
3e — fém.	tereggab (*tereggeb*).
1re p. plur.	nereggab (*nereggeb*).
2e — masc.	tereggabim (*tereggebem*).
(2e — fém.	» *tereggebemt*).
3e — masc.	reggabine (*reggeben*).
(3e — fém.	» *reggebent*) [1].

« On reconnaîtra facilement, même à l'échantillon imparfait que nous venons de donner de cette langue, qu'elle appartient à la grande famille des langues orientales. Elle a quelques caractéristiques qui lui sont communes avec l'arabe. Le pluriel des substantifs se forme assez irrégulièrement, comme dans cette dernière langue, quelquefois par l'addition d'une ou plusieurs lettres au milieu ou à la fin du mot, quelquefois même par la suppression d'une lettre : toutefois, il est vrai de dire que l'irrégularité n'est pas si marquée qu'en arabe. Les substantifs sont indéclinables, comme dans l'arabe vulgaire.

« D'autres caractéristiques communes se trouvent dans les pronoms qui suivent immédiatement les prépositions et souvent les

1. On voit que Samuda n'a pas connu la conjugaison de l'impératif, le participe et les noms d'action.

verbes dont ils sont le régime, et qui deviennent pronoms possessifs unis à des substantifs; ainsi l'on dit « hrar-i » (*r'eri*) j'ai, comme en arabe « andi » (عندى); « erguebaghrt » (*ergebar't*), je l'ai vu, comme « chouftou » (شفته); « touchid as», tu lui as donné, comme « atitou » (عطيته); « foussatch » (*fous etch*, ta main), votre main, comme « yedak » (يدك); « ahril-as », son bras (*ar'il es*), comme « drâ-ou » (دراعه); car il faut observer qu'à la troisième personne singulière, le possessif se forme avec le datif et non l'accusatif; ainsi l'on ne saurait dire « ahril at », son bras[1]. Enfin, le petit nombre des temps des verbes et le manque d'infinitif[2] sont d'autres points de ressemblance, car l'on dit « aksaghr ad ezoua » (*akhsar' ad ezouar'*), littéralement je veux je vais, comme en arabe « habbaite nemchi » (حبيت نمشى)...

Troisième article [3].

« La langue des Beni M'zabs n'a pas d'article. Les adjectifs qui ne sont pas empruntés à l'arabe commencent par un D et ne sont pas communs en genre au pluriel; le féminin singulier dérive du masculin par la substitution d'un T au D et l'addition d'un T à la fin; ainsi, « d aouahedi » (*d aouah'di*), bon; « t aouahedite » (*taouah'dit*), bonne. Et le pluriel par la substitution d'un T au D, ainsi « daouahediine » (*d iouah'din*), bons; « taouahediine » (*tiouah'din*), bonnes. Les pronoms ne suivent pas toujours les verbes dont ils sont le régime, mais bien seulement quand le verbe est affirmatif et qu'il est au temps passé ou en quelques personnes du futur; quand il y a négation, le pronom précède toujours, ainsi « ouchighratch » (*ouchir' atch*), je vous ai donné; « ou ache ouchighr » (*ou ach ouchir'* je ne t'ai pas donné). On aura remarqué que la langue des Beni M'zabs a un temps présent, ce qui n'existe pas en arabe, à proprement parler, et ce temps se forme quelquefois assez irrégulièrement, ainsi qu'on l'a vu pour les verbes boire, manger,

1. L'auteur a bien vu que les pronoms suffixes des substantifs diffèrent des pronoms suffixes des verbes, mais son explication est confuse.

2. Erreur. Dans l'exemple cité d'ailleurs, il existe une conjonction *ad* qui manque dans l'expression arabe : la traduction exacte est (j'ai voulu aller) « j'ai voulu que j'allasse. »

3. *Moniteur algérien*, IXe année, n° 387, 11 avril 1840.

aller, descendre, etc. Lorsqu'il y a négation, les voyelles *a*, *ou* qui se trouvent dans les verbes deviennent i; ainsi « yetaghr » (*itar'*), il prend, « oul yetighr » (*oul itir'*), il ne prend pas; « youchou » (*iouchou*), il a donné, « oul youchi » (*oul iouchi*), il n'a pas donné.

« Nous avons remarqué une particularité qui se retrouve aussi dans la langue turque, c'est-à-dire que le *ghr* ou *ghraïn* (غ *r'*) devient quelquefois *k* ou *koff* (ق *k'*). Ainsi « yenaghr » (*inar'*), il tue; « oul yenak » (*oul inak'*), il ne tue pas; « têmazouk't » (*tamezouk't*), oreille, « timazghrine » (*timezr'in*), oreilles. Nous énonçons cette particularité sans en tirer aucune induction [1], car il existe trop de différences essentielles entre les deux langues pour songer à établir des rapprochements : d'ailleurs, le turc, tiré, comme il l'est, de la Tartarie, ne saurait rien avoir de commun avec une langue qui a dû avoir son berceau dans la partie occidentale de l'Asie. »

C'est par cette sage conclusion que je terminerai l'extrait de la notice de Samuda, qui mérite, comme on le voit, une place à part parmi ceux qui se sont occupés des dialectes du berbère au début des recherches sur cette langue.

1. Cf. l'explication de ce phénomène phonétique dans Hanoteau, *Grammaire kabyle*, p. 10; *Essai de grammaire tamachek'*, p. 13.

III

VOCABULAIRE MZABITE

DONNÉ PAR HODGSON

(*Notes on Northern Africa, the Sahara, and Soudan*, New-York, 1844, in-8, pp. 97-98.)

A

aghiul (*ar'ioul*), pl. eghial (*ir'ial*), âne.
adjedet (*ajeddid*), pl. ejoodat (*ijoudad*), oiseau.
abrichan (*aberchan*), noir.
aghrom (*ar'eroum*), pl. aghroman, pain.
alom (*aloum*), pl. aloman (*ilman*), chameau.
agaram (*ar'erem*), ville.
abreed (*abrid*), pl. abredan (*ibriden*), chemin.
adil (*adil*), pl. edillan, grappe.
ajenou (*ajenna*), pl. ejenouwan (*ijennouan*), ciel.
aman (eau).
afus (*fous*), pl. efessan (*ifassen*), main.
ator, faute d'impression pour atoo (*adhou*), vent, air.
atar (*dhar*), pl. etaran (*idharen*), pied.
ayur (*aiiour*), pl. eyuran (*iiaren*), lune, mois.
afoones (*afounas*), pl. efoonessan (*ifounasen*), bœuf.
aizat (*aiazidh*), pl. aiyzat (*iazidhan*), coq.
aksum (*aisoum*), pl. eksaman, viande.
aghee (*ar'i*), lait.
amellal, blanc.
azgagh (*azouggar'*), rouge.
azegzou (*azizaou*), bleu.
auragh (*aourar'*), jaune.
asheban (?), vert.
aberkush (?), gris.
amdujel (*amdoutchel*), ami.

amsoog (*tamezour't*), oreille.
asgar (*asr'ar*), bois.
amgar (*amr'ar*), vieux.
amekran (*amok'ran*), grand, large.
aifous, droite.
azelmat (*azemmad*), gauche.
adhroos (*adrous*), peu.
akkeen (?), loin.
ardjez (*erdjaz*), homme.

E

ess (*ass*), jour, pl. ouessen (*oussan*).
ezee (*izi*), mouche, pl. izan, mouche.
ethree (*itri*), étoile, pl. ithran (*itran*).
erden (*irden*), blé.
ettidj (*tfouit* : *it'ij* n'est employé qu'en zouaoua), soleil.
ejenoo (*ajenna*), air.
essanet, hier (*ass ennadh*).
essha (*achcha*), demain.
egzer (de l'arabe جزيرة), oasis, île.
ejdee (*ijedi*), sable.
eneggaroo (*anedjarou*, dernier ; traduit par erreur par *first*), premier.
entouwa (?), dernier.
ergeb (de l'arabe رقب), voir.
echemer (arabe شمر), être capable.
essoual (*siouel*), dire (lis. parler).
enni (*ini*), dire.
etcha (*itch*), manger.
essoo (*sou*), boire.
eoosh (*ouch*), efk (n'est employé qu'en Zouaoua), donner.
echer (*etcher*), se lever.
ellee (*ili*), être.
esal (*sel*), entendre.
enetsa (*nettaha*), elle.
enetseen, (*netnitin*) elles.

G

gabit (arabe غابة), jardin.

I

inna, ce.
isseutee (*tisent*), sel.

N

nish (*nech*), moi, masc.
nishnee (*nechni*), moi, fém. (erreur de Hodgson; *nechni* n'est que le pluriel de *nich* et s'emploie pour les deux genres).
nitchnee, nous.
nichentseen, nous.
netsa (*netta*), lui.
netseneen (*netnin*), eux.

S

shitchee (*chetchi*), toi.
shimmee (*chemmi*), elle (fém.).
shitsooeem (*chetchaouin*), vous.
shimmeetseen (*chetchmitin*), vous (fém.).

T

terchest (*tarchast*), pl. terchesin (*tirchasin*), chaussures.
tezalut (?), arbre.
tawoort (*taouourt*), pl. tawoora (*tiouira*), porte.
terist (?), pl. teriseen, fontaine.
tegalit (*tr'allit*, jument), cheval.
tagamert (*tajmart*), jument.
tagat (*tr'at*), chèvre.
tenee (*tini*), datte.
tezdait (*tazdait*, palmier femelle), dattier.
tomzeen (*temzin*), orge.
tamoort (*tamourt*), contrée.
tedert (*taddart*), maison.
takhamt, cave (maison).
temsheen (*tamchet*, figuier), figue.
tezeree (*taziri*), clair de lune.
tafookt (*tifaout*), lumière.
tamtot (*tamet'tout*), pl. tesidnan (*tisednan*), femmes.
teerst (?), pl. teersin, source.

teït (*tit'*), œil.
temis (*timsi*), feu.
tedjemoot (*tajennout*), pluie.
tafoonest (*tafounast*), vache.
taizat (*tiazit'*), poule.
temalelts (*tazdelt*), pl. temalelin, œuf.
tesint (*tisent*), sel.
tegzerth (de l'arabe جزيرة), île.
terroua (*taroua*, postérité), fils.
tebjena (*tabejna*), pl. tebjenaween (*tibijniouin*), tête.
tamert (*tmart*), barbe.
tamdurt (*tameddourt*), vie.
tamdint, mort. — Il y a sans doute ici une ligne sautée : le manuscrit de Hodgson devait porter :

tamettant, *death* (mort).
tamdint, town (ville).

tralet, colline (en m'zabi *aourir*; tralet se rattache sans doute au mot *ir'il*, en zouaoua, crête).
temsoolest (?), rue, pl. temsolesseen.
tergit (*tirr'it*), braise.
tefowan (*toufaouin*), branches d'arbre.
tinna, cette.

NOMS DE NOMBRE

egen, 1.
seen, 2.
sharot, 3.
okuz, 4.
sems, 5.
suz, 6.
sa, 7.
ta, 8.
tez, 9.
merou, 10.
meroudegen, 11.
meroudeseen, 12.
merousharot, 13.
meroudokuz, 14.
seentemerouecn, 20.
sharottemerouecn, 30.
okuztemerouecn, 40.
merou merou, } 100.
zoowenist, } 100.
seen toowenisan, 200.
meron (*sic*) toowenisan, 1000.
toowenist amagarant, 1000.
merou toowenisan amagaranan, 10000.

IV

VOCABULAIRE DE L'OUED-RIR' (WADREAG)

D'APRÈS HODGSON

(*Notes on Northern Africa*, pp. 99-100 : *A vocabulary of the Ergeiah dialect of the Berber language : it is used in the Oases of Wadreag and Wurgelah.*)

Aman, eau.
aghroom (*ar'eroum*), pain.
atsum (*aisoum*), viande.
algom (*alem*), chameau.
amzdag (*amezd'ar'*), pl. emzdagan (*imezdar'en*), village.
adil, grappe.
aghiul (*ar'ioul*), âne.
ajedet (*ajdidh*), oiseau.
aghogul (*arouggal*), noir.
amellal, blanc.
azegzou (*azizaou*), bleu.
abreed (*abrid*), route.
ayur (*aiour*), pl. eyuran (*aiouren*), lune, mois.
akla (ar. قليل) ?, petit.
amgar (*amr'ar*), vieux.
amekran (*mek'roun*, grand), large.
amdakkel (*amdoukel*), ami.
asgar (*asr'ar*), bois.
atoo (*adhou*), vent.
amzar, pluie.
ardjez (*ariaz*), homme.
afus (*afous*), pl. efessan (*ifassen*), main.
Essegass (*aseggas*), année.
ess (*ass*), jour.
eghed (*idh*), nuit.

ezee (*izi*), pl. ezan (*izan*), mouche.
eshemsh (*ichmej*), nègre, rapproché à tort par Hodgson de l'arabe شمس.
emendee (*imendi*), blé.
ejen (*idjen*), un.
etheree (*itri*), étoile.
Gabit (de l'arabe غابة), jardin.
Haisht (ar. هايشة, bête de somme), mule.
Oozer (*aoussar*), vieillard.
oorer (*aourir*), montagne.
Temsheen (*tamechchint*, figuier), figue.
tedderth (*taddart*), pl. tedderin (*tiddarin*), maison.
tilleesee (*telousi*), beurre.
tomzeen (*timzin*), orge.
tabekrath (arabe بقرة), vache.
tamoort (*tamourt*), terre, pays.
takhamt, pl. takhaman, tente de poils.
temsheen (*timechian*, figuier), figue.
tenee (*tini*), datte.
tezdaith (*tezdait*, palmier femelle), pl. tezdain (*tizdain*), dattier.
tegalit (*tr'allit*), jument.
tamtot (*tamet't'out*), pl. tesiduan (*tisednan*), femme
tefoït (*tfouit*), soleil.
tezeree (*taziri*), clair de lune.
thala (*tala*), pl. thaloween (*taliouin*), fontaine.
teït (*tit'*), œil.
teït enthala (*tit' n tala*), fontaine, source.
temis (*timsi*), feu.
tezemoot (*asemmadh*), froid.
tesint (*tisent*), sel.
tehaizet (*tiazit'*), poule
temert (*tmart*), barbe.
tenzer (*tinzert*), nez.
temdjit (*tamdjit*), pl. temdjeneen, oreille.
tuggurt, fém. tukkurt (*tek'k'ort*), sèche.
tegzer, toouzur (*ir'zer*), rivière, vert (confusion avec *izeri*, chih').
Ikoor (*ik'k'or*), sec.
ikf (*ikhf*), pl. ikfouwan (pl. *ikhfaouen*), tête.

inshoosh (*imi*), bouche.
idjdee (*ijedi*), sable.
ille (*illi*), fille, pl. isi.
Memmi (*ammi*), fils, pl. errowee (*taroua*).
Ooltsma (*outma*), sœur.
ommoa (*ouma*), frère.
Zamel (ar. زاملة, bête de somme), cheval.

NOMS DE NOMBRE

ejen, 1.
seen (*sin*), 2.
teltsa (ar. ثلاثة), 3.
arbâ (ar. اربعة), 4.

PRONOMS INSÉPARABLES

ikf (*ikhf*), tête.
ikfeek (*ikhfik*), ta tête.
ikfeou (*ikhfiou*), ma tête.
ikfis (*ikhfis*), sa tête.

V

VOCABULAIRE MZABITE

EXTRAIT DE DUVEYRIER

(*Notizen über vier berberische Völkerschaften* [*Zeitschrift der deutschen morgenlændischen Gesellschaft*, t. XII, 1858, pp. 176-186]).

Blé, irden.
Bouche, imi.
Brebis, úfrits' [1] (*oufritch*).
Caravane, tirg'eft (*tirdjeft*).
Chameau, alam (*ȧlam*).
Chemin, abrid.
Cheveu, zau (*ẓaou*).
Cinq, semmez.
Corde, tininli.
Cuir, ajlim.
Dents de devant, tiğmès (*tir'mès*).
Deux, sen.
Dix, meṛau (*meṛaou*).
Eau. amèm.
Femme, tamtut (*tamtout*).
Figuier, tamkait.
Fleuve, iğzer (*ir'ẓer*).
Gerboise, ağerda (*ar'erda*).
Gouttière, sufir (*soufir*).
Herbe, izri.
Homme, erg'eẓ (*erdjeẓ*).

1. J'ai reproduit la transcription employée par M. Duveyrier et restitué entre parenthèses la transcription des mêmes mots d'après le système adopté par le général Hanoteau.

Huit, tem.
Insecte, tajlist.
Jardin, ġabet (*r'abet*).
Lune, taziri.
Main, fusts' (*fousetch*, ta main).
Maison, deddert.
Molaires, } tissira.
Moulins, }
Mzabite, eġlem (*er'lem*).
Nègre, aberts'en (*abertchen*).
Neuf, tes.
Nez, tinzer.
Oiseau, ajdèd.
Or, urak (*ourak*).
Oreilles, timzeġin (*timzer'in*).
Orge, tamzèn,
Palmier, tezdait.
Papillon, timdiaz.
Peau, ajlim.
Pied, darts' (*daretch*, ton pied).
Pierre, adġar (*adr'ar*).
Plante, tilitti.
Pluie, tajmut (*tadjmout*).
Poitrine, es's'eren (*échcheren*).
Porte, tauert (*taouert*).
Poule, razit (*sic* pour *tiazit'*).
Prosterner (se), kaiim.
Prunier, taberkokt.
Puits, tirist.
Quatre, bokkor (*sic* pour *okkoz*).
Rue, aġlet (*ar'led*).
Sable, ijdi amellal.
Selle, tehauit (*tehaouit*).
Scorpion, tġardemt (*tr'ardemt*).
Sept, sa.
Six, ṣoz (çoz)
Soleil, tefuit (*tefouit*).
Soudan, tamdint mis'emjen (*tamdint m ichemjen*).
Tente, taḫḫant (*takhkhant*).
Terre, tamort.

Tombeau, ani.
Trois, s'aaret (*chaaret*).
Un, iggen.
Vent, adu (*adou*).
Ville, agrem (*ar'rem*).
Viande, aisum (*aisoum*).
Vipère céraste, telefsa.

VI

PARABOLE DE L'ENFANT PRODIGUE

(*Aus Briefen von Herrn Duveyrier, Zeitschrift der deutschen morgenlændischen Gesellschaft*, t. XIV, 1860, pp. 550-555).

Luc, XV.

11.	Ilan	ijdraren	dûlet	taḳdimt	ârg'az	ierô	sen
	Ilan	*ijdraren*	*doulet*	*tak'dimt*	*ardjaz*	*iero*	*sen*
	Années	nombreuses	du temps	ancien	un homme	avait	deux

elwas'ul	zaạlken.
elouachoul	*zaâlken.*
fils	grands.

12.	Inneyâs	amezzân	ibâbâs :	Îec'er	us'iḍ
	Inneias	*amezzan*	*i babas :*	*Ietcher*	*ouchid*
	Dit à lui	le petit	à son père :	Lève-toi	donne

túntiuḳ	s uitlic'	bâbânsen	iezung'	aitlis
tountiouk'	*s ouitlitch*	*bâbânsen*	*iezoundj*	*aitlis*
ma part	de ton bien	père d'eux	partagea	son bien

jarâ-n-sen.
jaransen.
entre eux.

13.	Ussân	drûs	is'emmor	amezzân	aitlis
	Oussan	*drous*	*ichemmor*	*amezzan*	*aitlis*
	Jour	peu	prit	le petit	son bien

izzuâ	ğel	temûra	tijdrâren	iaạmer	dis
izzoua	*r'el*	*temoura*	*tijdraren*	*iâmer*	*dis*
il alla	vers	des pays	éloignés	il vient	là

iĕsefsed	aitlîs	tisednan.
iesefsed	*aitlis*	*tisednan.*
il dépensa	son bien	(avec) des femmes.

14.	Ami	ierzî	fimânĕs	tâmĕdint	enni
	Ami	*ierzi*	*f imanes*	*tamedint*	*enni*
	Lorsque	il eut dépensé	à sa volonté	(dans) ville	cette

imendî	ieğlâ	wâlu	iĕḳîmed	d amĕs's'aro
imendi	*ier'la*	*oualou*	*iek'imed*	*d amechcharo*
le grain	fut cher	beaucoup	il demeura	

les'	ğers	ûla	d es'ra.
lech	*r'ers*	*oula*	*d echra.*
point	chez lui	aucune	chose.

15.	Izzuâ	al	wergâz	adfḫĕdem	ğers
	Izzoua	*al*	*ouergaz*	*ad ikhedem*	*r'ers*
	Il alla	vers	un homme	pour travailler	chez lui

s eriâl	iâzent	erg'azû	tâmortes	isâr
s erial	*iazent*	*erdjazou*	*tamorles*	*isar*
pour de l'argent,	il envoya	cet homme	(vers) sa terre	il devint

derây	n ielmân.
d erâi	*n ielman.*
berger	de chameaux.

16.	Mitta	illâ	ul	is's'i	ğe	tifrây	n
	Mitta	*illa*	*oul*	*ichchi*	*r'e*	*tifrai*	*n*
	Alors	mais	point	il mangeait	sinon	les feuilles	des

es's'eg'er	tittent	ielmân.
echchedjer	*tittent*	*ielmân.*
arbres	que mangeaient	les chameaux.

17.	Iergeb	limânes	iĕḳḳar	limanes :	Bâbâiok
	Iergeb	*l imanes*	*iek'k'ar*	*l imanes :*	*Babaiok*
	Il vit	d'après son âme	il dit	à son âme :	Mon père

ġers	is'emjèn	ieġlob	as's'	iggen	ġers
r'ers	*ichemjen*	*ier'lob*	*achch*	*iggen*	*r'ers*
chez lui	esclaves	beaucoup		chacun	chez lui

us's'u	d âwaḥâdi,	mitta	illà	nes's'i	imâro
ouchchou	*d aouahadi,*	*mitta*	*illa*	*nechchi*	*imaro*
nourriture	bonne,	maintenant	mais	je	à présent

temettâtĕġ	ses's'err	s'tagăġ	kull	s'ï.
temettater'	*s echcherr*	*chtagar'*	*koull*	*chi.*
je meurs	de faim	il me manque	toute	chose.

18. Imâro	aḫseġ	âdebbedĕġ	âdzuiġ	ġel
Imaro	*akhser'*	*ad ebbeder'*	*adzouir'*	*r'el*
A présent	je veux	je me lèverai	pour aller	vers

bâbâok	asîniġ :	là	bà	tegidi	s'rà	dus'tûn
babaok	*asinir' :*	*la*	*ba*	*tegidi*	*chra*	*douchtoun*
mon père	je lui dirai :	O	père	j'ai fait	chose	mauvaise

g'erac'	ad Rebbi.
djeratch	*ad Rebbi.*
envers toi	et Dieu.

19. Ķaraġ	ualgîsseġ	âdsellen	midden	nes's'i
K'arar'	*ou algisser'*	*adsellen*	*midden*	*nechchi*
Je dirai	je n'aime pas	que nomment	les gens	moi

memmic'	aḫsi	an	iggen	sts'emjenec'.
memmitch	*akhsi*	*an*	*iggen*	*sichemjenetch.*
ton fils	aime-moi	comme	un	de tes esclaves.

20. Mitta	illâ	iûsid	elbâbâs.	Netta	iergebt
Mitta	*illa*	*ious'id*	*elbabas.*	*Netta*	*iergebt*
Alors	mais	il vint	à son père.	Lui	vit

sebaạid	iḥann	ġofs	iġar	ġers	iaạngas
sebâid	*ih'ann*	*r'efs*	*ir'ar*	*r'ers*	*iadngas*
de loin	il eut pitié	de lui	il courut	vers lui	il l'embrassa

iḥabbi	g'er	tittáwinës.
ih'abbi	*djer*	*tittaouines.*
il baisa	entre	ses yeux.

21. Inneyas memmts g'tg s'râ dus'tûn g'erac'
Inneias memmis djir' chra d ouchtoun djeratch
Lui dit son fils j'ai fait chose mauvaise envers toi

ad Rebbi illâ assu ulgisseg âdsellen mtdden
ad Rebbi illa assou oul r'isser' ad sellen midden
et Dieu mais aujourd'hui je n'aime pas que nomment les gens

nes's'i memmic' awyi an iggen sis'emjenĕc'.
nechchi memmitch aouii an iggen sichemjenetch.
moi ton fils reçois-moi comme un de tes esclaves.

22. Bâbâs issiwel is'emjen : Eyyau âuled
Babas issiouel ichemjen : Eiiaou aout ed
Son père appela les esclaves : Hé apportez

tâsmit tawahadtt sired n˘st âuled zakar
tasmit taouah'adit sired nast aout ed zakar
une chemise belle habillez lui avec elle apportez anneau

d âwahadi ég'etes dâdos ég'eles terc'astn
d aouah'adi edjet es dados edjetes tertchasin
beau placez-le à son doigt faites-à lui des souliers

idârenĕs.
idarenes.
à ses pieds.

23. Awttes ûferts' as'ettâr egest essówŭtest
Aouites ouferich achettar er'est essoououtest
Apportez-lui une brebis grasse égorgez-la faites-la cuire

bâs'âk annefrah.
bachak annefrah'.
avec quoi nous nous réjouirons.

24. Alâ hâter batta imût imâro idder
Ala khat'er batta imout imaro idder
Parce que avant il était mort à présent il vit

ittûg tjemŏd imâro ufibt. Fărahán nefus nsen.
ittour' ijemod imaro oufikht. Farah'an nefous nsen.
il était perdu à présent retrouvé. Ils réjouirent âmes d'eux.

25. Memmis amoḳran izzuâ tâmortes bâs'âk
Memmis amok'ran izzoua tamortes bachak
son fils grand alla (dans) son pays pour que

adiḫedem tâmort. Iûsed ġel teddărtĕs baạd
ad ikhedem tamort. Ioused r'el teddartes baâd
il travaillât la terre. Il vint vers sa maison après que

izzuâ ġel teddárt ĕn bâbâs îsel elḥass ĕn
izzoua r'el teddart en babas isel elh'ass en
il fut allé vers la maison de son père il entendit le bruit du

ṭŏbel tems'ûlt duerḳaz.
t'obel temchoult d ouerk'az.
tambour de la flûte et de la danse.

26. Iezạak iggen is'emj issestent inneyâs :
Iezâak iggen ichemj issestent inneias :
Il appela un esclave il l'interrogea il lui dit :

Batta yu.
Batta you.
Quoi cela.

27. Inneyas is'emj : Iuwâc' 'd amezzan iûṣĕḍ
Inneias ichemj : Iououatch d amezzan iouçedh
Dit à lui l'esclave : Ton frère petit est venu

ġel bâbâc' netta iġerses ûferis' d as'ettâr
r'el babatch netta ir'erses ouferich d achettar
vers ton père lui a égorgé une brebis grasse

aḷâ ḫâṭer iûḍerḍ elạfiet.
âla khat'er ioudherdh elâfiet.
parce que il est revenu (avec) la santé.

28. Iúwes amoḳran ieḍiḳ ienher dîs inneyâs :
Ioues amok'ran iedhik' ienher dis inne ias :
Son frère grand fut en colère là-dessus lui dit :

Aultes ġel teddárt en babaŏḳ.
Aoultes r'el teddart en babaok'.
Tu n'iras pas vers la maison de mon père.

29. Iefeğd	bâbâs	steddártës	ilúwwum	ğofs
Iefer' d	*babas*	*steddartes*	*ilououm*	*r'ofs*
Sortit	son père	de sa maison	il blâma	contre lui

memmîs	issîwel	fimânës	inneyâs :	lâ bâ
memmis	*issiouel*	*f imanes*	*inneias:*	*la ba*
son fils	répondit	d'après sa volonté	il lui dit	O père

ergeb	nes's'i	isuguâssen	ḫedem	rö̊rc'	ieğlob
ergeb	*nechchi*	*isouggouasen*	*khedem*	*roretch*	*ier'lob*
vois	moi	des années	je travaille	pour toi	beaucoup

ul	g'eriḫa	ûlec'	es'ec'c'i	uaitûs'îd	ûla	tăğăt
oul	*djerih'a*	*ouletch*	*echetchi*	*ouaitouchid*	*oula*	*tar'at*
point	j'ai blessé	ton cœur	et toi	tu donnes	aucune	chèvre

bâs'ak	attâğarsa	âdfarḫa	nes's'i
bachak	*attar'arsa*	*adfarh'a*	*nechchi*
pour que	nous l'égorgions	et nous nous réjouissions	moi

d imduc'âliŭk.
d imdoutchaliouk.
et mes amis.

30. Wuni	memmic'	aitlic'	gaạ	iësefsed
Ououni	*memmitch*	*aitlitch*	*gaâ*	*iesefsed*
Celui-là	ton fils	ton bien	tout	il l'a dépensé

elmuḫabbet	en	tisëdenân	assu	netta	iûsed
elmouhabbet	*en*	*tisedenan*	*assou*	*netta*	*ioused*
par amour	des	femmes	aujourd'hui	lui	vient

ğersedes	ûfërîs'	d as'ettâr.
r'ersedhes	*ouferich*	*d achettar.*
tu lui as égorgé	une brebis	grasse.

31. Inneyâs	bâbâs	s'ec'i	attaạmërd	ğeri	idisiŭķ
Inneias	*babas*	*chetchi*	*attaâmerd*	*r'eri*	*idisiouk'*
Lui dit	son père	toi	tu demeures	près de moi	à mon côté

dîma	aitliuķ	gaạ	d aitlic'.
dima	*aitliouk'*	*gaâ*	*d aitlitch.*
toujours	mon bien	tout	ton bien.

32. Alemkénni	annefraḥ	ạlâ ḫâṭer	iuuwoc'
alemkenni	*annefrah'*	*Ala khat'er*	*iouououtch*
Pourquoi	nous réjouissons-nous	parce que	ton frère

d amezzân	itlûġ	imût	imâro	idder	itlûġ
d amezzan	*itlour'*	*imout*	*imaro*	*idder*	*itlour'*
petit	il était	mort	à présent	il vit	il était

ijemoḍ	nâfi.
ijemodh	*nafi.*
perdu	retrouvé.

Commentaire.

xv, 11. *Ilan*, années, peut-être à rapprocher du touareg *ahel*, ⵍⵀ, jour. — *dulet = ar. دولة. — **takdimt* = forme berbère fém. de قديم. — *arg'az*, cf. rac. R G Z. — *ierâ* pour *iarou*, qui signifie à proprement parler enfanter, mettre bas; cf. rac. R OU. — سن, n. de nombre; cf. Gram., § 81-82. — *elwas'ul* se rattache sans doute à la racine B CH L, qui a donné au Dj. Nefousa *bouchil*, بوشيل. — *zaạlken*, 3ᵉ pers. masc. plur. de l'aor.; cf. Z A L K.

12. *Inneyâs* = *inna ias*, (Il) dit à lui; cf. rac. N et Gramm., § 12; *amezzân*. La forme *amezzian* est la seule que j'ai rencontrée au Mzab comme dans les autres dialectes; cf. rac. M Z I. — *ibâbâs*, complément pléonastique, cf. Gramm., § 67. — *iec'er*, à lire sans doute *ec'er*, أجر, à l'impératif et non à l'aoriste; cf. rac. N K R *us'id*, وشيض, pour *us'id*, وشيد. Le *d* final n'est pas emphatique; cf. Gramm., § 30, et rac. OU K CH. — *tuntiuḳ*, تونتيوق, à lire *tuntiuk*, تونتيوك. Le *k* final, marque de la 1ʳᵉ personne (*ouok*) n'est pas guttural; cf. Gramm., § 11. — *souitlic'*, cf. Gramm., § 65, et rac. I T L. — *iezung'* = *iezound*. Le *d* final est la particule de rapport; cf. rac. Z OU N. — *jard-n-sen*. On remarquera l'emploi de la préposition *n* entre la préposition *jard* (= *jar*) et le pronom complément.

13. *Ussân*, cf. rac. S S. — *drûs*; cf. (Ouargla) *edrous*, أدروس. — **is'emmor* = *ichemmor*, de l'arabe شمر. — *izzud* = *izoua*, يزوا; cf.

rac. D. — *ḡel*, préposition, pour *r'er*; cf. Gramm., § 84-85. — *temûra*, pl. de *tamourt*; cf. rac. OU R. — **iuqmer*, arabe يعمر. — *dis*, en lui. — **iesefsed*, forme factitive berbère du verbe arabe فسد, gâter. — *tisednan*, cf. rac. S D' N.

14. *Âmi*, conjonct., pour *emmi*; cf. Gramm., § 91. — *ierzî*; cf. rac. R Z. — *fimânes*, cf. rac. M N — **tâmëdint*, forme berbère de l'arabe مدينة. Le mot mzabite est *ar'rem*, اغرم; cf. rac. R' R M. — *enni*, adj. dém.; cf. Gramm., § 19. — *imendi*, cf. rac. M N D. — **ieġla*, يغلا, du verbe arabe غلا. — L'expression suivante, *wâlu iëkîmed d ames's'aro = oualou ik'k'imed d amechcharou*, doit être traduite « en rien il demeura rassasié » : *oualou* est une négation énergique employée encore en arabe vulgaire d'Algérie; *amechcharou* me semble se rattacher au verbe mzabite *char*, شار, être plein; cf. rac. T' K R. — **les'* = ولاش. — *ġers*, غرس, cf. Gramm., § 15. — *ûla*, adj. indéfini. — *es'ra*; cf. rac. K R.

15. *Al*, préposition marquant la direction. — *wergdz*, à lire sans doute *ouerġ'dz*; cf. rac. R G Z. — *ad*, particule du subjonctif. — *iḵedem*, de l'arabe خدم. — *seriâl*, composé de la préposition *s*, cf. Gramm., § 84-85, et du mot arabe *ريال emprunté à l'espagnol *real*. — *idzent*, cf. rac. Z N et Gramm., § 16. — *isâr*, *يسار, à lire *isâr*, يصار, de l'arabe صار. — **erâuġ*, de l'arabe الراغ. — *ielmân*, cf. rac. L R' M.

16. *Illa*, يلا, paraît être la 3e pers. masc. de l'aor. du verbe *ili*, يلي, employé comme auxiliaire. — *ul*, négation. — *is's'i* = يشي; cf. rac. TCH. — *r'e*, غ, altération de l'arabe غير (?). — *tifrâġ*, تفراغ : on trouve d'ordinaire au Mzab la forme ordinaire *tefriouin*, تفريوين, et à Ouargla la forme *tifrai*, cf. rac. F R. — **es's'eġ'er*, de l'arabe شجر ا. — *tittent* pour *titten* (*tetten*); 3e pers. de la forme habituelle du verbe *ech* et *tent*, تنت, pron. fém. suff. plur. mis pour *tifrai*.

17. **Ierġeb*, de l'arabe رغب. — *limânes*, vers son âme. — *iëkkar* sert de forme d'habitude à *ini*. — *bâbdiok*, *iok* = *iouok*, affixe pronominal de la 1re personne. — *is'emjen* (*ichemjan*); cf. rac. S M G. — **ieġlob*, de l'arabe غلب; le mot mzabi est *mennaout*, مناوت. —

as's' doit être lu *iouch*, يوش, il donne. — *iggen*, يكّن, cf. Gramm., § 81-82. — *aus's'u*, وشو, nom d'action, cf. rac. TCH. — *d awahâdi*, داواهدى, à lire *d awahadi*, داوحدى. — *nes's'i*, نشى, cf. Gramm., § 9-10. — *temettdteġ*, تمتاتغ, marquant l'intensité ; cf. rac. M TH. — *ses's'er*, de l'arabe الشر. — *s'tagġ*, *شتّاغ, altération de la Xe forme arabe, استحق, employée en arabe vulgaire dans le sens d'avoir besoin. — *kull*, de l'arabe كل. — *s'i*, de l'arabe شى.

18. *Aḥseġ*, cf. rac. KH S. — *âdebbedeġ*, ادابدغ, cf. rac. B D. — *asinig*, composé de *as*, pron. pers., 3e pers. sing. compl. indir., et *inir'*, ينيغ. cf. rac. N. — *bd*, abréviation de *baba*. — *teg'edi* ne peut signifier j'ai fait : il faut lire *edjir'*; cf. rac. G. — *rebbi*, de l'arabe ربى.

19. *Ualgisseġ*, ولكّيسغ, doit se lire *ul gisseg*, ولغيسغ. Le verbe *r'is* s'emploie dans le dialecte du Dj. Nefousa pour signifier « espérer »; cf. rac. R' S. Cf. d'ailleurs, le vers. 21. — *midden*, cf. rac. D'. — *memmic'*, ممّيچ, cf. rac. M. — *an*, ان, la forme ordinaire est *am*; cf. Gramm., § 91.

20. *Iûsid*, à lire *ioused*, يوسد, 2e pers. masc. de l'aor. du verbe *as d*; cf. rac. S. — *elbâbâs*, composé de *el*, ل, particule de direction, et de *bâbâs* (*babas*), son père. — *sĕbaaid*, de la préposition *s* pour *si* et de l'arabe بعيد, loin. — *ihann*, يحن, de l'arabe حن, avoir pitié. — *igar*, يغار, de l'arabe غار : le vrai mot mzabite est *azzel*, ازل; cf. rac. Z L. — *iaangas*, يعنڨس, de l'arabe عنق, à la IIIe forme, عانق, embrasser. — *ihabbi*, يحبى, de l'arabe حبّ. — *g'er*, préposition, cf. Gramm., § 84-85. — *titdwinĕs*, à lire *tit'aouines*, تيطاوينس, plur. de *tit'*, تيط, avec le pronom affixe; cf. racine T'.

21. *G'tġ*, جيغ, 1re pers. de l'aor. du verbe *edj*, اج, aor. *idjou*, يجو ; cf. rac. G. — *assu*, اسو, aujourd'hui, composé du substantif *ass*, اس, plur. *ousson*, وسان, et de l'adj. démonstratif *ou*, ce; cf. Gramm., § 10. — *awyi*, composé de *aoui*, اوى, prendre ; cf. rac. OU I, et du pron. pers. suff. *i*, ى.

22. *Issiwel*, يسيول, il parla, du verbe *sioul* ; cf. rac. L. — *duted*,

اوتد, à lire *aouit ed*, اويتد, impératif du verbe *aoui*, apportez; cf. rac. OU I. — *'tawahadlt*, fém. de *uouak'di*, emprunté sans doute à l'arabe واحد, unique. — *sired*, سيرض, à lire *siredet*, سيردت, habillez, 2e pers. plur. de l'impér. de la forme factitive du verbe *ired*, يرد, cf. rac. R D. — *nüst* pour *as t*, à lui, elle. — *duted* pour *aouit ed*, اويتد. — *zakar*, rac. Z K R. — *dâdos*, lisez *dhad es*, ضادس, cf. rac. DH DH. — *terc'asin* pour *terchasin*, ترشاسين; cf. rac. R K S. — *iddrenës* pour *i idharen es*, يضارنس, à ses pieds; cf. rac. DH R.

23. *Ūferis'*, pour *oufrich*, mouton, mot emprunté à l'arabe; cf. Masqueray, *Comparaison*, p. 74. — *as'ettâr*, اشتار; cf. rac. CH T R. — *egest* doit se lire *r'erstet*, غرستت, égorgez-le, composé de *r'erset*, impératif du verbe *r'ers*, cf. rac. R' R S, et de *et*, ت; pron. pers. aff. — *essówütest*, à lire *sooul et*, faites-le cuire, composé de *sooutet*, impératif de *soou*, forme factitive de *ouou*; cf. rac. OU OU et de *et*, ت, pron. pers. suff. — *bds'dk*, composé de *'bach*, باش, emprunté à l'arabe, et de la particule *ak*, اك. — *'annefrah*, de l'arabe فرح.

24. *'Ala hâter*, de l'arabe على خاطر. — *imût*, cf. rac. M TH. — *imdro*, pour *imar*, temps; cf. rac. M R et *ou*, ce. — *idder*, cf. rac. D R. — *ittug* pour *itour'*, verbe défectueux; cf. rac. T OU R'. — *ufiht*, à lire *oufir't*, ويغت. L'aoriste de la 1re personne ne se termine en خ, *kh*, qu'à Taroudant et à Syouah; cf. rac. F. — *'nefûs*, de l'arabe نفوس.

25. *Amokran*, امقران, cf. rac. M R' R. — *tâmortes* pour *tamourt*, تمورت, cf. rac. OU R. — *'ikedem*, de l'arabe خدم. — *'baad*, de l'arabe بعد. — *hass*, de l'arabe حس. — *'töbel*, de l'arabe طبل. — *tems'ült* = *tamechoult*, تمشولت, plur. *timechal*, تمشال; rac. M CH L. — *'uerkdz*, de l'arabe رقص; le changement du ص en ز est assez fréquent; cf. *tezallit*, تزاليت, prière, de l'arabe صلاة.

26. *'Iezaak*, à lire *iezaak* (*iezaak'*, يزعق), de l'arabe زعق, crier — *issestent*, pour *isestount*, يسستونت; cf. rac. S T N.

27. *Iuwac'* = *ioua tch*, ton frère; cf. rac. G. — *amezzdn*, à lire *amezzian*; cf. rac. M Z I. — *igerses* = *ir'ers as*, يغرساس, a égorgé

pour lui. — *iûḍerd*, à lire *iouder d*, يودرد, et à rattacher à la racine D' R; cf. (Zouaoua) *ad'er*, اذر, descendre; (O. Rir') *adher*, اضر, tomber. — *'elafiat*, de l'arabe العافية.

28. *Iuwes*, à lire *ioua s*, يواس. — *'iedik ienher*, peut-être de l'arabe, يضيق النهار, le jour fut étroit pour lui. — *aultes*, à lire *oul tased*, ول تاسد, tu n'iras pas; cf. rac. S.

29. *Iefeġd*, pour *iffer' d*, يفغد; cf. rac. F R'. — *'ilûwwum*, de l'arabe لام, aor. يلوم. — *fimânes*, par lui-même ; cf. rac. M N. — *isugûasen* = *isougasen*, plur. d'*asouggas*, cf. rac. S S. — *'ḥedem*, à lire *ḥedemeġ* = *khedemer'*, خدمغ, je travaille. — *'ieġlob*, de l'ar. غلب, — *g'eriḥa*, à lire *'g'eriḥaġ*, جرحغ, de l'ar. جرح, j'ai blessé. — *ûlec'*, ton cœur, cf. rac. OU L. — *es'ec'c'i* = *d chetchi*, et toi ; cf. Gramm., § 9-10. — *uaitûs'id* = *ou ai touchid*, point à *moi* tu as donné. — *tâġat*, rac. R'. — *attâġarsa*, à lire *atar'ersar'*, اتغرساغ, que je l'égorge ; cf. rac. R' R S. — *âdfarḥa*, à lire *'ad farh'ar'*, que je me réjouisse, de l'arabe فرح. — *imduc'aliûk*, cf. rac. D' K L.

30. *Wuni* = *ouenni*, وني. — *'elmuḥabbet*, de l'arabe محبة. — *ġersedes*, à lire *tegersed as*, تغرسد اس, tu as égorgé pour lui.

31. *Attaamërd*, de l'arabe عمر. — *idisiûk*, à lire *idisiouk*, composé de *idis*, côté, cf. rac. D' S, et de *iouk*, pron. suff. pers. — *'dîma*, de l'arabe دايما. — *aitliuk*, à lire *aitliuk* (*aitliouk*).

32. *Âlemkenni*, peut-être composé de la préposition arabe *'âla*, على et de *emkenni*; cf. en zouaoua *akenni*, اكني; ainsi, *d amezzan*, à lire *d amezzian*. — *ndfi*, nous (l')avons trouvé.

TABLE DES MATIÈRES

ANGERS, IMP. BURDIN ET Cie, 4, RUE GARNIER, 4.

www.ingramcontent.com/pod-product-compliance
Lightning Source LLC
LaVergne TN
LVHW011948220826
846092LV00001B/127

* 9 7 8 2 0 1 9 1 5 2 8 3 3 *